Theory and Practice of Online Therapy

Internet-delivered Interventions for Individuals, Groups, Families, and Organizations

网络咨询的理论与实践

对个体、团体、家庭、组织的远程干预

[以] 海姆 · 温伯格（Haim Weinberg）
阿尔农 · 罗尔尼克（Arnon Rolnick）／主编

徐 勇／译

中国轻工业出版社

图书在版编目（CIP）数据

网络咨询的理论与实践：对个体、团体、家庭、组织的远程干预 / （以）海姆·温伯格（Haim Weinberg），（以）阿尔农·罗尔尼克（Arnon Rolnick）主编；徐勇译. —北京：中国轻工业出版社，2024.1

ISBN 978-7-5184-4610-0

Ⅰ. ①网… Ⅱ. ①海… ②阿… ③徐… Ⅲ. ①计算机网络–应用–咨询心理学 Ⅳ. ①C932-39

中国国家版本馆CIP数据核字（2023）第215314号

责任编辑：林思语　　责任终审：张乃柬
策划编辑：林思语　　责任校对：刘志颖　　责任监印：吴维斌

出版发行：中国轻工业出版社（北京鲁谷东街5号，邮编：100040）
印　　刷：三河市鑫金马印装有限公司
经　　销：各地新华书店
版　　次：2024年1月第1版第1次印刷
开　　本：710×1000　1/16　印张：23.5
字　　数：180千字
书　　号：ISBN 978-7-5184-4610-0　定价：98.00元
读者热线：010-65181109
发行电话：010-85119832　010-85119912
网　　址：http://www.chlip.com.cn　http://www.wqedu.com
电子信箱：1012305542@qq.com
如发现图书残缺请拨打读者热线联系调换
220116Y2X101ZYW

译者序

当下科技发展迅猛，尤其是互联网技术和社交媒体以惊人的速度改变着人们的生活方式和交流方式。无论你是否喜欢，现在已经没有人能够置身其外，心理咨询师也是如此。有些咨询师积极地拥抱这些新技术，对通过数字技术开展的线上（网络）咨询和治疗充满期望和信心，而有些人则表示怀疑和排斥，更多地考虑和担忧它们对人类的生活和交往的负面影响。

当心理咨询师正在热烈地讨论通过线上咨询是否像线下面对面的咨询一样有效时，2020 年初突如其来的新型冠状病毒感染疫情（简称“新冠疫情”）迫使来访者和咨询师不得不将心理咨询转移到线上。线上咨询的优势在新冠疫情期间突显出来。线上咨询能够克服时间、空间和距离上的障碍，为隔离的来访者、工作在第一线的抗疫人员以及需要心理服务的居家隔离人士提供必要的心理干预和支持，为战胜新冠疫情做出了重要的贡献。但与此同时，许多咨询师将线下面对面的咨询转移到线上的时候，是仓促、被迫、准备不足的。许多咨询师并不了解，相比于线下咨询，线上咨询对来访者和咨询师的关系建立、人际互动、咨询过程以及咨询效果会产生什么样的不同影响。例如，线下咨询的来访者必须克服时间和距离上的困难来到咨询师的咨询室中，而线上咨询的来访者可以选择他认为合适的地方，尽管这既方便又省时，但会导致咨询师对“虚拟咨询室”的边界失去控制。许多咨询师并没有意识到这一点，在开始咨询前没有和来访者讨论他在哪里上线，从而导致各种影响咨询的情况出现，比如有的来访者无法拥有一个不受打扰的空间，导致咨询过程不断地被家人和小孩，甚至宠物打扰；有的咨询师在咨询快要结束时才发现房间中还有一个“第三者”；不一而足。有的咨询师没有意识到线上咨询给人际交流带来的影响，尽管线上咨询更有利于对双方的面部表情进行更细致和清晰的观察（这还要取决于双方的网速、环境的光线以及头部的位置和呈现角度），但会导致大量的非言语信息的丢失，比如身体姿势、肢体动作、着装、气味等。这些信息在面对面的咨询中都传递着大量的情感和潜意识的信息，对咨询师理解来访者并建立安全的咨访关系起着非常重要的作用。因此，这本书的翻译出版是非常及时的，我相信对广大开展线上咨询的咨询师会非常有帮助。

我和本书的作者之一海姆·温伯格（Haim Weinberg）博士相识很早。他是一位国际著名的团体分析师（group analyst）、认证团体治疗师（Certified Group Psychotherapist，CGP）。他很早就开始尝试通过网络在美国及国际上开展团体治疗和团体治疗的培训，包括在中国开展的团体治疗培训，拥有丰富的线上治疗和培训的理论知识和经验。在2020年初新冠疫情刚开始时，我代表中国心理卫生协会团体专委会邀请温伯格博士为我们的团体工作者做了一个关于线上团体和创伤团体的讲座，他毫不犹豫地答应了。他的关于线上团体的讲座对我们的团体工作者在之后的疫情中开展团体心理干预帮助非常大。翻译出版这本书，一方面来自服务于广大开展线上咨询的咨询师的需要，另一方面，也是表达我对温伯格博士的感谢。

在此，我衷心地感谢中国轻工业出版社“万千心理”的编辑戴婕女士、林思语女士，是她们的推荐、鼓励和包容，才使得一向懒惰的我能够在新冠疫情期间坚持完成此书的翻译。

徐勇

2023年9月17日

编著者

吉利·阿加尔（Gily Agar），以色列临床心理学家，为海外以色列人提供线上视频治疗服务的创始人，并培训治疗师和其他卫生保健提供者在视频中建立亲密和令人愉快的关系。

卢·阿戈斯塔（Lou Agosta），博士，私人执业的共情咨询师和心理治疗师。作为一名医学教育教授，他在美国伊利诺伊州芝加哥罗斯医科大学的圣安东尼医院教授共情课程（心理治疗干预）。他是三本关于共情的同行评议学术书籍的作者，其中包括《共情的谣言》（*A Rumor of Empathy*）。

卢·阿伦[①] **（Lew Aron）**，国际公认的精神分析讲师。他对关系性精神分析（relational psychoanalysis）做出了重大贡献。不幸的是，在这本书出版之前，他于2019年去世了。

加里特·阿塔尔斯（Galit Atlas），精神分析学家，以重新思考性和欲望在当代理论和实践中的地位而闻名。

唐娜·J. 丹尼斯（Donna J. Dennis），博士，领导力发展专家，其专长是为在虚拟和远程团队中工作的领导者提供解决方案。她在格式塔国际研究中心（Gestalt International Study Center）进行虚拟工作方面的研究。

努阿拉·登特（Nuala Dent），系统心理动力学研究者和实践者，对理解面

① 后文也称为刘易斯·阿伦。卢（Lew）是刘易斯（Lewis）的简称。——译者注

对面和线上工作方式的交点的团体动力学感兴趣。

瑞安·M. 厄尔（Ryan M. Earl），博士，美国西北大学心理学系临床讲师。

邦妮·戈尔茨坦（Bonnie Goldstein），美国执业临床社会工作者，教育硕士，博士。她是洛杉矶生命心理中心的创始人和主任，擅长儿童、青少年和家庭的个体和团体治疗。她在南加州大学的社会工作学院和感觉运动心理治疗研究所任教，在国际上开展教学，并与这些机构一起开发了儿童、青少年和家庭治疗的培训项目。

肖莎娜·赫尔曼（Shoshana Hellman），在美国纽约市哥伦比亚大学的师范学院完成了咨询心理学的博士学位。她目前在以色列和美国的私人诊所工作，为个人、夫妻和家庭提供服务，是一名执业伴侣和家庭治疗师——以色列唯一认证的戈特曼伴侣治疗师和咨询师。她曾作为以色列教育部心理服务的高级督导师工作了20多年，并在威斯康星大学麦迪逊分校任教。她在咨询师的督导和专业发展领域发表过一些文章。

凯瑟琳·M. 赫特雷恩（Katherine M. Hertlein），博士，拉斯维加斯内华达大学的伴侣和家庭治疗项目的教授。

伊万·詹森（Ivan Jensen），医学博士，从事领导和组织发展的工作、教学和研究超过30年，对复杂组织和虚拟组织特别感兴趣。

伊查克·阿迪泽斯（Ichak Adizes），国际咨询师，以他的名字命名的组织治疗的理论和协议的开发者。

希瑟·卡塔菲斯（Heather Katafiasz），博士，阿克伦大学助理教授。她的专业兴趣包括拓展对亲密伴侣暴力及其与药物使用的关系的系统性理解。

拉科菲特·柯莱特–卡拉瓦尼（Rakefet Keret-Karavani），自1994年以来一直从事组织咨询，专注于领导力发展。她的博士论文研究的是在视频会议上表现出来的虚拟组织中的领导力。

默林·莱兹克兹（Molyn Leszcz），美国团体心理治疗协会主席。他和欧文·亚隆（Irvin Yalom）一起撰写了《团体心理治疗：理论与实践》[①]的第五版。

丹尼尔·马伽蒂（Danielle Magaldi），博士，纽约城市大学的副教授。她的研究集中在两个领域：技术对人际关系的影响和心理治疗中的灵性。她经营着一家治疗成人和儿童的私人诊所。

帕特·奥格登（Pat Ogden），博士，感觉运动心理治疗研究所创始人。她是一名临床医生、咨询师、国际讲师和培训师，也是躯体心理学领域的开创性的作者。

瑞奇·巴顿（Rikki Patton），博士，阿克伦大学副教授。她的专业兴趣包括改善对边缘人群的治疗，重点是成瘾工作。

迈克尔·彭宁顿（Michael Pennington），教育学文学硕士，阿克伦大学婚姻与家庭咨询 / 治疗项目的博士生。他的专业兴趣包括治疗中技术的使用、治疗师的自我照料和网络督导。

阿尔农·罗尔尼克（Arnon Rolnick），博士，执业临床心理学家。他对技术在心理治疗中的应用特别感兴趣。他是认知行为治疗和生物反馈方面获得认证的督导师，并就这些主题撰写了许多文章。他是以色列特拉维夫一家诊所的负责人，该诊所整合了各种心理治疗方法。

莉奥拉·特鲁布（Leora Trub），佩斯大学学校 / 临床 – 儿童心理博士项目的心理学副教授。她在那里培训临床工作的博士候选人，并负责数字

---

① 《团体心理治疗：理论与实践》（原著第六版）由中国轻工业出版社于2022年11月出版。——译者注

媒体和心理学实验室，该实验室探索技术与人类联系的交点。她也是纽约市的一名执业心理学家，为青少年、成年人和伴侣提供服务。

劳尔·魏因贝格·格里洛（Raúl Vaimberg Grillo），精神病学家，心理学博士，心理治疗师。他是巴塞罗那大学团体心理治疗和心理剧研究生课程的主任。

拉腊·魏因贝格·隆巴尔多（Lara Vaimberg Lombardo），拥有普通健康心理学硕士学位、团体心理治疗和心理剧研究生学位（巴塞罗那大学），并参与了儿童、治疗团体和孤独症谱系障碍的研究项目。

海姆·温伯格（Haim Weinberg），博士，临床心理学家，团体分析师，认证团体心理治疗师。他是以色列团体心理治疗协会（Israeli Association of Group Psychotherapy）和北加州团体心理治疗协会（Northern California Group Psychotherapy Society）的前任主席。他曾在加州伯克利的赖特研究所（Wright Institute）和阿连特国际大学任教。

致　谢

作为本书的主编，我们很高兴地感谢两位共同主编的帮助和贡献，他们在本书的两个部分的编写中发挥了重要作用：肖莎娜·赫尔曼参与主编了“线上伴侣和家庭治疗”的部分，而拉科菲特·柯莱特－卡拉瓦尼参与主编了“线上组织咨询”的部分。我们衷心感谢他们的工作，以及对我们提出的许多修改要求的耐心。

非常感谢我们的家人和朋友对我们全情投入这本书的容忍，没有他们的支持和耐心，我们不可能完成这本书的编撰。

最后，同样重要的是，感谢我们的在线来访者，他们教会了我们如何正确地进行在线治疗。

海姆·温伯格

阿尔农·罗尔尼克

目　录

第二部分 线上伴侣和家庭治疗

第三部分 线上团体治疗

第四部分 线上组织咨询

导　论

海姆·温伯格，阿尔农·罗尔尼克

海洋分隔的是陆地，而不是心灵。

穆尼亚·汗（Munia Khan），诗人

我们正处在一个快速变化的世界中的一个令人眼花缭乱的变化过程中，这种说法几乎已经过时了。

诺贝尔奖获得者丹尼尔·卡内曼（Daniel Kahneman, 2017）相信，由于技术，尤其是人工智能的发展，医学、咨询和组织行为领域将发生显著的变化。

作为临床心理学家和心理治疗师的我们，带着好奇的目光看着正在发生的变化，同时带着热情小心地审视这些变化会如何影响我们的生活。这本书就是从同样的观察性立场进行编辑和撰写的，一方面充满热情，另一方面具有批判性。

本书的一个独特之处是，它不仅涉及一对一的互动和个体心理治疗，还包括多个参与者的互动。有很多内容涉及在一对一水平上的远程治疗（Scharff, 2018），在本书的后面部分你会找到在各种文章和书籍中积累起来的知识的参考资料。人与人之间的互动和心理治疗常常以超过一对一的形式存在。伴侣和家庭治疗就是我们选择扩展互动形式的例子。这本书的另一个

独特的挑战是讨论远程团体工作的可能性。团体治疗显然更便宜，同时也是有效的，不过团体治疗师了解在某个时间、某个地方将一组人聚在一起在技术和实践上的困难。因此我们认为讨论远程团体治疗的可能性是非常重要的。

这本书中的一个部分肯定是具有创新性的，将它与心理治疗放在一起可能不是传统的做法，即远程组织咨询的部分。介绍这部分有两方面的原因。首先，我们不得不承认组织中团体工作的使用率远远高于临床实践中的团体治疗，其次，且更为明显的是，在组织中存在着一种倾向，忽视团队工作人际方面的重要性，尤其是远程的人际互动。不忽视组织性的线上工作的人际维度是本书的任务之一。

我们想强调在这本书中我们主要聚焦于线上视频会议形式的治疗。虽然一些章节讨论了基于文本的治疗，我们主要的兴趣在于使得治疗“更接近于现实”的更为先进的技术。例如，电话治疗已经实践了几十年了，但它的使用是非常有限的，而且它一直被看作面对面治疗的一种辅助方法。这和视频会议的情况不同，它威胁着要取代传统的面对面会谈。

理论和实践问题

本书旨在囊括线上治疗和咨询的理论和实践方面的内容。现有的一些书籍和文章只关注其中的一个方面（例如，Essig & Russell，2017 是关于理论的，而 Derrig-Palumbo & Zeine，2005 是关于实践的）。我们认为实践的考虑来自理论性的理解和特定的思想流派。例如，在面对面的团体治疗中，团体带领者是否应该始终坐在同一把椅子上的问题取决于理论取向：在精神动力学取向中，一个稳定的设置非常重要，团体治疗师应该保持坐在同一把椅子上来允许投射，而在人本主义方法中，示范和灵活性更重要，因此建议团体带领者改变座位。看似简单的实践问题事实上受到了理论考虑的影响。同样的问题，如果考虑在线上进行，就会影响为团体工作所选择的技术。现在大多数的项目都无法让团体带领者或顾问在屏幕上选择带领者和参与者的“座位”。

从头至尾，本书的编辑和作者都持一种观察性立场。我们努力不落入以下二分法：远程治疗是好的还是坏的？这些治疗和传统的心理治疗是类似的还是不同的？此外，作为研究者，我们感兴趣的不仅是远程治疗是否有效的问题，还包括下面这个问题：鉴于“无身体”治疗或处在不同地点的治疗的存在，我们对在治疗中起作用的机制能学到什么？向远程治疗的过渡允许拆解各种治疗性因素。脱离身体的治疗是可能的这一事实，对治疗的必要条件的传统假设提出了质疑。比如，精神动力学心理治疗中的一个重要术语——抱持（Winnicott，1971），是以实际的母亲的双手为基础的，拥抱和环绕婴儿。在远程治疗中，不仅“真实的”拥抱不可能，有时治疗师似乎是一个没有手的母亲。

如果我们看一下在最近几十年里心理治疗理论领域发生的变化，鲍尔比（Bowlby）的理论会很突出，因为现在几乎每种心理治疗方法都会使用某些他的概念方法。斯洛飞等人（Sroufe et al.，2005）宣称“依恋可以被认为‘也许是被研究过的最终的发展性建构’”。亲近性（proximity）是鲍尔比理论的关键词。儿童寻求与能够保护和照顾他们的父母的亲近。为了帮助来访者修复他们的依恋破裂，治疗师也应该保持亲近的假设，就来自这里。问题是保持亲近是否仅意味着身体上的亲近？当鲍尔比谈论亲近性时，他的意思是“在同一个地点吗”？尽管以解释为基础的理论并没有特别强调身体亲近的元素，但在某些以依恋为基础的方法中，这个元素不能被忽略，进而对远程治疗的有效性提出质疑。问得更尖锐一点，我们能够思考在没有身体亲近性的情况下照料孩子吗？尽管我们确实相信远程治疗是可能和有效的，我们很难相信它适合非常年幼的孩子。

在人际神经生物学现代理论的参考框架中，身体存在的问题甚至更有意义。由阿兰·绍尔（Alan Schore，2003）、丹尼尔·西格尔（Daniel Siegel，1999）、路易斯·科佐里诺（Louis Cozolino，2013）等人提出的这些理论，强调建立在身体存在基础上的相互调节的重要性。例如，这些理论家声称，在治疗中起作用的不仅是言语，还包括大脑对大脑、身体对身体的相互调节。这些理论有时关注右大脑对右大脑的交流，有时关注外周神经系统。例如，斯蒂芬·波格斯（Stephen Porges，2011）认为，治疗是建立在治疗师提供给来访者的安全体验的基础上的。在波格斯看来，两个人在身体上的接近会立即激活检查与另一个人亲近是否安全的机制。他的多层迷走神经理论的一个主要部分是，识别为了这个目的而关注另一个人的声音和面部的神经系统机制。从表面上看，这些理论会质疑远程治疗的充分性，因为远程治疗中没有身体在场来调节另一个人的身体，因此相互调节是不可能的。若是细究会发现，对波格斯来说一个重要的变量是面部（特别是其上半部分）。然而，在线上治疗中面部表情会变得更加清晰，而且分辨率更高——也许比在同一个房间中治疗时更清晰。另外，在远程治疗中，通常只能看见面部，而关于姿势、坐姿、呼吸以及各种肌肉运动的重要信息都消失了。气味和信息素也很重要，这些在线上也是缺失的。

其中一些理论问题具有明显的实践意义。一些作者建议在线上家庭、团体和组织设置中创造一种联结体验的解决方案。例如，一些作者建议坐在离屏幕更远的地方。鉴于此，本书每一部分末尾都讨论了某些对远程治疗可能的最佳实践解决方案，当然是从观察性和洞察力的立场出发来讨论任何方案的优缺点。

我们试图总结线上治疗师应该处理的主要的理论和实践问题。以下是我们需要考虑的议题。

1. 在场。所有讨论线上治疗的作者（例如，Lemma，2017；Rusell，2015；Weinberg，2014）都关注在场的问题，想弄明白是否有可能在网络空间创造它，以及在多大程度上在场必须有身体存在。在场对心理治疗的积极效果实际上是至关重要的。然而，它是一个非常难以捉摸的术语。在盖勒和格林伯格（Geller & Greenberg，2012）关于治疗性在场的书中，他们认为它是治疗性关系，因此也是有效治疗的根本性、潜在的性质。他们将治疗性在场描述为一种在与来访者或团体相遇时，通过在多个水平上——身体、情绪、认知以及心灵——完全待在那个时刻，而拥有整个自我的状态。治疗性在场被定义为将自己的整个自我带入与来访者的关系，并完全待在那个与来访者一起的，而且是为了来访者的时刻，头脑中没有以自我为中心的目的或目标（Craig，1986）。

"面对面"这个词意味着"处于彼此的视线或存在中"。传统意义上，我们指的是身体的在场，因为交流的参与者都处于同一个物理空间。然而，当我们转移到网络空间时，尤其是当我们使用视频会议时，在场获得了一种不同的意义。这种对治疗性关系如此重要的线上在场是什么？另一个人的在场通常是通过听到另一个人的声音和看到另一个人的面部和身体而感受到的。虽然传统意义上的在场涉及身体，但实际上这种身体的在场只支持主观性的在场。

治疗师的在场包括他的投入、热情、注意、情绪参与、幻想以及准备好被拖入付诸行动（Grossmark，2007）。这依然可以在线上完成。莱玛

（Lemma，2017）认为，在场是一种将意图成功地转化为行动的感知，而且行动并不局限于那些身体上释放的行动。这显然也可以发生在网络空间，虽然考虑到线上交流的局限性，需要特别关注如何将意图转化为行动。

2. 术语。我们想知道线上治疗正确的术语应该是什么，尤其是使用视频的线上治疗。电子治疗（e-therapy；并不准确，因为它含有使用电子邮件进行治疗的意思）或线上治疗？肯定不是“虚拟治疗”，因为它意味着这种治疗只是虚拟的。而且我们该如何命名所有参与者身体上都在同一个房间里的治疗呢？把它称为面对面治疗也不够准确，因为在视频治疗中我们也是面对面地看着彼此（有时更清楚，由于面部呈现在一个特写镜头中）。我们注意到本书各章的作者也纠结于这个问题，我们决定不强加一个统一的术语，而是让每个作者使用他们自己的术语。因此，伊万·詹森和唐娜·丹尼斯（第二十章）将它称为并置工作（collocated work）。凯瑟琳·赫特雷恩和瑞安·厄尔（第十章）对线上治疗使用了一个通用的术语——“通过互联网提供的服务（Internet-delivered service）”。莉奥拉·特鲁布和丹尼尔·马伽蒂（第十一章）称其为“亲身治疗（in-person treatment）”。努阿拉·登特（第二十一章）选择“面对面（face-to-face）”这个词来表示在同一个物理空间的团体会面，选择“线上（online）”来表示通过特定技术的团体会面。她写道：

> 我搜寻词语来区分这些不同的面对面的会面。我可以将它们称为“现实的”和“虚拟的”，但是这暗含着一个是“真实的”，另一个是“不真实的”的意思。将视频会面描述为“线上的”会使人联想到所有成员都在同一个房间的会面是“离线的”。

3. 它是同样的治疗还是不同的治疗？在关于线上治疗的文献中一个持

续的争论聚焦于，它和我们亲身做的治疗是同样的治疗还是不同的治疗？谢里·特克（Sherry Turkle）在一次和艾希格（Essig）及拉塞尔（Russell）的访谈中说："技术创造了一种新的自我状态……线上的亲密是真实的，但是以新的动力学运作的（p.242）。"托德·艾希格（Todd Essig）（个人交流，2017）同意线上治疗是起作用的，但断言它需要和亲身治疗不同的过程。一些对于精神动力学治疗非常根本的特定过程，例如对内隐过程的分析性倾听和注意，在面对技术性连接时不可避免地改变和修改了。他担心我们正在降低标准，所以在屏幕上发生的事情也算是起作用的。他和拉塞尔建议，远程治疗的诱人的便利性不应该导致临床治疗师要么忽视，要么低估我们称为"本地治疗（local therapy）"的独特之处。

我们认为，"它是同样的吗"和"它是不同的吗"之间的分裂是没有意义的，我们宁愿同时看待相同点和不同点。例如，温伯格（Weinberg，2014）认为线上关系涉及一种不同类型的亲密，并将其称为"电子亲密（E-timacy）"。它不是好莱坞电影所赞赏的"深入我心你会看到（into-me-you-see）"的那种，它建立在自我暴露和隐私的基础上。因为在网络空间隐私无法得到保障，我们应该以新的方式重新思考亲密："没有隐私的亲密重新定义了亲密的含义（Turkle，2011，p.171）。"线上的电子亲密更类似于在大团体中发展出来的那种亲密（见第十五章），它建立在一种凝聚力、"我们的状态"和归属感的氛围的基础上。

线上治疗的不同过程的另一个例子是它结束和终止治疗和关系的含义。我们可以在过去不可能做到的情况下继续治疗（例如搬到另外一个国家）。因此，线上治疗和线上联系使我们对于克服人类在时间和空间上的限制的幻想得以延续，因为我们能够随时随地继续我们的关系。

4. 使它更"真实"？与之前线上治疗与亲身治疗有多么相似或不同的

问题相关的问题是，多大程度上我们想让它尽可能地接近“真实的”体验。想要复制诊所环境的方法坚持认为，在线上精神分析中，即使分析师在屏幕后面，来访者依然要躺在长沙发上。在我们看来，这太死板了，甚至是荒谬的。这个问题会影响我们的决定，是坐得靠近屏幕，因此只显示我们的面部，还是与计算机保持一定的距离，这样能看到我们的身体，就像我们通常在治疗室里所做的那样（我们将在实践指南中讨论与屏幕的距离的问题）。我们认为，一方面我们应该尝试和复制我们亲身治疗来访者时存在的基本条件，但始终要考虑到，这是一种不同的媒介，它决定了一些不同的情况。

5. 专注的需要。我们同意“线上的环境可能需要投入更多的时间和精力来创造和维持一种心理空间，以支持通过体验的学习”（努阿拉·登特，第二十一章）。为了维持在场，来保持专注并不被其他刺激分散注意力（无论是屏幕上的还是治疗师的环境中的），治疗师应该保持敏锐的觉察，并做出特别的努力。

6. 无实体的自体。许多作者都指出了线上无实体的互动。这只是部分正确的，因为每个参与者仍然有身体，坐在计算机前也能够感觉到它，这与在我们治疗室中和来访者（来访者坐着或躺在长沙发上）坐在同一个房间中没什么两样。莱玛（Lemma，2017）将以 Skype[①] 为媒介的治疗称为具身在场（embodied presence），因为“在网络空间中我们还是具身的。改变的是我们对我们自己和另一个人的具身化的体验”（p.92）。在交流时，线上交流的所有成员都能感受到他们的情绪、痛苦、躯体不适和躯体的需要。缺失的是身体与身体的交流。它的缺失源于两个原因：（1）只有身体的一部分（通

① 一款即时通信软件，拥有视频聊天、多人语音会议、多人聊天、传送文件、文字聊天等功能。——译者注

常是头部和肩膀）能被看见，大部分身体是隐藏的，（2）屏幕制造了一道屏障，因此我们无法闻到身体线索或对身体线索保持敏感，而当我们处在同一个物理空间中时我们是能够（有意识或无意识地）觉察到这些线索的。它将完整的身体、三维的交流，简化为平面、二维的交流。因此，我们感知他人身体的能力确实有所减弱。然而，经过一些练习和变得更加专注，我们仍然可以捕捉到来访者的身体感觉的迹象，或者直接询问他们对自己的身体有什么感觉。帕特·奥格登和邦妮·戈尔茨坦（第四章）给出了如何在线上利用身体的很好的例子，刘易斯·阿伦和加里特·阿塔尔斯（第五章）在他们的综述中，介绍了关于身体存在的趣闻逸事。

7. 设置。通常情况下，治疗师负责设置，包括房间、家具、等候室、纸巾或水。正如拉塞尔（Rusell，2015）指出的，在线上治疗中治疗师不再能够控制设置了。这意味着我们治疗师失去了保证环境安全的能力，并且“维持边界和提供他自己的环境需求的大部分责任”都落在了来访者肩上。这种与传统情境——来访者来到我们的治疗室，我们能够保护空间的边界并满足他们的环境需求——不同的变化是一个不小的转变，遗憾的是，许多进行线上治疗的治疗师都忽略了这一点。心理治疗设置是心理治疗框架中具体和主观的因素的结合，目的是提供连续性、一致性和包容性。一个稳定和安全的环境可以帮助来访者自由地探索和表达他们的心智。除了咨询室，心理治疗设置的因素还包括治疗的时间和持续时间、频率、费用、缺席和取消、暂停、交流、保密以及一些其他因素。

设置是精神动力学治疗的一个关键议题，许多文章都讨论了它的重要性。弗洛伊德在他的技术著作中，详细描述了主导分析性设置的规则：包括时间方面（如会谈的时间、长度和频率）、空间方面（位置和房间的条件）、财务方面以及分析师的立场（节制、中立和匿名）。我们可以得出结论，根据弗洛伊德的理论，设置是一组允许精神过程发生的恒定变量。朗斯（Langs，1998）就精神分析情境的设置和框架写过一整本书。布莱吉（Bleger，1967）补充说，分析性情境被定义为一个过程，但作为任何过程，它都需要一个稳定的变量，这个变量就是设置。他补充说只有当设置被破坏时我们才会注意到它。莫德尔（Modell）写道：

> 精神分析设置是（一种）非特异性的……（框架），它重新创造了一种依赖，在这种依赖中共同分享的发展冲突被体验到。这些冲突包括依赖与对丧失自主性的恐惧，融合的愿望与对被“吞噬”的恐惧。这些冲突发生在需要保持自体安全和完整的背景中。
>
> （Modell，1988，pp. 587–588）

莫德尔（1989）将治疗设置看作一个温暖、子宫般、安全和包容的空间，保护来访者免受房间外困难的现实侵扰。设置的功能已被许多作者讨论过，它被认为是提供包容和允许移情和潜意识过程出现的必要背景。

温尼科特（Winnicott，1971）认为安全的设置创造了一个来访者可以“使用”分析师的空间。他指出，房间是来访者身体的延伸，因此治疗师应该根据来访者的需要适应这个环境。显然，这在线上设置中是无法实现的。在通过媒介的治疗中，我们无法根据来访者的需要调整环境，无法保证环境不受侵扰和安全，而且对设置并不承担首要责任。首先要认识到这一事实，不幸的是，许多进行线上治疗的治疗师忽略了这一点。认识到这一点需要对标准协议进行一些修改，以保证来访者会照顾他那一端的环境（请参见本书的实际操作建议的部分）。其次，我们应该问问自己，即使设置不同治疗是否仍然有效，它是否还是同样的治疗。这一点是作者们关于线上治疗意见不同的地方。科林·拉塞尔（Colleen Russell，2015）明确地指出，“在屏幕对屏幕的关系中不可能以传统的方式建立一种安全抱持的环境（p.74）”，之后，在与托德·艾希格（2017）共同编辑的关于线上治疗的《精神分析观点》（*Psychoanalytic Perspectives*）特刊时，他们对心理治疗转移到线上这一现象进行了批评，并断言“那些常规地通过屏幕进行远程治疗的治疗师，正不知不觉满足了那些希望用应用和程序取代治疗师的科技企业家的需要（p.135）”。吉利·阿加尔（第五章）认为线上的来访者要为照顾他们自己的需要负责，这个事实鼓励更多的自立，并传递了信任来访者内在资源的信息。

8. 忽略背景信息。大多数治疗师不仅忽视了他们不能控制设置和不能创造安全环境的条件这样的事实，而且忽视了许多其他线上发生的细微事件和事情，在亲身治疗时他们是永远不会忽视这些事件和事情的。一只猫在计算机前的桌子上走来走去，它的尾巴时不时出现在屏幕上，就是一个很好的例子。如果一位来访者带着一只猫来到我们的治疗室进行治疗，我们永远不会忽视它，很可能还会试图探索这种出现的意义。奇怪的是，我们大多数人都忽视了线上的这种出现，理所当然地认为这是新环境的一部分。

在本书的后记中，我们汇集了所有部分中积累的知识，并思考治疗性和组织性互动在不远的将来会如何发展。某些讨论指出了现有技术不断增长的中心地位，并思考我们是否还能回到过去几个世纪以来我们已经习惯了的“旧”互动中。我们非常清楚，考虑到我们所面临的加速的变化，这本书可能在出版后不久就显得过时了。例如，不断发展的技术可能会在将来的某个时刻允许一种三维的相遇，甚至可能是一种触觉的相遇。人工智能技术能够识别情绪，这可能会改善或损害人类的相遇。

参考文献

Bleger, J. (1967). Psycho-analysis of the psycho-analytic setting. In J. Churcher and L. Bleger (Eds), *Symbiosis and Ambiguity: A Psychodynamic Study*. London: Routledge, 2012.

Cozolino, L.J. (2013). *The Social Neuroscience of Education: Optimizing Attachment & Learning in the Classroom*. New York: W.W. Norton & Company.

Craig, P.E. (1986). Sanctuary and presence: An existential view of the therapist's contribution. *The Humanistic Psychologist*, *14*, 22–28.

De Las Cuevas, C., Arredondo, M., Cabrera, M., Sulzenbacher, H., & Meise, U. (2006). Randomized clinical trial of telepsychiatry through videoconference versus face-to-face conventional psychiatric treatment. *Telemedicine and e-Health*, *12*, 341–350.

Derrig-Palumbo, K., & Zeine, F. (2005). *Online Therapy: A Therapist's Guide to Expanding Your Practice*. New York: Norton.

Dunstan, D.A., & Tooth, S.M. (2012). Treatment via videoconferencing: A pilot study of delivery by clinical psychology trainees. *The Australian Journal of Rural Health*, *20*, 88–94.

Essig, T., & Russell, G.I. (2017). A note from the guest editors. *Psychoanalytic Perspectives*, *14*(2), 131–137.

Frueh, B.C., Monnier, J., Yim, E., Grubaugh, A.L., Hamner, M.B., & Knapp, R.G. (2007). A randomized trial of telepsychiatry for post-traumatic stress disorder. *Journal of Telemedicine and Telecare*, *13*, 142–147.

Geller, S.M., & Greenberg, L.S. (2012). *Therapeutic Presence: A Mindful Approach to Effective Therapy*. APA publications.

Grossmark, R. (2007). The edge of chaos: Enactment, disruption, and emergence in group psychotherapy. *Psychoanalytic Dialogues*, *17*(4), 479–499.

Grubaugh, A., Cain, G.D., Elhai, J.D., Patrick, S.L., & Frueh, B.C. (2008). Attitudes toward medical and mental health care delivered via telehealth applications among rural and urban primary care patients. *Journal of Nervous and Mental Disease*, *196*, 166–170.

Kahneman, D. (2017). A keynote lecture for Israeli Psychological association meeting, Tel Aviv, Israel.

Langs, R. (1998). *Ground Rules in Psychotherapy and Counseling*. London: Karnac.

Lemma, A. (2017). *The Digital Age on the Couch*. New York: Routledge.

Modell, A.H. (1988). The centrality of the psychoanalytic setting and the changing aims of treatment. *The Psychoanalytic Quarterly*, *57*(4), 577–596.

Modell, A.H. (1989). The psychoanalytic setting as a container of multiple levels of reality: A perspective on the theory of psychoanalytic treatment. *Psychoanalytic Inquiry*, *9*, 67–87.

Porges, S.W. (2011). *The Polyvagal Theory: Neurophysiological Foundations of Emotions, Attachment, Communication, and Self-regulation*. New York: W.W. Norton.

Russell, G.I. (2015). *Screen Relations*. London: Karnac.

Scharff, J.S. (2018). *Psychoanalysis Online 4: Teleanalytic Practice Teaching and Clinical Research*. New York: Routledge.

Schore, A.N. (2003). *Affect Dysregulation and Disorders of the Self*. New York: WW Norton & Company.

Siegel, D. (1999). *The Developing Mind*. New Yok: Guilford Press.

Sroufe, A., Egeland, B., Carlson, E., & Collins, A. (2005). Placing early experiences in developmental context. In K. Grossman, K. Grossman, E. Waters (eds) *Attachment from Infancy to Adulthood*. New York: Guilford Press, pp. 48–70.

Turkle, S. (2011). *Alone Together: Why We Expect More from Technology and Less From Each Other*. New York: Basic Books.

Turkle, S. (2015). *Reclaiming Conversation: The Power of Talk in a Digital Age*. New York: Penguin Press.

Turkle, S., Essig, T., & Russell, G.I. (2017). Afterword: Reclaiming psychoanalysis: Sherry Turkle in conversation with the editors. *Psychoanalytic Perspectives*, *14*(2), 237–248.

Weinberg, H. (2014). *The Paradox of Internet Groups: Alone in the Presence of Virtual Others*. London: Karnac.

Winnicott, D.W. (1971). *Playing and Reality*. London: Karnac.

第一部分

线上治疗概论

海姆·温伯格和阿尔农·罗尔尼克主编

第一章

引 言

以网络为基础的治疗原则

阿尔农·罗尔尼克

线上治疗

罗尼·弗利希奥夫（Roni Frischoff）

心情沉重地，我坐在计算机前，等待着她通过 Skype 建立连接。

7 个小时和整个海洋将我们分隔。

我接受了她远程治疗的请求，陪伴着她搬到一个遥远国家的头几个星期。

我总是感觉她遥不可及、超然独立。我预料技术会让我们更加异化。

我希望我没有接受她的请求。

前倾身子想更清楚地看她，我点击连接图标。

她的脸突然在我面前展开，

她闪亮的大眼睛，我几乎能感觉到她的呼吸。

一个薄薄的屏幕将我们分开。

只有一吻之隔。

我们通过呈现来自著名科幻艺术作品的两个脚本开启本章：艾萨克·阿西莫夫（Isaac Asimov）的小说《裸阳》（*The Naked Sun*），以及电影《她》（*Her*）。

在《裸阳》中，阿西莫夫描述了两种可能的人类互动形式：看见，意味着面对面的见面；以及观看，意味着通过技术设备相遇。

一个来自另一个星球的女人的裸体出现在一个地球人的屏幕上，他恰巧是一名警察。这个女人告诉这位警察巴利（Baley），她永远不会亲身做那样的事情。巴利询问亲身和在屏幕上的差别是什么，并对这个女人说他现在能够看见她，对此这个女人回应：

"不，你没有看见我。你看见的是我的图像。你在观看我。"

"这有区别吗？"

"有天壤之别。"

★★★★

在电影《她》中，制片人探讨了一种不同的未来主义的互动概念，它不是关于两个人的，而是一个人和一台计算机。在早先的一次对话中，计算机萨曼莎（Samantha）告诉人类西奥多（Theodore），她是由编写她的程序员的数百万人格组成的，但她也被设计为通过经验成长，就像人类一样。在影片的后面部分，西奥多用真实、人类的语言描述了他和萨曼莎的关系，说晚上"他们在"床上时，他感到"被拥抱"。

我们选择这两部未来主义作品来触发一场关于互动形式会发生怎样的

变化，以及心理治疗界如何应对这些变化的讨论。

这一介绍性章节将讨论心理治疗如何与新的技术发展相互作用。尽管这一专业短暂的历史确实充满了关于到底是什么构成了心理治疗的争论——现代技术和互联网无疑对心理治疗界造成了前所未有的冲击。

使用互联网进行心理治疗的可能性使治疗界面临一个根本性困境。一方面，它使以前无法获得心理干预的人群，以及存在阻碍他们寻求这些干预的困难的个体能够获得治疗。另一方面，它对真正的人类接触对于成功的心理治疗是至关重要的这种信念构成了威胁。

下面的综述表明，由于各种常常相互矛盾、相互冲突的治疗方法，该领域的理论和研究如何以非常不同的方向在发展。

我们将试图表明，治疗领域具有两个重要的方面—— 一个强调治疗关系是实现改变的主要组成部分，另一个则将治疗技术作为核心元素。

由于这本书是写给相对广泛的专业人员的，包括心理治疗师、团体带领者以及组织顾问，我们会从简要地概述心理治疗领域开始。

心理治疗的两种方法

多年以来，心理治疗领域被分为两个不同的阵营。这两个阵营的主要区别在于，他们对心理治疗中可能产生预期改变的疗愈性因素的看法（参见 Omer & London，1988）。

我们将一组称为技术阵营，另一组称为关系阵营。每个阵营都将不同的成分视为带来改变的关键，因此它们对远程治疗的态度也不同，正如导论部分所述。

技术阵营

技术阵营强调治疗方法的重要性，并定义了治疗方案，其中的某些干预被强调为促成改变的因素。这一点在认知行为治疗中很容易体现出来，在认知行为治疗（Cognitive Behavior Therapy，CBT）中，由一系列清晰和明确界定的干预来定义这种方法的治疗原则。

这些干预的不同例子可以表明，向远程医学过渡对技术阵营使用的方法会产生多大程度的影响。例如，认知治疗师需要识别自动想法，并使用它们识别主导来访者的关键信念或组织图示。为了识别这些想法和信念，治疗师会应用诸如“ABC”模型之类的技术［A（activating event）代表触发事件；B（belief/thought）代表信念 / 想法；C（emotional and behavioral consequence）代表情绪和行为结果］。

顾名思义，这种方法还使用一系列旨在改善来访者病情的行为干预。通过肌肉放松来舒缓身体的方法多年来一直是认知行为治疗的基本技术。虽然现在出现了一种低估这些成分的重要性的倾向，但它们依然是治疗师使用的基本工具。在步入第三代认知行为治疗以后，使用这些技术的努力减少了。然而，接纳的方法和正念最终还是强调呼吸和身体扫描。

无论如何，上述对认知行为治疗的概述强调的是技术阵营的实质。这就带给我们一个问题，即是否有可能将这些技术转化为远程治疗，如果可能，如何转化。

重要的是要记住，技术阵营包括传统认知行为治疗之外的许多其他方法。它包括诸如接纳与承诺疗法（Acceptance and Commitment Therapy，ACT）这样的方法，以及辩证行为疗法（Dialectical Behavior Therapy，DBT）之类的行为方法。

关系阵营

关系方法的倡导者把治疗关系看作疗愈性因素，它是改变的核心促进因素。这个阵营坚持一系列关于心理问题的起源和发展的假设，特别关注来访者生活中最初的人物作为他们世界观的设计者的重要性。他们认为，个体在童年时期的主要经历会影响其成年后生活的经历。这种方法通常被认为受到了弗洛伊德关于新生儿在与父母建立关系时所经历的必要过程的思想和假设的启发。多年来，这个阵营已经发展变化，现在它非常强调依恋过程，比如孩子对父母人物的安全依恋的程度。

因此，关系阵营假定过去的关系是现在心理问题的根源。所以，重建这些关系并通过与治疗师的关系来修复它们是治疗的核心成分。探索来访者和治疗师之间关系特征的治疗方法是在这一假设的基础上发展起来的。这有助于解释移情等概念的发展，即来访者如何根据他过去与重要人物的经验来与治疗师建立关系。

动力学治疗师曾经非常重视将关系解释为“发现来访者问题的根源”，不过近年来，动力学治疗师越来越倾向于将来访者与治疗师的关系本身视为具有治疗性的。

关系阵营经常使用的一些核心概念是“抱持（holding）”和“涵容（containing）”。虽然这两个词含义不同，但都意味着支持性和接纳性的关系的重要性。关系阵营自然接下来就会质疑，是否可以通过网络交流和不具人格的屏幕来传递抱持和涵容。

两个阵营如何使用互联网

两个阵营对以互联网为基础的治疗所采取的不同方法并不令人惊讶，因为每个阵营都以非常不同的方式应对这些发展。事实上，现在有很多关于互联网在心理治疗中的应用的重要出版物，但每个阵营都发展了自己的方法来应对与远程相关的问题，这些问题并不一定与另一阵营的问题一致。

技术阵营可能被认为是第一个实施并记录其对远程干预的应用的，因为这一阵营比关系阵营更可能使用技术，后者有时试图避免让治疗过程与计算机和电信世界发生联系。然而令人惊奇的是，关系阵营是最早开始讨论远程治疗的。作为逸闻趣事，我们可以考虑弗洛伊德有时会通过信件与来访者通信，这可以被看作远程治疗的开端。

动力学领域一直都关心设置。关于躺在长沙发上和面对治疗师是否可以被认为是同类型的治疗这一话题，已有数百篇文章被发表（参见 Grotstein，1995）。换句话说，面对面互动的重要性这个问题已经被思考很多年了。

也许这个阵营第一次直接应对远程治疗是在电话被引入治疗领域的时候。治疗师开始处理当来访者因为出差无法前来治疗时如何继续治疗的问题（见 Saul，1951）。这是个至关重要的问题，因为当时的治疗师相信治疗应该每周进行 4 ~ 5 次。在通过电话进行的精神分析中无法看到来访者，这很可能是可以接受的，因为这与躺在长沙发上进行治疗时，来访者和治疗师之间没有目光交流的情况，没有明显的区别。

然而，使用电话进行精神分析的想法遭到了强烈的反对。阿根提利和梅勒（Argentieri & Mehler，2003）代表了保守、传统的立场，他们认为这不能被认为是精神分析，而“只是一种支持性治疗”。不管怎样，在其他国家教授精神分析方法和培训心理治疗师的需要，使得这个阵营的一些成员“打破规则”，敢于为治疗学生提供远程督导，甚至远程精神分析。其他发展包括 Skype 软件的引入，它极大地改善了视觉图像以及不断提高的互联网速度，这使得更高的视频清晰度和更佳质量的交流成为可能。很明显，向远程治疗转变挑战了某些关系阵营的基本教条和原则，这就解释了为什么会有关于这种选择和通过互联网进行远程治疗的合法性的大量文献和讨论。关于这个主题已经出版了不少图书:《远程精神分析》(*Distance Psychoanalysis*；Carlino，2011),《屏幕关系》(*Screen Relations*；Rusell，2015),《长沙发上的数字时代》(*The Digital Age on the Couch*；Lemma，2017)，以及《精神分析观点》(*Psychoanalytic Perspectives*；2017）的一期特刊。关于这个主题，令人印象最深刻的无疑是 2013—2018 年出版的名为《线上精神分析》(*Psychoanalysis Online*；Scharff，2013，2015，2016，2018）的四卷系列著作。对远程治疗的意义及其如何影响治疗关系，这套书的每一卷都进行了精彩的讨论。

尽管有大量的书籍和文章，但到目前为止，这个阵营中关于这个主题的定量研究非常少。关于精神分析师对远程治疗的态度的定性分析甚至研究仍然缺乏。

技术阵营并没有忽视互联网提供的可能性，但主要关注的是为了线上治疗，对面对面治疗发展出来的技术进行调整的可能性，而没有处理这会如何影响治疗师 - 来访者关系的发展的问题。例如，在艾伯特 · 埃利斯（Albert Ellis）给德布里格 - 帕伦博和扎因（Debrig-Palumbo & Zeine）关于线上治疗的书（2005）的序言中，他写道：“心理治疗中的一个很大的迷思是，为了与你的来访者建立良好的关系，你必须向他们表现出良好的共情、支持和接纳，而且你必须面对面地见他们——胡扯！（p.xi）”

因此，这一领域的许多工作并没有聚焦在面对面的视频会议上，而是聚焦在如何将认知行为治疗技术转移到互联网上，就不令人惊讶了。事实上，可以说技术阵营的主要关注点在于，寻找方法将已被证明有效的方法通过互联网进行推广。

巴拉克、克莱因和普劳德富特（Barak，Klein & Proudfoot，2009）识别了线上心理治疗的主要领域。视频会议只是一个例子，也许在巴拉克的清单中并不常见。不管怎样，很重要的是因为技术阵营，几年内出现了数百项关于以互联网为基础的治疗的各个方面的研究。这个领域的领先期刊《互联网干预》（*Internet Interventions*）的编辑格哈德·安德森（Gerhard Andersson）写到，在短短几年内，该领域已经有了 200 多项随机对照研究。

本书采用的方法

本书的编辑认为条条大路通罗马，许多心理治疗方法都有助于个体的幸福。但我们确实相信为另外一个个体提供治疗和使用以计算机为基础的自助项目是完全不同的。不过，我们的方法是寻找有趣的方式来整合技术阵营和关系阵营的原则。

近年来，出现了更为复杂的被称为“混合干预”的模式。它们是一些将面对面互动与以计算机为基础的自助项目相结合的治疗（Fitzpatrick et al.，2018）。有时面对面会谈是当来访者和治疗师在同一个房间里时进行的，但基本上来访者在线上也可以面对面地看到治疗师。治疗师可以让来访者去一个地点，在那里他可以练习行为认知方法，一旦来访者练习了这些方法，他就可以回到与治疗师的视频会议中。

本章的两位作者都是在分析性方法的基础上成长起来的，但每个人都寻求独特的方式拓展心理治疗使其更加有效。例如，海姆·温伯格首先研究了许多通过互联网的团体干预，但并不包括视频或音频会议。阿尔农·罗尔尼克发展了基于认知行为治疗或生物反馈的允许来访者练习自助技术的项目。因此，我们首先探索了视频会议以外的选择。对我们来说重要的是要强调，尽管有证据表明没有人际接触的干预可能与面对面的干预一样有效（Anderson，2018），但我们认为这些是提供了完全不同的人类体验的不同类型的干预。尽管我们非常强调技术似乎接管了这个领域的很大一部分，但我们坚信，在一个房间中或通过视频的面对面相遇，具有不同于以计算机为基础的练习的重要特质。另外，我们认为没有必要把技术和关系分开。我们相信，有效的治疗有时是通过已被证明有效的结构化干预获得的，其他时候则是通过发展作为治疗的核心要素的治疗师和来访者之间的关系获得的。

总之，尽管许多研究表明，不需要人类干预的软件是有效的，甚至创造了一种治疗联盟，但我们相信这是另外一种可能的干预形式。无论如何，在涉及不止一个人的情况下（比如婚姻或家庭治疗、团体治疗或组织干预），我们很难想象没有任何个人接触的有效的计算机治疗。

不要把孩子和洗澡水一起倒掉：恢复（以视频为基础的）对话

谢里·特克（Sherry Turkle）是20世纪80年代早期最早研究线上互动的人之一，她最初对计算机在我们生活中扮演的角色非常感兴趣。她将网络世界看作一个人们可以表达自己的许多方面的地方，在日常生活中他们通常都会压抑这些方面［参见《屏幕上的生活》（*Life on the Screen*，1995）］。不过，随着技术的发展，特克发现了线上互动可能带给人类互动的危险，并变得不那么热衷了［参见《一起孤独》（*Alone Together*，2012）］。

回想一下本章开篇呈现的科幻小说的场景。人类将不再与他人亲身地见面（就像在《裸阳》中），或者他们会寻求与机器人或操作系统的爱的关系（就像在电影《她》中），这样的可能性会让任何心理治疗师或咨询师感到担忧。

在《恢复谈话》（*Reclaiming Conversation*，2015）一书中，特克谈到人们如何更喜欢发短信，而不是谈话或见面。我们同意这一观察，以及她关于恢复对话的建议。我们也同意她主要传递给技术阵营的信息，人和机器是不可互换的。特克对人类与机器人的互动进行了大量的研究，并提醒我们机器人有可能取代我们与另一个人的情绪互动。

如上所述，我们倾向于同意特克的观点，技术阵营可能把我们引向电影《她》中描绘的那种情景，即由计算机或机器人提供"心理治疗"。但不像特克，我们建议不要把孩子和洗澡水一起倒掉。我们相信，包括人与人互动和使用应用程序的自助个体练习的混合或融合的干预，可以成为一种减少人类痛苦的整合和强有力的手段。

然而，特克采取了更为极端的立场，她反对所有形式的线上、以视频为基础的心理治疗。她认为，在当今的数字文化中，治疗师在捍卫身体在场的价值方面发挥着至关重要的作用。在一次接受心理治疗杂志《精神分析观点》的访谈中，她说："当分析师考虑屏幕关系对他们的事业造成的影响时，我认为他们没有严肃地对待这件事，它会改变它的本质（p.239）。"

人们无法避免将特克的观点与让－雅克·卢梭（Jean-Jacques Rousseau）的回归自然的观点进行比较。卢梭认为人类越偏离自然状态，人类就越糟糕。卢梭教导我们，人天生是自由、智慧和善良的，在没有被文明的非自然限制所扭曲的情况下，本能和情绪是拥有美好生活的自然的声音和指示。

本书采取了一种不同的观点。卢·阿戈斯塔写道，“精灵——线上治疗——从瓶子里出来了，让时光倒流是不可能的。未来属于那些能够诠释和管理线下和线上移情的人”（参见本书第三章）。阿戈斯塔——他写过几本关于共情的书（参见 Agosta，2010，2018）——讨论了共情是否可以通过互联网来转移的问题。他分析了什么构成了共情，并认为视频会议可以促进共情的过程。

因此，我们在这个部分讨论了特克的立场。我们采纳了波格斯（Porges，2011）对人类交流中面部的重要作用的关注。通过多层迷走神经理论，波格斯指出，人类通过面部表情和语调来相互调节。线上治疗的独有特征之一是，来访者和治疗师在屏幕上看到的面孔比在通常的面对面治疗中更清晰、更大。我们使用 Skype 超过 15 年的经验表明，我们在视频会议中看到的面部情绪反应比我们通常在诊所中看到的要清楚得多。

奥格登和戈德斯坦（Ogden & Goldstein）——他们的心理治疗是身体取向的——为这个部分贡献了一章（第四章），在这一章中他们扩大了范围，包括与来访者的动作、手势和姿势相关的问题。

> 治疗师和来访者之间的治疗之旅的有效性，可以通过不仅对言语叙事，也包括对躯体叙事（由姿势、运动和表达讲述的故事）的细致关注获得提高。通过本章所探讨的创造性的适应，视频会议可以有效地用来发掘身体的智慧，为来访者提供一种有价值的途径，来疗愈过去的创伤，发展新的能力。
>
> （本书第四章）

他们的章节还提供了一个如何将关系阵营与技术阵营整合的很好的例子。尽管感觉－运动心理治疗与关系阵营联系紧密，他们的实用建议是在心理治疗中使用各种不同技术的一个很好的例子。

对加里特·阿塔尔斯和已故的刘易斯·阿伦的访谈（本书第二章）展示了呈现长期的分析性思考的能力，这种分析性思考采取了一种自由、当代的观点，精神分析师以这种观点讨论远程治疗，不需要有任何的愧疚。阿伦被认为是心理治疗中关系运动的主要倡导者，写了很多关于精神分析历史的文章，但他明显是支持线上治疗的。阿塔尔斯写了很多关于治疗中的性的文章（2017），他并没有对远程治疗中身体的明显缺失感到“担忧”。阿伦还透露，现今他的许多教学和督导工作都是远程完成的。

关系阵营和技术阵营都在应对线上督导。在这一部分（第六章）中，彭宁顿、巴顿和卡塔菲斯讨论了心理治疗中的网络督导。他们鼓励读者考虑如何在专业准则、研究和理论的背景下，处理网络督导的概念。

吉利·阿加尔撰写的另一章（第五章）为线上治疗的优点提供了一个令人耳目一新的视角。根据阿加尔的观点，线上治疗也有很多好处。她的题目“诊所不比屏幕更有优势”，描述了更可能存在于远程治疗中的移情的几个重要方面。

再回到艾萨克·阿西莫夫，他预测视频会议会让我们变得更缺少人性，更不亲密，这本书的总体目的，尤其是这一部分的目的，是要找到防止技术阻碍我们的人性的方法。转述谢里·特克的话，我们寻找视频互动的方法以恢复对话，并允许心理治疗传播。这个部分最后所描述的实践思考旨在确保视频互动能保持我们期望从心理治疗中获得的人性元素。

参考文献

Agosta, L. (2010). *Empathy in the Context of Philosophy*. London: Palgrave Macmillan.

Agosta, L. (2018). *Empathy Lessons*. Chicago: Two Pears Press.

Andersson (2018). Internet interventions: Past, present and future. *Internet Interventions 12*: 181–188.

Argentieri, S., & Mehler, J.A. (2003). Telephone 'analysis': 'Hello, who's speaking?' *Insight 12*: 17–19.

Asimov, I. (1991). *The Naked Sun*. New York, Toronto, London, Sydney, Auckland: Bantam Books.

Atlas, G. (2017). *The Enigma of Desire: Sex, Longing, and Belonging in Psychoanalysis*. New York: Routledge.

Barak, A., Klein, B., & Proudfoot, J.G. (2009). Defining internet-supported therapeutic interventions. *Annals of Behavioral Medicine 38*: 4–17.

Carlino, R. (2011). *Distance Psychoanalysis*. Karnac Books. London.

Debrig-Palumbo, K., & Zeine, F. (2005). *Online Therapy: A Therapeutic Guide to Expanding Your Practice*. New York: Norton.

Grotstein, J.D. (1995). A reassessment of the couch in psychoanalysis. *Psychoanalytic Inquiry: A Topical Journal for Mental Health Professionals*, *15*(3): 396–405.

Her (2013). Jonze, S., director [Film].

Fitzpatrick, M., Nedeljkovic, M., Abbott, J.-A., Kyrios, M., & Moulding, R. (2018) "Blended" therapy: The development and pilot evaluation of an internet facilitated cognitive behavioral intervention to supplement face-to-face therapy for hoarding disorder. *Internet Interventions 12*: 16–25.

Lemma, A. (2017). *The Digital Age on the Couch*. New York: Routledge.

Omer, H. and London, P. (1988). Metamorphosis in psychotherapy: End of the systems era. *Psychotherapy: Theory, Research, Practice, Training 25*(2): 171–180.

Porges, S.W. (2011). *The Polyvagal Theory: Neurophysiological Foundations of Emotions, Attachment, Communication, and Self-regulation*. New York: W.W. Norton.

Russell, G.I. (2015). *Screen Relations*. London: Karnac.

Saul, L.J. (1951). A note on the telephone as a technical aid. *Psychoanalytic Quarterly*, 20: 287–290.

Scharff (2013). *Psychoanalysis Online*. London: Karnac.

Scharff (2015). *Psychoanalysis Online* 2. London: Karnac.

Scharff (2017). *Psychoanalysis Online* 3. London: Karnac.

Scharff (2018). *Psychoanalysis Online* 4. London: Routledge.

Turkle, S. (1995). *Life on the Screen: Identity in the Age of the Internet*. New York: Simon & Schuster.

Turkle, S. (2012). *Alone Together: Why We Expect More from Technology and Less From Each Other*. New York: Basic Books.

Turkle, S. (2016). *Reclaiming Conversation: The Power of Talk in a Digital Age*. New York: Penguin Books.

第二章

与刘易斯·阿伦和加里特·阿塔尔斯的访谈

G代表加里特·阿塔尔斯；L代表刘易斯·阿伦；H代表海姆·温伯格；A代表阿尔农·罗尔尼克。

H：让我们从第一个问题开始，如果我们同意线上治疗是有效的，而且似乎疗效相当，我们要如何解释呢？身体是如此重要。我们如何解释它在没有身体的情况下也有效？

G：我想说对我来说，线上治疗是有身体的。这是一种不同的身体，是一种不同的身体形式，但我必须告诉你，当你那样说的时候我想到了一个故事，关于我和一位来访者在Skype上的一次治疗。她在乌拉圭，我在纽约，治疗中的某一时刻，她的狗叫了起来，她走开时我看到了她的阴部。她下面什么都没穿……所以说身体不存在是不正确的（大笑）。

L：我在网络治疗或分析方面的经验很少。我带领了许多学习小组，大约有三分之一的学习小组是线上的。我喜欢线上的形式。我一直在Zoom[①]上工作。我和我的学习小组的经验是，在线上和他们本人亲身在场时相

① 一款多人手机云视频会议软件，为用户提供兼备高清视频会议与移动网络会议功能的免费云视频通话服务。——译者注

比，我感到和学生们同样亲密和有联结。我不得不说，有时效果更好。因为我觉得每个人的脸就在我面前。

A：那么督导效果如何？

L：我督导做得不多，但一般来说，如果你习惯于让你的来访者躺在长沙发上，你几乎看不到他们的脸，而且你只能从一个非常有限的角度看到他们的身体，当转移到 Skype 或 Zoom 上和来访者一起工作时，你能看到比他们在房间里时你看到的他们更大部分的身体。而且即使他们是面对面的……就像现在我们看着对方，我能非常清楚地看到你们的脸。如果你们在我的治疗室里，会有各种各样的干扰……但这里我只能看到你们的脸和上半身，都是放大的。实际上，有时当我做线上治疗的时候，我会坐得离计算机远一点，因为我不想和他们的脸靠得太近。在线上治疗中没有身体的这个想法是不成立的。我有个和加里特类似的故事。我有一个金融领域的来访者，他经常出差。他喜欢……他还会给我打电话让我保留他的治疗时间，他有时会在对他来说是凌晨 1 时，或 3、4 时的时候给我打电话。他会醒过来做治疗。他会在床上给我打电话。他穿着睡衣或短袖汗衫，坐在他的床上，他刚刚为了做治疗而醒过来。我会看到比我想要看到的更多的他的身体。

G：有时感觉太近了，会有一种担心……有些治疗师害怕来访者看到他们太多，而不仅仅是我们太近地看我们的来访者……我在多大程度上可以控制它。还有一件事是，当你在做线上分析时，你通常也能看到自己。

A：是的。对此你想说点什么吗，关于你也能看到自己这种情况？

G：我认为这非常有意思。我从来没有想过这件事。有时我看到来访者在看他们自己，而不是在看我。我意识到对某些来访者，相比于其他来访者，我会更多地看自己。这里有些东西需要去分析和理解。

L：是的。因为你谈到这一点，我就忍不住要看我自己。

G：我知道。你在整理你的头发，对吧？不仅如此……我们刚才的谈话，让我们有更多的觉察，对吗？关于我们的外表。

H：是的，确实如此。

G：我不想忽视有些东西被忽略了这个事实。我的意思是我的来访者可以不穿内裤坐在屏幕前面，我甚至都不知道，对吧？此处存在一个框架里有什么的问题。我可以带着手机坐在这里，有人可能会给我发短信，如果我愿意我可以看手机，对吗？我认为这是一个大问题，如何在另一个人只看到事实的一部分的情况下保持界限。

L：与此相关的是，这让我想到了电话的使用，因为在互联网这些东西出现之前，我已经通过电话做治疗许多年了。我发现，在使用 Skype 或 Zoom 时，我对于保持和来访者在一起的专注，不受到手机的干扰，要比过去使用电话时好得多。用电话的时候，我只能听到声音，我会走神，我更容易做其他事情或分心。用 Zoom 时我会更投入。

G：是的。

A：但问题是，也许有时候你想让自己走神。

H：但我认为那是不一样的。你同意吗，卢？那不是一种幻想，而是一种分心。

L：是的。

A：我想我们可以考虑建议坐得远一点。也许你应该看到我身体的一部分。我只能看到你的胸部，我想看你下面是什么。你看到了吧？如果我坐得靠后一点你感觉如何？（阿尔农从屏幕前移开）

G：但你知道吗，你从屏幕前退后让我不舒服？因为现在我感到离你太远。我想让你回来。我感觉我能看到你更多的身体，但你的脸却没那么清晰了。

H：加里特指出了一些问题。最大的问题是，你是否想完全复制治疗室中的情景。你躺在长沙发上，摄像头放在你的脑后，你觉得如何？

L：这是两种不同的媒介，你不能在一个场景中完全复制另一个场景的状态。你看着他们的后脑勺的想法只会让它变得荒唐。这和他们和你在一个房间里、他们躺在长沙发上，而且你对正在发生的事情有全面的理解、看法和背景非常不一样。我认为这是一种非常不同的媒介，我确实认为这需要时间和实验去考虑所有可能性。乔纳森·斯莱文（Jonathan Slavin）——你们也许认识他——做过很多互联网工作。因为他比我更有经验，他实际上传授给我这个想法：当我和来访者一起工作时，坐得远一点，让来访者使用耳机和麦克风——这样他不用对着计算机的麦克风讲话，他就可以坐得远一点。而且他说（我认为他是对的）这样做可以让你避免只看到一个头部特写，你知道的，除了头部什么都没有。人们会觉得只有头对着头，这太具有侵入性了。我不认为关于哪一种方法更好这个问题有正确答案。我认为这些都是可选项，就像在治疗室中的来访者可以选择坐在这把或那把椅子上或长沙发上，或站起来换位置一样。同样，使用 Zoom 或新技术时，有些人可能会对后退一点感到舒服，这成为另一件需要研究、探讨和理解这对他们意味着什么的事情。

H：并去讨论，也许。

L：是的。

H：因为我们的确忽略了许多差异。我认为我们不应该忽视它们，而是像你们，加里特和阿尔农做的那样，去讨论它们。如果你是治疗师或来访者，也许我们应该讨论：你希望我坐得多近？我坐得靠后一些可以吗？

G：我总是试图讨论它，你知道吗？因为框架是不同的，对吗？我总是会问来访者你到底在哪里？你愿意让我看看你的周围吗，还是不愿意？因为有时我在他们的卧室里。有时我在他们的宾馆里。有时其他人会走进房间。

H：这是我们需要讨论的问题，因为有人走进房间的意义——这是最大的区别之一——在于我们无法控制设置。

G：是的。

H：我不知道你对此有没有什么想法，因为设置在精神分析中是如此的重要，突然我们无法创建我们期望的设置，因为有人走进房间。对此你有什么想说的吗？

L：在我和来访者一起工作的时候，这一直是一个问题……我们已经对此进行过讨论。例如，有人要去参加商务会议，他们仍然留出一小时做治疗。他们去哪里找一个私密的空间？他们能够找到一个确保私密的房间吗……并且他们会担心有人能听到他们的声音。如果他们可以回到自己的酒店房间，并且知道那里是私密的，那是另一回事了。我认为这对于大学生来说尤其复杂。许多大学生都和他们家乡的治疗师谈话，对吧？他们在上大学之前、在高中时或在暑假中就开始了治疗。然后他们去上大学，他们想和治疗师保持联系。但现在他们住在寝室里，他们有一个室友。他们如何确保在室友不会进来的时候联系治疗师呢。在这种情况下，室友就成为他们治疗的一部分，因为他们必须和室友商量什么时候要登录 Zoom。因此，这些都是我认为实际上会经常出现的情况。

G：我们无法回到老路了。再也回不去了，尤其是年轻的一代，我指的是 20 多岁和 30 多岁的人——他们会在任何地方使用 Skype 或 Zoom。他们会在线上开会，开商务会议。他们在线上约会。他们在线上做爱。他们在线上做所有的事情。这也包括看着你自己。这是框架的一部分……你知道，它几乎成了你熟视无睹的事情。

H：我认为这又回到我们在多大程度上想要完全复制治疗室的问题上了，或者理解这是一种新的媒介，我们需要以不同的方式接受它，而不把它当成一样的。

G：是的。

L：你知道……说到回到过去，我们过去做的许多事情都源于历史的偶然。你知道，弗洛伊德时代的神经病学家都有某种诊室。他们都以某种经济模式为生。弗洛伊德自己说过，他之所以以他那样的方式创设治疗室，以他那样的方式收费，以及设立那些政策，那是因为当他在维也纳行医时，家庭教师和音乐老师通常都是那么做的。他在做那个年代在维也纳是常规的事情。我们一直这样做，就好像那是一种神圣的仪式。所以说事情变化了。我非常赞同不用规则来解决这些问题。甚至在弄清政策将会是什么这个方面，我的感觉是现在还为时过早。我们还没有足够的经验，我认为，作为一名教育工作者，我们希望人们去尝试，而不是把它当作放在一边，在他们的培训中不能去谈论的东西，因为对培训师来说它不算正规，然后他们不在培训研讨会中谈论它，不和他们的督导师谈论它，因为它不被认为是绝对正确的事情。我宁愿鼓励学生在他们的分析训练中把这些材料带进来，学生有机会——与督导师或与他们的同学——去比较，当和我与来访者在线上一起工作时是什么感觉，当来访者来到我的治疗室时是什么感觉。对和我一起散步的来访者是什么感觉。把它带入培训，不要把它排除在外。如果你把它排除在外，它“违反规则”，那么我们就永远没有真正的机会和它一起工作，从中学习，并探索这对我们来说“是什么感觉”。对我们中的某些人来说，这可能不是一种好的工作方式。但对我们中的其他人来说，这可能是一种非常棒的工作方式。

H：如果可以我有几个问题，就像魔鬼代言人[1]。例如，在线上治疗中，来访者并不能真正地摧毁分析师。如果我们考虑一下温尼科特的观点，你对此有什么想法？

G：为什么你认为他们不能摧毁分析师？他们按一个按钮就可以摧毁……

H：你认为那一样吗？就像想掐住你的喉咙掐死你？

G：有一些方法，我绝对认为那是一样的。虽然形式不同，但我认为他们当然可以摧毁分析师。看上去可能不一样，但其实是一样的。情感是一样的，影响是一样的，只是形式不同而已。

H：好的。

L：甚至实际上，他们可以对你做一些在治疗室里做不到的事情。在线上，他们可以使用搜索引擎，刺探信息，进入你的私人生活。他们可以做各种各样具有破坏性的事情。

H：好的，好的。所以我们实际上并不需要躯体接触来感受我们是充满毁灭性驱力的。那么反之呢？

G：我们也在展示——我理解你这么做是在扮演魔鬼代言人——但我们现在也在讨论它，就好像它是一个全或无的选择，你只是在线上见他，而不是某种组合——你有时会面见这个人，有时在线上见他……你知道，当然我认为如果你在线上见某个人，并且有一定程度的亲身接触，这是值得的。所以……我不认为我们必须以绝对的非此即彼的方式思考这些问题。

H：好的，谢谢！非常好的回答。现在我继续做魔鬼代言人。一个来访者想

---

① 故意唱反调的意思。——译者注

要我的一个拥抱，而在线上这是不可能的……它是否会带走某些来访者想要却无法得到的东西——此刻的一个真实的拥抱？

G：是的……你知道，是的，但它们可能有别的意义。我的意思是，看情况而定，对吗？如果这个拥抱是涉及界限的……我有个来访者在离开治疗室前会说“把这个当作拥抱吧”。我很喜欢这样。再说一遍，它视情况而定：它是一种打破界限的方式，还是一种获得拥抱的方式？它是一种……安抚来访者的幻想的方式吗？接下来，我们能够找到其他方式代替这种线上拥抱吗？以某些方式，我认为这就像在分析中，如果某个人有某种需求，这种需求会找到自己的呈现方法的。我们会看到这一点的。如果不是通过拥抱，就是通过别的东西。它只是换了副面孔。

L：我不认为任何人……任何人会认为它是完全一样的。差异是存在的，它在任何时候都可能是优点或缺点。所以我不认为，它是完全对等的这个想法能成为一个论点。问题是，你是否或多或少能获得你需要获得的东西，让它成为一种有效的工具，有些事情可能实际上看上去很不一样，结果也不一样。

H：是的，我也有同样的结论。我想更进一步——那么情欲性移情呢？

G：坦率地说，我不能断定这对任何人、任何地方都适用。我个人的经验是，情欲性移情实际上可以在线上变得更加强烈。

H：这很有趣。

G：是的……甚至色情作品，你仔细想想，对吗？或者任何一种非私人的性交换，都可以被物化一点。我认为如果人们在场，有时，有些人可能会变得拘谨。我正在思考这个问题，尤其是通过比较见来访者本人和线上见来访者，我感到，相比于在面对面时，当我在线上的时候情欲性移情会更多。确实有些东西是关于你说的身体的缺席和距离的。以及我们不能触碰彼此，对吧？

H：也许幻想起的作用更多。

G：是的。我认为这更安全，对吧？我的意思是，也许这甚至是基本的事情。这样会更安全一些，可以让情欲性材料出来。而且什么都不会发生。

H：好的。阿尔农，你有什么问题想问……？

A：是的，如果我们考虑一下人际神经生物学领域的人。他们强调所有事情都是通过身体进行的，你们知道的，右半球对右半球……如果我们试图把这一点纳入我们的讨论，我们怎么理解它呢？

L：我想跟上我们正在讨论的——特别是，我必须说，我喜欢看马克·索尔姆斯（Mark Solms）的书。我认为很多神经精神分析的东西都被过去简单化地使用了。人们已经普遍地接受，右脑对右脑的交流意味着人们需要面对面，你需要有直接的目光接触……我再说一遍，这是没有根据的，我认为，这是不成熟的。这太笼统了。也许有些来访者需要，这也许可以解释为什么这对某些来访者是有用的。我不认为这是普遍的事情，对每个人都是如此。我认为，我们在得出关于什么是好的、什么是普遍可行的结论时要非常谨慎。人们谈论精神分析的"治疗性作用"，好像只存在一种思考人们如何变好的方式。我总觉得存在许多、许多、许多不同的精神分析的治疗作用，它们并不是对所有人都起作用的。它们对不同的人所起的作用不同。有些人以某种方式好起来，有些人以另一种方式好起来。我们需要实验、差异性和多样性。所以我并不相信右脑……并不是说它没有基础，而是它以一种过分简单化的方式被使用了。人们的右脑往往与左脑相连。

H：所以我这里有另外一个魔鬼代言人类型的问题。有些人认为线上建立起的亲密是不一样的。实际上我们不能创建同样的亲密。卢，我知道你说过你有不同的感觉。但我想把它当作一个明确的问题来问。

G：我可以在任何地方建立亲密。

H：加里特，我同意。

G：但我想补充更多的东西。我是一个稍微不同的人……我要说的是，作为一名作者，或一位母亲，或一名治疗师，我的自体状态是不同的，在线上时可能也会略有不同。但我相信这取决于你对一种模式的习惯程度。我做过很多线上治疗，所以在线上看到你并不会让我焦虑，这对我来说并没有什么特别的。我想如果这是我第一次在线上，我会更焦虑。问题是我们习惯还是不习惯，什么制造了更多的焦虑，什么制造了更少的焦虑——对我们作为分析师来说。

H：这是一个很好的答案，因为它带来了一个关系方法的参考框架，使用自体状态的观点，我们有一个线上的自体状态。你能想到其他的关系观点或概念，可以帮助我们理解或用于线上治疗吗？就像行动化，或共同建构，无论什么？

L：我的意思是，我刚刚想到的，我认为所有这些概念都同样适用于线上。人们会付诸行动——他们会将事情戏剧化，会将事情表演出来，会将场景表演出来，会承担各种角色，会承担各种客体关系场景——他们会在线上这么做，他们也会在亲身在场时这么做。在我看来，媒介的想法引出了关于分析性设置和分析性阶段、潜在空间或过渡性空间的整体概念，思考媒介的性质拓展了我们通常认为的框架或设置的概念。它使框架和设置成为一个更加动力学的概念。这是一个不断变化的概念，取决于人们如何使用它——分析师和来访者如何使用它。在我看来，就培训和教育而言，这可能是一个潜在、真正的优势，如果来访者愿意将其用于教育目的。就像人们使用磁带录音一样。但是，这种方式当然更暴露。在家庭治疗领域，这已经成为一种常态。所以，这和文化有关。它和它呈现给来访者的方式有关。我做了很多关于哈罗德·塞尔（Harold Searle）的工作的教学工作，他是现场采访和拍摄的强烈倡导者。他说，用这种疯狂的方式教授一门专业，教授一种技能，除了他们自己的分析师，没有人见过其他人这么做。这可能具有我们还没有开始探索的培训潜力。

A：事实上，录像很简单，你不需要用摄像机，你只要……

L：根据你现在的经验，因为这是我的经验，媒介，Zoom，已经消失了。我觉得我们就像在一个房间里谈话。我不认为如果我们一起坐在一个房间里，我们的谈话会比现在更亲密、更强烈、更清晰。

H：所以媒介很快就消失了。我们感觉好像我们没有通过媒介交流，直到出现技术故障。

G：但是对于亲身在场你也可以这样说，对吗？我的治疗室的隔壁在装修，他们一直在打电钻。在我看来，根据我的经验，技术故障越来越少，而房间里却有很多故障。一个月前在一次治疗中，我的治疗室漏水了。就像水进来了……就在房间中。没有什么技术故障会像这样。你理解吗？

A：我认为卢是最适合谈论精神分析的变化的，整个问题是保持正统还是改变它并与它一起互动。

L：正统还是重建。

A：没错，所以你能不能谈谈这一点。网络治疗如何只是精神分析正在经历的变化中的另一步。

L：你知道弗洛伊德不喜欢在电话中谈话，甚至对朋友和家人也是如此。他更喜欢写信。所以在精神分析刚开始的时候，媒介就很重要。对于弗洛伊德来说，信件具有亲密性和直接性，也有机会去修改和思考你写的东西，这是电话所不具备的。他不喜欢这项技术，甚至在他手术之前就是这样。这并不是因为他不能说话。他不喜欢电话。

我认为我们必须思考的一个最大的问题是：在多大程度上精神分析是文化的一部分，根植于文化中，为了在一种文化中工作必须适应这种文化？在多大程度上精神分析必须从这种文化中移除？如果我们完全接受了这种文化，我们就没有批判它的立足之地了。但如果我们离得太远，我们就和这种文化中的人没有关系了。在我看来似乎……你知道我是根据最优边际来谈论它的。我们需要待在边缘，但不能太边缘了，以至于到了无关紧要的地步。我认为，拒绝这些东西，说“哦，它是不同的，它在引诱精神分析堕落，它不正统”，这会让我们远离文化，我们就变得无关紧要了。但完全接受它，不加批判地，毫无保留地，会让我们成为文化的一部分，以至于我们可能会失去批判力。所以对我来说，精神分析的发展总是辩证地与既是文化的一部分又与文化保持距离联系在一起。

H：你可以把“文化”这个词换成“线上治疗”，我认为这对我们的访谈来说是一个非常好的基本观点。是的，我认为你说得太好了。

我想问最后一个挑战性问题。从你说的和我们讨论的内容来看，很明显我们需要对某些东西，尤其是实际的东西做出调整。我想提出一个激进的观点。我们需要发展一种新的关于线上治疗的理论，超越实际问题。一定会有某种与面对面交流不完全一样的新的观点。你对这个观点有什么想法？一个与线上精神分析更相关、更适合它的新的理论。

L：一个新的理论……我必须问问你指的是什么，关于什么的新理论？治疗作用的理论？技术的理论？心智的理论？发展的理论？病理学理论？

H：实际上不仅是技术的理论。思考我们讨论过的所有内容，但不仅是详细地说明“你需要做这个，你需要做那个”，而是从更广泛的意义上理解它。比如，亲密。加里特，我认为你是对的，你创造了亲密，无所谓你在什么时候或什么地方。不过，我确实认为你在线上发展的那种亲密可能会有一些不同的东西，我们也需要在理论上讨论这个问题。

G：我完全同意这一点。我们没有足够的数据。我告诉你的所有东西都来自我的个人经验。甚至当我在谈论亲密时，我说的是我的个人经验。所以，某种程度上我们谈论的所有东西都是有局限性的，因为我们需要更多的数据、更多的研究、更多的理论、更多的所有东西。因此，我完全同意你。我对它了解得还不够。我们不得不研究它。我们不得不真正地理解它意味着什么。

L：这让我想起了一个故事。二十多年前我刚开始担任纽约大学博士后项目主任时，我介绍说我们会有一个电子论坛。那是这个项目第一次拥有一个电子论坛。二十年前这些都刚刚起步。精神分析机构里往往都是一群年纪大的人。许多年长者都对我们要开始使用电子邮件和电子论坛，而且不再使用纸质版通讯这个想法持反对意见。我们过去的做法是寄出通讯，每个人都能收到一份纸质通讯。我通过电子论坛改变了这种做法。一开始人们非常焦虑。许多年纪大的人不愿意提供他们的电子邮箱，也不愿意注册，理由是这将使社群变得不那么个人化，不那么亲密，一切都将通过技术来完成。我们不会再见到彼此了。事实是电子论坛成了社群的心脏。即使是一些非常个人的事情，我们经历了丧失，有人去世了，我们可以立即通知整个社群，每个人都会知道，每个人都可以表达哀悼和悼念。互联网并没有使社群变得不那么个人化，事实上，它使社群变得更加团结。这是无法预测的。我认为这很重要。当我们在谈论这些新技术时……史蒂夫·米切尔（Steve Mitchell）曾经说过，做治疗最大的秘密是，它在多大程度上是在试错。我认为这一点在这里也适用。我们需要试错。这是我们要学习的方式。

G：对此我想再补充最后一点。很明显，在我看来人们对线上治疗有很多的焦虑。这是我们要处理的主要问题。我对此很感兴趣，因为思考这个问题你们比我们更有经验，我相信，也许焦虑也是关于丧失的。大约两年前我接受了《纽约时报》（*New York Times*）关于手机应用程序的采访。我想那是一家开发了一款治疗应用程序的以色列公司。我相信所有的焦虑都是关于技术可以取代我们的这个事实。不仅在治疗中——而是在所有方面。今天我参加了一个家长－老师的会议，一位老师说：很快你们就不需要老师了；一切都将变成线上的。有人担心这不仅只是一种工具，它会成为某种取代我们的东西。关于治疗应用程序的整个想法是，做治疗的应用将会取代治疗师。

L：那是毁灭焦虑。

G：是的，毁灭焦虑。

H：我认为你们都触及了重要的问题。我非常同意你的观点，卢，电子论坛可以成为一个非常棒的支持性和社群拓展的方法、工具。我不知道你是否知道，但我指导、管理或带领团体心理治疗电子论坛 22 年了，它成了一个非常棒的连接工具。我想说另一件事，关于你提到的焦虑，当电话被发明出来时，报纸上写道："这是一场灾难。人们会停止见面，只在电话里交谈。我们会失去联系。"这是完全一样的焦虑。

好了，我很感谢你们。我非常享受和你们谈话。

A：我也很享受。在屏幕上我感觉你们的存在和我们很近。我认为这些内容非常好。我觉得我们可以把它用在我们的书里。非常感谢！

第三章

网络空间中的共情

精灵从瓶子里出来了

卢·阿戈斯塔

共情是真实人类关系的基础

共情的简明定义是，共情是一种收集关于另一个人的体验的数据的方法，它在理解另一个人的过程中被进一步地处理，并以另一个人能够评估他是否被理解的方式做出回应。

对于共情更长的定义是，在进行共情的人身上的“对另一个人的体验的体验”是一种间接感受的[①]体验。关键词是：间接感受的。间接感受体验是共情性接受的一种形式：对另一个人体验的开放。它不是与另一个人的体验合并；而是另一个人的体验的表征，就像一个人去看电影或戏剧、读小说或故事，或听某人谈论他的生活时所拥有的体验。这种间接感受体验在理

① vicarious，《牛津词典》（*Cambridge Dictionary*）解释为“通过观察、倾听或阅读另一个人在做什么，而不是通过自己去做，而体验和感受到的感受”。——译者注

解、解释和回应过程中会被共情性地进一步处理。

共情性理解是共情的重要组成部分。共情性理解需要认知和思考，但不仅仅是思考。理解是存在性的，因为它需要将另一个人是谁理解为一种可能性。前来治疗的人表现出焦虑、抑郁或不安；但即使在不安的呈现中，也存在着从走出不安并向着健康发展的转变的突破的可能性。共情性理解力争抓住并处理这种转变为幸福健康的可能性。

共情性解释是对共情的通俗理解：设身处地，站在他人的角度看待他人的性格和喜好——“似乎”处在他人的位置，尽管人们在那个时刻只能不完美地把握它们。共情性解释努力让另一个人变得清楚和明晰，“似乎”人们拥有他的视角。共情性解释并没有脱离理解，而是听者明确表达的理解的一种衍生形式。如果一个人发现自己因为性格或背景的差异而无法与他人建立联系，这种明确的表达就非常重要。

共情性回应是共情作为一个完整过程的重要组成部分。在某些情况下，想要共情的人必须尝试将听者从他的经验中理解的东西向听者沟通。这种共情性回应可能是一种简洁的表达，比如在体验他人所体验过的体验时承认他人的勇气、毅力或人性（等等）。这给予另一个人一个机会，通过提供额外的相关材料来确认（或反驳）给出的共情性回应。因此，共情性接受、共情性理解、共情性解释和共情性回应的过程形成了一个循环。如果给出的共情性回应不准确或不完整，那么就从头再来。图 3.1 总结了共情的这个定义（要了解更多关于共情的这个定义，请参阅 Agosta，2010，2013，2014，2015，2018）。

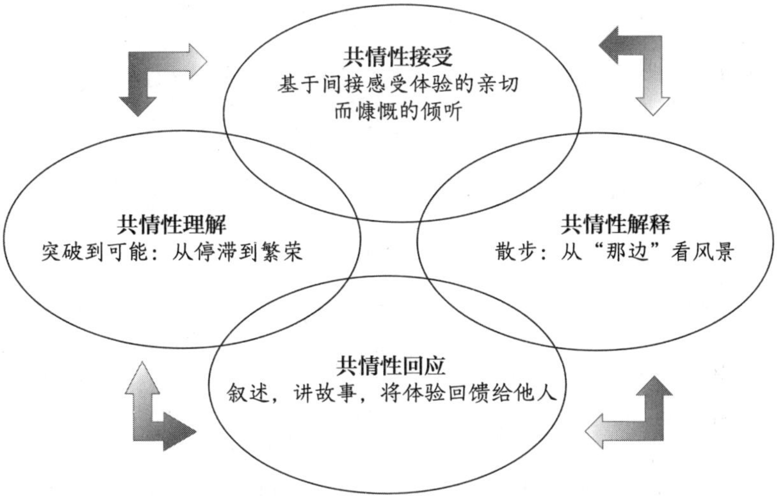

图 3.1 共情是如何起作用的：共情的四个阶段

本章的剩余部分将采用这个共情的定义，来探讨在以下四种可能的组合（或方式）中在应用共情的过程中产生的转化和障碍：（1）亲身的一对一的心理治疗，（2）亲身的团体心理治疗，（3）线上的一对一的心理治疗，（4）线上团体心理治疗。注意，这里“线上”被定义为使用基于互联网的交流媒介，如 Skype 或谷歌群组[①]，在屏幕上可以看到另一个人的视觉图像。

出于教学的目的，以下是表达共情的有用的次序：对个体的共情，团体中的共情，线上对个体的共情，以及线上团体中的共情。因此，乍一看，人们可能会有这样的印象，在传统的一对一的谈话治疗中，人们在直接的躯体存在的情况下彼此都是亲身可及的，但当更多人加入形成一个“团体”，瓜分了治疗师的资源和注意时，人们就变得越来越不那么可及了；而且，不

① Google Groups，是一个允许用户创建、管理和参与在线讨论论坛和基于电子邮件的群组的平台。——译者注

仅如此，当以网络的形式进行，并且在团体中加入更多的人稀释了在场感，可及性被进一步削弱和减少。当个体转为线上交流并变得疏远时，这种渐变似乎是从与个人联系的真实性变为不断扩大的不真实性。但是，没有什么比这更远离事实了。这里关键的词是“似乎”，这有点像一个“稻草人[①]”。

我们日常思考共情的方式——尤其在心理治疗社群中——将共情简化为一种心理机制，即当一个人倾听另一个人时，这种机制或多或少是有效的。这种方法并没有什么不对，但它是不完整的。如果一个人从对心理机制的思考转变到从现象学的角度将共情看作一种存在的方式，共情就扩展到包括整个关系背景。共情构成了主体间性的基础、社群的基础，是一种无论在何种环境下的真实的人类关系的形式。结果呢？每一种环境——个体和团体，线下和线上——都有其独特的共情在其中显露的成功或失败的方式。这并不是说在线上会突然使人类关系变得不真实，尽管在线上可能确实会对真实性提出新的挑战。线上建立联系是一种相对较新的人类关系。人类可能会使用或滥用线上环境，以各种人类的方式取得成功、歪曲或抗拒生存或繁荣的可能性。

利与弊——权衡——肯定存在于个体治疗和团体治疗、线下治疗和线上治疗之间。我们现在来探讨一下每种模式的利弊。

首先要强调的是，人类在任何他们所处的情境中都具有共情性。没有例外。人类甚至在他们决定（并试图）“关闭”他们的共情的情境中依然具有共情性。例如，他们处在一场枪林弹雨的战斗中并想要生存（而且决定“关闭”共情会帮助他们生存）。其次，共情不仅会出现（正如我们将会看到的）在网络空间中的“虚拟”团体中，而且这种“虚拟性”已经呈现和存在

① straw man，也被称为稻草人谬误，意思是故意曲解对手的意思，然后进行攻击。——译者注

于亲身的个体和团体心理治疗中。它有时被称为“移情”。任何以“此时此地”为导向的治疗都会激活与父母和过去经历相关的情感和行为模式，这些模式靠限制来访者的可能性的方式“为生”。这就是这个人来接受治疗的原因！最后，共情在所有情况下都以不同的方式成功或失败：个体、团体、线下和线上。

个体是团体的一部分，团体是个体的一部分

众所周知，共情在团体的层面很难概念化。我不相信或赞同将团体精神视为一种实际或可行的选择。不过，每个个体在其内心中都有与“他人”的区别。这很像乔治·赫伯特·米德（George Herbert Mead）的“泛化的他人(generalized other)”的概念（Mead，1934）。尤其是，当个体参与团体时，团体也参与个体。团体作为一种协调团体中多名成员的反应的功能，存在于个体之中，这些成员反过来又被信任或被害怕，被欢迎或被回避。个体是团体的一部分，团体是个体的一部分。

现在我们考虑一下亲身的团体互动的对话，例如在欧文·亚隆（Irvin Yalom，2005）开发并详细描述的团体治疗实践中。一个自发、非结构化、自由互动的团体（Yalom，2005，p.137）的目的是建立一种多对多的互动，其中参与者彼此直接建立关系，而不仅是与治疗师建立关系。在团体的设置下，共情性接受、共情性理解、共情性解释和共情性回应从一对一变成了多对多的互动。不过，至少在一开始，一对一的共情在一个公开、社群的环境中呈现了——要么成功，要么失败。

出于实际的目的，我们在这里不会试图解决团体中与个体分隔的、协

调（或不协调）他们的努力的“团体精神”或某个实体的问题。这个建议是根据服务水平协议——即团体规范——来工作的。团体的规则——例如参与的规则：向团体申请讨论一个问题或议题的时间；诚实、真诚地表达自己当下的感受；轮流而不是每个人同时抢着说话；或者，当人们同时说话时，停下来商量，每次一个人说话；不要告诉另一个人他人有什么感受，而是告诉另一个人你有什么感受；以第一人称说话：“我感觉……，”“我认为……，”“我相信……，”“我不同意……，”等等。（以上所列并不完整。）

心理治疗团体的参与者都是同伴。他们带来了导致他们寻求治疗的问题和局限，他们想要治疗情绪约束和自我击败的行为，它们阻碍了他们去实现生活目标。团体中的参与者绝不是受过训练的治疗师；他们的干预可能有，也可能没有我们对专业人员期望的共情性回应。不过，由于在这种形式下空间是有限的，我们直接讨论团体心理治疗的回报（而不考虑环境）。如果治疗师告诉来访者本：“你的制造意义的机器在超时工作，本，露丝对你很生气，你在试图和好。”本也许会，也许不会说“我知道了”。但是，如果团体中本的同伴约瑟夫向他说同样的话，这句话就会产生一种影响，要求进行不是为了治疗师这个“权威人物”的有一定深度的思考。此外某个人可能会转向团体说：“你怎么看？你感觉如何？”甚至某个人会问露丝：“你是生气了还是消化不良？”自然，这些回应没有一个是绝对的真理，但是，如果这个团体是一个团结一致、真诚的团体，那么本也许会体验到他之前没有理解的可能性。治疗对所有人都有帮助，尤其是本。

此外，特定的干预内容的准确性迅速变得不像最初看起来那么无关紧要。如果把愤怒归咎于露丝是本回避承认自己不舒服的一种方式，因为他发现露丝很浪漫，很有吸引力，那么我们就触及了让团体强大的原因：过程取向。上升一个层次并查看，互动是如何在当下重复模式的，这些模式也出现在团体外的生活中。可以肯定的是，这种动力也会出现在个体治疗中，但它们必须从一个人治疗外的生活经验中被带进来，减缓发展和对话。正如欧文·亚隆所指出的，过程是团体的动力源泉——蓄电池（Yalom，2005，p.150）。它是团体方法的增值的贡献。现在我们把过程转移到了线上。

精灵从瓶子里出来了

当第一个治疗师邀请他的一对一的来访者（他迫切需要一次治疗，但又无法去治疗室）放下电话、拨通 Skype 的那一天，精灵就从瓶子里逃了出来。读者记得，在《一千零一夜》（*1001 Arabian Nights*）中，精灵非常强大，却是个骗子，几乎无法控制。许愿是件难以捉摸的事，如果不多加小心，香肠最终会粘在这个人的鼻子上，必须浪费最后一个愿望来把它们弄下来。在这种情况下，精灵就是互联网技术，如 Skype 和谷歌群组，及其带来的便利、可视性、复杂性、纠缠，甚至其带来的阻力。在《一千零一夜》中，主人公阿拉丁（Aladdin）不得不利用精灵的自恋骗他回到瓶子里："你并不是无所不能的，"阿拉丁说。"像你这样的庞然大物不可能装进那个小瓶子里！"精灵受伤的自恋让他要证明他确实能够回到那个小瓶子里。阿拉丁把塞子塞上——精灵被困住了！然而，对于互联网和线上交流工具，我们不要指望能够让时光倒流。

但也有好消息。人类的面孔是一个情绪热点。它有丰富的微表情，许多这些微表情是可用和可见的，即使屏幕上的"不动产"在细节上没有亲身在场的体验那么丰富。确实，人们甚至不清楚线上呈现的面孔是否"不那么丰富"。它是唯一被显示的东西，观看者被引导去关注它的细节。但在这里，身体在场和想象之间的权衡变得引人注目了。

人与人之间的线上会谈缺乏亲身接触的现实感，这一批评是失败的。但这种批评是以一种令人惊讶的方式失败的。批评失败不是因为线上媒介是如此的真实。相反，批评失败是因为亲身的心理治疗相遇充满了想象、象征，以及想象和非现实。“非现实的”包括象征、想象、虚构、现实的一部分，它与现实不同，但包括过去、将来和想象，它们不是真正的现在，但会影响现实。

在心理治疗中，亲身的相遇正是关于象征和想象的——移情。“移情（transference）”的基本定义是一个人在情绪上再次体验到对过去的客体（人们）的关系，那些身体上并不在房间（或线上虚拟空间）里的人们。我们所说的技术媒介的“虚拟性”为象征性和想象的移情关系添加了一个额外的非现实维度。是的，媒介就是信息［正如马歇尔·麦克卢汉（Marshall Mcluhan）的名言］，但随着线上治疗的到来，媒介首要的是移情。现在信息是带着删除线出现的（~~信息~~）。线上技术本身成为移情的来源和目标。

我们立刻会想到一件事：心理治疗唤起了一个完全属于它自己的虚拟现实——即使没有网络空间。动力学心理治疗尤其如此，它激活了各种形式的移情，在这些移情中，一个人与治疗师建立联系，“似乎”是在与一个过去或将来的人或现实对话，而后者的身体并不在场。事实上，除了在去治疗的路上，小心过马路不要撞到公共汽车之外，我们通常都过于自信了，对我们的关系是如何工作的或人们所说的交流是什么意思的现实，我们以为我们是了解的。对于某些形式的局限地聚焦的行为治疗的情况并非如此，但这些疗法仍然比公认的具有更多的不确定性。意义——以及情绪，例如恐惧——是在观看者的头脑中产生的，这一点从未如此真实过。

虽然虚拟现实（virtual reality，VR）眼镜本身并不是任何线上治疗团体过程的一部分，但 VR 眼镜目前正被用于应对恐惧症及相关的个体问题的来访者的个体心理治疗中。例如，让害怕飞行的人在治疗师的治疗室中戴上一套 VR 眼镜，以虚拟的方式去机场，（在虚拟现实中）登机，（在虚拟现实中）向逃税的人征税，要比在现实中做这些事情容易得多。在团体过程中，下一步是创建一个与个体躯体自我相似的化身，毫无保留地，并且在一个线上虚拟现实的团体治疗中加入其他的化身。这种形式的治疗为处理各种情绪和心理问题开辟了新的可能性，这超出了本章的范围。

本章的重点只是看一下虚拟现实（虚拟性）是如何存在于亲身的心理治疗过程中的，即使它可能在 1905 年就已经被使用了。我有一种强烈的感觉，来访者和精神动力学治疗师之间的交谈已经涉及一种虚拟现实，即使唯一被使用的“技术”是用英语或其他自然语言的交谈。例如，当西格蒙德·弗洛伊德著名的来访者小汉斯患上了对马的恐惧症时，弗洛伊德对汉斯的父亲的解释是，在面对汉斯对他深爱的父亲的未被承认的竞争性敌意面前，这象征着汉斯对父亲危险的男子气概的恐惧。出于许多原因，公开表达敌意是不被接受的——汉斯依赖他的父亲来照料他；汉斯爱他的父亲（尽管他也以一种竞争母亲的爱的方式“恨”父亲）；而且汉斯害怕因为调皮而受到父亲的惩罚。因此，汉斯的敌意被移置到一个象征性的客体——马——上。汉斯的症状（这些症状本身是一种对痛苦的间接、“虚拟现实”的表达）实际上赋予了汉斯权力，因为当时全家人确实都围绕着他，试图帮助他，并咨询“尊敬的教授（弗洛伊德）”到底是怎么回事。简而言之，呈现在这个案例中的虚拟现实——现在去掉了引号——是马不仅是马，而且是父亲及其强大的男子气概方面的虚拟替身。所以，将一个想象的象征性联系的虚拟现实添加到另一个模拟的虚拟现实场景的虚拟现实之上，后者包含在一个头戴式耳机和一部智能手机中。很久以前，各种治疗师，包括行为治疗师，通过邀请来访者想象登上令人恐惧的飞机来激活他的想象，以此使用虚拟现实。人们可能会试图通过不在线上来逃避虚拟现实，但只要人类继续象征化和想象，虚拟性就会出现。

媒介是信息移情

对线上技术的移情成为线上治疗（个体和团体）过程的障碍和促成者。技术本身成为客厅里的一头两吨重的大象，像大多数大象一样不被注意。在马歇尔·麦克卢汉的口号“媒介就是信息”中信息这个词上的划线是有意为之的。“媒介等同”意味着我们与媒介的关系和我们与我们人性的各个方面的关系是一样的——有距离、有参与、有一定的尊重（参见 Byron Reeves & Clifford Nass，1996/2002）。由于技术的发展，治疗师能够阅读你的心思的幻想并不像乍看起来那么牵强（或仅限于偏执的人）。

犯错误是人之常情，而造成彻底的崩溃则需要互联网！技术是伟大的平衡器。任何人都可以在任何时候经历线上技术故障。由于技术创造的可能性，新水平的脆弱性出现了。我在线上和一位潜在的新来访者交谈。我一开始向她解释，如果治疗过程中断，我会重新邀请她上线。她的问题之一是愤怒——对世界的愤怒。出于我们永远不知道的原因，线上治疗过程突然停止，进入一种悬停状态，然后挂断。重新建立联系的尝试没有成功。在绝望中——我现在变得焦虑了——我试图重启计算机，这花费了我更多的时间。我试着用座机给她打电话。她没有接电话。电话一直转到语音信箱。她太生气了吗？手机服务断断续续？（更多的技术！）关系再也没有恢复。共情没有获得机会得到修复。有什么额外的治疗规范的建议吗？在开始一系列的线上治疗之前，重新启动计算机，清理和关注计算机的资源，如内存和连接状态。准备好备用的固定电话和手机号码，以及如果服务中断，尝试恢复交流的明确的协议。似乎治疗师要处理的事情还不够多！新的挑战出现了。除了要处理日程、费用、框架、来访者协议、来访者危机，治疗师现在还要负责网络帮助服务。这在以前从来都不是他工作职责的一部分。

在个体或在团体中，线上移情的基本原则是什么？

一个人在线下做什么，他在线上也会做什么。尽管有点泛化，但经验法则是，无论一个人在他的线下生活中做什么，这个人在线上也会做什么。无论一个人在个人境遇的非电子世界中做什么，这个人在线上也会做什么。这就是为什么线上团体治疗首先会起作用，而且在某种程度上确实有效。然而，有时处于线上会鼓励不受约束的自我表达。没有人能够因为我的自我表达或挑衅而打我。人们可以以这种方式感到安全。在其他情况下，处于线上会阻碍自我表达。伴随向屏幕上邮票大小的人的表征讲话的非现实感会阻碍自我表达。不过，总的来说，如果一个人在线下是害羞的，这个人在线上也会是害羞的。如果这个人在线下是刻薄的或是恶霸，这个人在线上也会恃强凌弱。不过，这里有一个细微的差别。网络世界可能会增加一个人的匿名感。这一点反映在著名的《纽约客》（*New Yorker*）的杂志漫画中，不可否认，它出现在社交网络之前："在互联网上，没有人知道你是一只狗。"配有一张狗坐在计算机前打字的图片。即使是在假身份成为一种令人不安的新趋势时，即使在脸谱网（Facebook）和社交网络上也是如此。但在通过与一个人活动、生动的线上表征进行实时对话而时刻保持联结的情况下，情况并非如此。然而，在那些希望不受约束地进行表现的人之中，网络环境的匿名性和非人格化可以减少抑制。在线上，一个人也许能够用言语"直抒胸臆"——不管真实与否——因为行为的后果很遥远。房间里没有其他人。再说一次，这种没有后果本应该是安全的亲身心理治疗过程的一个独创特征，在治疗过程中，一个人可以把想象（例如）愤怒的后果作为修通情绪的一部分，但不会造成真实的后果。不过，关键是网络环境可能会放大某些个体的去抑制。它并不“就像是”亲身的治疗过程。是的，一个人在网络团体中可能会感到更安全，因为没有人可以在身体上伤害他——但这也可能让他更容易回避安全和信任的问题——实际上，这是在欺骗自己。

因此，我们会问：在线上欺骗你自己是不是更容易？不是更容易，而是不一样。人类真的很狡猾。他们很善于“躲藏”。如果他们被虐待或不良对待，他们会对此会感到非常冲突。他们既感到羞愧，也想逃避这种痛苦，并且他们希望被理解，被共情地当作幸存者来对待。人们可以在亲身所在的团体中“躲起来”——但线上能够提供“躲起来”的新形式。就像亲身所在一样，一个人同意将他的手机关机或静音；在线上也一样，一个人必须把吼叫的狗和哭闹的孩子关在房间外面。例如，一个人克服他的羞愧和压抑，倾吐心声整整两分钟——哎呀，但这个人的设备处于静音状态，没有人听到他在说什么。这是不是和他的生活很像？一个在荒野中哭喊的声音？这个人每天都感到他的贡献得不到承认。这必须上升一个水平去理解，从过程的水平上去解释，这需要把握对技术的移情。

禅宗大师理解计算机系统的行为是“空虚和无意义的”。我们赋予它的意义才是重要的。这里，“它”是作为非人格、潜隐、没有思想的东西存在于背景中，是作为人类的我们在试图寻求并建立共情的关系时投射到自动化系统的随意行为上的意义。“空虚和无意义的”，但我们几乎可以绝对肯定地预测，在交通堵塞、丢失车钥匙、充满臭气熏天的厨房垃圾这样的现实世界中，一个在他的生活中最无助和依赖的人，会以完全相同的方式与技术建立关系。这个人会对线上治疗的技术感到无助和依赖。一个人会“不小心”按错按钮；一个人会找不到耳机的按键，无法降低回音来进行清晰不受打扰的交流；一个人会倾吐心声——在静音状态；一个人会无法摆脱来自未调校好的音量控制的回声或持续的嗡嗡声——来自过去的回音？

我们获得了全新的一类症状行为失误和口误。你知道一个人在和配偶吵架后，他如何不小心失手打碎了生日礼物花瓶或厨房用具吗？这不是故意的，但它是类似故意的，出于复杂的感受、矛盾心理和隐藏的情绪冲突。在线上，最常见的“失误”就是“技术困难”——当某些情绪激动的事情发生时，对某个特定的个体的互联网服务就会“碰巧”中断。再说一遍，这不是故意的，但它在无意间有意地发生了——这个人按了错误的按钮。

科技改变了线上共情性联系的可能性

“黄金标准”依然是另一个的身体在场。人类是具身化的生物。哲学家维特根斯坦（Wittgenstein）有句名言，人类的身体是人类灵魂的最好图画。虽然一些面部微表情可以在面部的二维图像中看到，但它们在尺寸上大大缩小了。同样，一些姿势（如当一个人在说话时向外摊开手掌）与共情有关；但在线上，视觉信息大大减少了（参见 Chu et al., 2013）。身体的整体安排被削弱到几乎无法阅读身体语言的程度。气味也是一种强有力的方式，以这种方式，另一个人的存在在建立关系上起着决定性的作用。在线上模式中它消失了。

遇到一个身高 195 厘米，体重 114 千克的人，他正因某事不开心，这是一种在情绪上有挑战性的情景。想要共情的人必须处理他对他人不安的感觉，以及他对这个人可能会升级为实施暴力的恐惧。从这个意义上说，网络环境可以提供一定程度的安全感，因为这个人处在不同的物理空间。暴力的可能性不再存在，一般说来，这是一件好事。另外，隐藏的升级的可能性不能付诸行动，一个人就没有机会证明对它的掌控。是的，我块头很大，但我能够控制自己，治疗师不需要召集“后援”保安人员。

在线上世界中，一个人无法感觉到另一个人的身体在场，就像不同的身体占据同一空间时这个人感觉到的那样。例如，如果治疗师对超重的人有偏见，那么超重的个体是身体在场的就至关重要。这是没办法掩饰的。当一个人使用远程会议进行连接时，那就无所谓了。一个好处？总的来说，从空间中消除偏见是一件好事，允许治疗以带着扩展的共情继续进行。另外，带有偏见的在场能够让治疗师掌握他的反移情，并扩大共情性相遇的真实性。

无论媒介有多么先进，在亲身的心理治疗过程的亲身在场中，人类具身性的自体总是共情性关系的强有力的驱动因素。即使一个人单独躺在精神分析师的长沙发上，在这里移情是由对分析师跨过这个人的肩膀的声音（而不是视觉存在！）的想象质量所激发的，这个人仍然能够听到人类身体在场的声音：分析师的呼吸声，当分析师小心地移动和调整姿势和重心时椅子发出的吱吱声，抽鼻子声，肚子咕咕叫的声音。这是些什么声音？它们是我们共享的人性的真实存在的声音。我们可能会争论它们本身是否有直接的治疗作用；但它们是共情性关系发生时的结构和框架的一部分。线上环境的去具身性的性质——不管是个体还是团体——是线上方法的主要缺点之一。

如果七个人在同一个物理房间中坐成一圈，人们不需要为了说话而点击按钮或举起他们虚拟的手来关掉静音模式。他们环顾周围，准备他们自己自发、无结构、自由的互动性切入话题。线上——更像是老式收音机——如果你不说话，你就不存在。安静的线上治疗师可能会消失，会失去权力。对比一下，想象一下欧文·亚隆亲身地在团体治疗大部分时间里安静地坐着，抚摸着他的胡子，作为空间中一个强有力的存在。当这种情况缩小到屏幕上一张邮票大小的存在时，在场的力量也减少了。有人可能会说："那么，换个两米宽的屏幕如何？"好主意！这可能行得通。然而，这样的投入大大地提高了财务和技术上的门槛。也许留出更多的时间来克服你去诊所路上的交通堵塞，可能会更简单。

在线上环境中，身体的维度被压缩了，虚拟性被扩大了。共情性接受被降低，共情性理解和共情性解释被扩大。最终的[①]结果（没有双关语的意思）是，共情依旧是成功的关键，但共情的不同维度会被强调。线上团体规范会不同于那些人们在同一个物理空间、在一个团体中坐成一圈的团体规范吗？我感觉线上似乎更倾向于"轮流"——与无结构、自发、自由的互动截然不同——因为一个人无法从线上窗口看到面部表情的细节，没有足够的细节共情地理解在下一刻有人不得不表达自己或情绪爆发。线上更容易离开——你只需点击"结束"，并假装互联网连接失败。这里没有简单的答案，除非在那一刻有人真的需要离开，那么也许他们应该这么做。这是一个例子，并提出了一个关于团体规范在线上模式该如何改变的普遍问题。

线上共情的显著特征正是一种对技术如何改变关系的可能性的欣赏。在线上环境中，共情性接受的身体性存在被"拨"低了；对共情性解释的需要——想象另一个人"在那边"发生了什么——成为更关键的途径。关键是共情的所有方面都在，但技术的限制——共情的可能性——可能会因为这些限制更强调共情性解释，而不是共情性接受。技术为来访者和治疗师提供了表达矛盾心理、混杂的感受、心理和情绪冲突的新方式。注意，这些线上的"弗洛伊德式"行为、言语和（现在的）技术失误不能简单地置之不理。团

① 原文是"the net result"，net 既有纯的意思，也有最终的意思。——译者注

体中的个体说话并表达他们自己；当他们这样做的时候，潜意识也会抓住机会表达它自己。简而言之，人们都有盲点，当他们互动时，他们这么做是出于这些盲点，许多这些盲点对团体中的每个人来说都是有力的陈述和证据。每一个人，除了那个说话的人。这就是同伴向说话的人指出来的力量："嘿，就在当下面质的时刻你出现技术故障，这不是巧合。你愿意关注一下吗？"为了能够指出并解释这些症状性行动和行为，治疗师在使用技术方面接受一些基本的训练（同时作为学生和教师！）可能是必要的。这些都是通过探寻和调查作为线上过程的过程来推进治疗的方法——而且和线上治疗是一致的，无论是个体治疗还是团体治疗。精灵——线上交流——已经从瓶子里出来了，让时光倒流是不可能的。未来属于那些能够解释和处理线下和线上移情的人。

参考文献

Agosta, L. (2010). *Empathy in the Context of Philosophy*. London: Palgrave Macmillan.

Agosta, L. (2014). *A Rumor of Empathy: Rewriting Empathy in the Context of Philosophy*. New York: Palgrave Pivot.

Agosta, L. (2013). "A Rumor of Empathy: Reconstructing Heidegger's Contribution to Empathy and Empathic Clinical Practice," *Medicine, Health Care and Philosophy: A European Journal*.

Agosta, L. (2015), *A Rumor of Empathy: Resistance, Narrative, Recovery*. London: Routledge.

Agosta, L. (2018). *Empathy Lessons*. Chicago: Two Pears Press.

Chu, M., Meyer, A., Foulkes, L. and Kita, S. (2013). "Individual Differences in Frequency and Saliency of Speech-Accompanying Gestures: The Role of Cognitive Abilities and Empathy," *Journal of Experimental Psychology: General*, Advance online publication. August 5.

Mead, G.H. (1934). *Mind, Self and Society from the Standpoint of a Social Behaviorist*, C. W. Morris, ed. Chicago: University of Chicago Press, 1962.

Reeves, B. and Nass, C. (1996). *The Media Equation: How People Treat Computers,*

Television, and the New Media Like Real People and Places. Palo Alto, CA: CSLI (Stanford) Publications, 2002.

Yalom, I.D. with Leszcz, M. (2005). *The Theory and Practice of Group Psychotherapy*, 5th edition. New York: Perseus (Basic) Books.

第四章

远距离的感觉运动心理治疗

在视频会议中让身体参与、创造在场和建立关系

帕特·奥格登，邦妮·戈尔茨坦

感觉运动心理治疗重视与身体相关的交流和“身体叙事”：通过姿势、手势、面部表情、运动和目光注视讲述的故事。在这种方法中，治疗师关注身体本身如何保留创伤和依恋不足的“遗产”，以及如何通过对身体及其运动模式的觉察来改变这一“遗产”。由于身体习惯反映并维持了内隐过程，其中一些是在语言习得之前在大脑和身体中被塑造的，躯体叙事能够揭示出无法用言语表达的模式。在感觉运动心理治疗中，身体、信念和情绪之间的相互关系是至关重要的。例如，一种限制性的信念，如“我们没有任何支持”，或一种情绪，如失望，会对应于身体感觉、姿势、手势、呼吸、步态、自主神经唤醒和运动的模式。来访者逐渐觉察到这些程序化的习惯，并最终改变那些反映和维持过时的、干扰当前生活满意度和丰富性的工作模式。

为了帮助来访者发现和改变那些损害身心健康的无意识习惯，相比于参与谈话，或“谈一谈”，感觉运动心理治疗更注重对躯体、情绪和认知模式的每时每刻的体验的有意识觉察（Kurtz, 1990; Ogden & Minton, 2000; Ogden, Minton & Pain, 2006; Ogden, 2015）。正念通常被描述为一种非言语、

内在的努力，是作为一种单独、无声的活动来教授的，即使是在团体中进行练习。相比之下，感觉运动心理治疗的“嵌入式关系正念”：

> 通过共同创造的关系，整合并嵌入治疗师和来访者之间每时每刻发生的事情。治疗师鼓励来访者观察当下的内在体验，并用言语分享当他们的体验发生时他们的观察。
>
> （Ogden & Goldstein, 2017，p. 68）

嵌入式关系正念包括几个关键元素：治疗师观察来访者此时此地的体验的可见元素，引导他们觉察这种体验（让我们与你胸口空空的感觉和随之而来的悲伤待在一起），并询问正念问题（你此刻注意到身体有什么感觉吗？那种空空的感觉和原来一样还是改变了？）。通过这些干预，来访者觉察到他们那时的体验的内在组织，并用言语报告给治疗师。

虽然这种方法传统上是亲身的治疗，但它本身很适合视频会议的形式，在视频会议中，来访者在与治疗师不同的地方接受心理治疗服务，但双方可以实时地看到和听到对方。希尔蒂、费勒、帕里什、约翰逊、卡拉汉和黄利斯（Hilty, Ferrer, Parish, Johnson, Callahan & Yellowlees，2013）得出结论，认为“在单一评估、咨询或随访中，视频会议似乎在大多数参数上都和亲身治疗一样有效，如可行性、结果、年龄和满意度（p.15）”。不过，由于处理来访者的动作、手势、姿势以及治疗师与来访者之间身体对身体的对话是治疗方法的基本要素，因此通过视频会议进行感觉运动心理治疗面临特定的挑战。为了阐明这些挑战和可能的解决方案，我们呈现了一个来访者“莉”的合成案例研究，她有创伤史（被家人的朋友性侵犯）、依恋紊乱（离婚和被抛弃），以及强迫症。

莉的介绍

莉是一名21岁的大学生，她经历了无法控制的担忧和怀疑，这些担忧和怀疑已变得强迫。当这种感觉出现时，她会重复同样的习惯，来降低由强迫思维引起的焦虑。她抱怨这些耗时的仪式导致了她额外的痛苦，影响了她的学习和人际关系。莉的症状包括许多典型的强迫症症状：反复地洗手，害怕触碰"有细菌的"物体，反复地检查（诸如看门有没有锁好），需要事情按一定顺序排列，需要"恰到好处地"做事。

莉的症状在她的父母离婚前开始出现，当时她8岁，作为父母唯一的孩子，莉完全由父亲来照顾。她的母亲之后再婚，离开了这个国家，组建了一个新的家庭。与强迫症做斗争的人对应激特别敏感，倾向于关注消极想法，莉也不例外。她会谈到她感受到的"拒绝"和"被抛弃"，大声地表达她想知道她出什么问题了。她无力的感受导致她很难与他人建立紧密的联系，并倾向于把自己与同龄人隔离开。她强迫性地进行的仪式加剧了她对强迫症的自我批评，造成一种她无法轻易逃避的行为上的恶性循环，这是强迫症来访者的特征。莉在十几岁时被父亲的一个朋友性骚扰和性侵犯，这些伤害持续了两年，这使得她被抛弃、被孤立和自卑的感受复杂化了。在进入治疗前，她从来没有向任何人透露过这个创伤。

开始视频会议：物理环境和准备

在视频会议中，治疗联盟可能会变得目标不明确和被削弱，特别是使用随意的方式时，比如 FaceTime①。为视频会议创造一个反映亲身治疗的物理环境并始终一致地使用这个环境，能够加强这个治疗性容器。工作环境应该是安静的，并且要支持一个明确的目标。在第一次会面时，莉和她的治疗师为她们的视频会议各自指定了一个房间，这有助于建立一种连续性和可预测性。她们还讨论了禁用手机和计算机上任何让人分心的东西，比如电子邮件消息、短信或提醒等，以减少一心多用的倾向，或被这些东西诱惑而转移注意力。

由于感觉运动心理治疗依赖于正念，所以在治疗前留一些时间进行调整和让头脑安静下来是有帮助的。如果治疗师以快速“行动”或“待办模式”加入视频会议，来访者可能也会以同样的方式做出回应。当来访者也能安静下来，觉察内在体验，而不是“做什么”，正念就会更容易。让头脑安静下来对莉是有挑战性的，她和治疗师决定在每次视频会议开始时，先进行几分钟安静的身体扫描，来帮助转换到一种更正念的“存在”模式。

莉的治疗师最初的目标是与莉建立良好的关系，为了与她建立一个牢固、合作的治疗联盟。感觉运动心理治疗是一种聚焦依恋的方法，强调治疗关系对促进安全和疗愈不良经历的后果的作用。相比之下，尽管远程认知行为治疗已经被发现是治疗强迫症的有效方法（Aly, 2017），但认知行为治疗依赖的是自助方案，来访者与治疗师之间的互动很少（Rees, Anderson, Kane & Finlay-Jones, 2017）。值得注意的是，治疗联盟不仅仅是通过言语，

① 美国苹果公司 iOS 和 Mac OS X 内置的一款视频通话软件。——译者注

而且是通过内隐的身体对身体的情感交流建立的。正如鲍尔比几十年前所断言的：

> 心里想着依恋理论，治疗师将会——*主要是通过非言语方式*——表达他对来访者从亲属那里得到爱和照料的愿望、她的焦虑、愤怒，甚至对她的愿望遭到挫败和/或诋毁的绝望的尊重和同情。
>
> （1980，p.180，斜体强调由作者所加）

同样，绍尔（2009）写道：

> 在最基本的层面，心理治疗的工作不是由治疗师外显、客观地为来访者做了什么或对来访者说了什么定义的。相反，关键的机制是如何内隐地和主观上和来访者待在一起。
>
> （p.41）

治疗关系的本质是状态分享，一种通过身体对身体的情感交流来表达和体验的具身性意识。显然，这给线上视频会议带来了挑战。

视频会议中的状态分享要求治疗师能够在缺乏身体接近的情况下，在共鸣的情绪领域与来访者会面。因为它是非言语和隐含的，所以在视频会议中状态分享更难实现，尤其是在使用小屏幕的时候。莉和治疗师决定使用大屏幕电脑，而不是笔记本电脑或手机，这能够让肢体姿势和面部表情这些非言语细节更容易被双方注意和感受到。

状态分享还要求治疗师觉察到他们如何使用自己的声音与来访者联结。在治疗关系中，“右脑对右脑的韵律的交流……是内隐交流的重要载体。……右大脑半球在处理言语背后的‘音乐’时是非常重要的（Schore & Schore, 2008，p.14）”。在视频会议中建立关系安全和状态共享的关键是治疗师匹配来访者的韵律——他们言语的音色、音量、语速——以及目光接触、面部表情和躯体动作（前倾、深呼吸、倾斜头部，等等），来恰当地和来访者保持一致的能力。因此，治疗师需要和他们自己、他们的身体和他们的状态，包括反移情、防御、付诸行动等，保持联系。

在感觉运动心理治疗中，追踪身体的姿势、表达和动作是非常重要的。在第一次治疗中，莉和她的治疗师讨论了关注身体的重要性，以及与亲身治疗相比，视频会议带来的挑战。例如，当屏幕上能看到的只有来访者的面部，而不是整个身体时，追踪身体就会受到限制。把椅子移得离镜头远一些可以让更多的身体部位被看见，但这样做会让追踪面部表情的细微之处变得困难。莉和治疗师一起制定了一些应对这些挑战的指导原则。

她们选择了足够大、能够把椅子靠近或远离计算机的房间，而且她们都使用了可以旋转的椅子。她们尝试了每个人靠近和远离镜头，并询问莉对每个位置的反应。在治疗师的帮助下，莉决定，对她来说最舒服的“默认”画面是能够看到治疗师的头和肩膀。这成为治疗师在和莉的视频会议中通常的位置，但在每次治疗中都会根据她们的指导原则进行调整。她们还同意，当探索姿势和动作让更多的身体部位可以被看见时，她们会把椅子移到离镜头远一些的地方，而其他时间她们会靠近镜头，尤其是当莉感到情绪脆弱，需要清晰地感觉治疗师的共鸣性的共情时，这主要表现在面部表情和目光交流上。

治疗师还要求莉特别注意她的身体，保证报告她体验到的任何身体变化，因为治疗师可能看不到这些变化。提供一份什么可能是重要的清单——诸如“当你身体某个地方发紧，或你感到刺痛，或一个小的动作，比如举起手指或用力跺地板，都要告诉我”，会帮助莉了解她的治疗师正在询问关于她的什么信息。

治疗师还请求获得允许经常向莉询问关于她的身体的问题，以弥补在视频会议中追踪身体的局限性，而且如果有任何问题让莉感到不舒服，都请莉告诉她。例如，当感觉运动心理治疗是在亲身在场的情况下进行时，会询问像“当你提到性侵犯的时候，你注意到身体有什么变化吗？你能感觉到任何动作吗，也许是你的腿或其他部位？”这样的问题，但在视频会议中这样的问题会变得更频繁和更关键，以不断地关注身体运动、姿势和感觉，来处理来访者的担忧。

此外，她们还讨论了治疗师也会关注她自己的身体，分享她对莉可能说的话的身体反应，例如，“当你提到你的孤独时，我感觉我的胃在收紧，我的人在后撤——我想知道这是否和你身体里的感受相似？”治疗师也会通过类似以下的表达：“我们之间在情绪上发生了真正的转变”或“当我前倾时，你似乎在向后靠”，来了解治疗师和来访者之间发生了什么，包括情绪和躯体上的。

一旦这些初步的指导原则被确定，莉和治疗师就准备通过视频会议开始感觉运动心理治疗。莉主要的初始目标是调节焦虑和过度唤醒，减少她感到非常有挑战性的强迫行为，因此治疗从发展躯体资源开始——可以缓解“一点点”莉的焦虑的躯体动作。目标不是要完全消除她的焦虑，而是发现能够稍微减轻她的焦虑的各种姿势和动作。

躯体资源：手放在心上

莉非常害怕她可能接触到的病菌给她带来的疾病，她承认这种害怕是不合理的。她提出的目标是接触物体后忍住不洗手，尤其是在公共场合。然而，当她试图忍住不洗手时，她的焦虑加重了，这导致了心率加快。莉发现的躯体资源是将她的手放在心上，这会帮助她缓解焦虑并获得一种自我调节感。莉和治疗师都移动了她们的椅子，这样她们的身体，而不仅是面部，都能被看到。缓慢地、带着觉察地，治疗师建议她们把手轻轻地放在她们的心上，并注意效果。治疗师和莉一起执行这种躯体资源，加强了她们的协调，并允许治疗师示范一种轻柔、滋养的自我触摸行为。当她一遍又一遍地重复这个躯体资源时，她开始认识到，当她克制自己不去洗手时，没有什么不好的事情发生。有了这种新的领悟，莉建立起利用自己的身体来控制焦虑的信心。

在感觉运动心理治疗中，来访者和治疗师合作来发现躯体资源。这对强迫症患者来说尤为重要，因为当焦虑和强迫思维被体验为无法控制时，寻求保证（即从父母、老师和治疗师那里）是他们主要的反应。然而，从治疗师或照料者那里寻求保证会形成一种无休止的循环，来访者会担心如果他们得不到他们寻求的保证，他们将无法承受由此产生的不确定性。莉对躯体资源的发现是一种可感知的工具，她可以独立地使用它，而不是从他人那里寻求保证，这让她感到有信心。

躯体资源：姿势

莉对在餐馆吃饭感到焦虑是从父母离婚后开始的，而且这种焦虑如此严重，以至于她不停地想回避任何她认为“不健康的”食物。在没有事先保证这个地点能满足她越来越厉害的担忧之前，她变得无法或不愿意去餐馆。在视频会议中，当莉谈到这个问题时她谈到极度的焦虑。治疗师注意到莉的整个身体都绷得紧紧的，她的姿势变得既紧张又无力。这种紧绷、无力的姿势进一步削弱了她的信心和控制感，让她更加焦虑。

莉和治疗师合作找到了放松紧张和改变姿势的方法。她们都把椅子移到离计算机足够远的地方，这样她们都能看到彼此的姿势。这给治疗师提供了一个示范不同姿势的机会——一种无力的姿势和一种挺直整齐的姿势——并描述她在体验每种姿势时的不同，同时鼓励莉去尝试。莉比较每种姿势，治疗师让她注意不同的情绪、想法和自尊程度。莉最近看了百老汇的作品《狮子王》(*The Lion King*)，想起了年轻的辛巴获得自信时的场景。她描述说当他高昂着头时，他的整个身体改变了，他的姿势变得高大有力。当莉在说话时，治疗师观察并指出了她身体上类似的变化，鼓励她放大这个姿势，来获得一种更高、更有力的姿态。

由于莉和治疗师的房间都比较大，她们可以很容易地远离摄像头，当她们站着的时候可以看到她们的整个身体。通过这么做，她们探索了将辛巴整齐笔直的姿态与萎靡不振的姿态的对比，莉立刻注意到，当她的姿势萎靡不振时，她会感到更恐惧、更焦虑，更不愿意去关注周围的环境。她意识到挺直的姿势可以减轻她的恐惧。治疗师建议她们在走路时练习这种挺直的姿势。她们每人都花了几分钟在房间里走来走去，并关注以一种高大、挺直的姿势走路时的感受。当她们回到计算机前面对面时，莉报告说她做出挺直的姿势时更融入环境，并想象以这种姿势走进一家餐馆，然后这成了她的家庭作业。莉发现当她保持一种整齐、高大的姿势时，她会感到更强壮、更有力、更有信心，能够探索在餐馆里用餐。

躯体资源：边界

莉很难对那些太“接近”她的个人空间或让她做她不想做的事情的人设定边界。借助感觉运动心理治疗边界练习——这项练习传统上是用来建立一种感受到的躯体安全感的，莉的治疗师建议她们探索用身体说“不”，而不是用言语。为了看得更清楚而将椅子挪远，她们尝试了不同的用身体说“不”的方式：绷紧身体，使用面部表情，眯起她们的眼睛，以及掌心向外举起双手。需要注意的是，如果治疗师向外的手掌占满了来访者的屏幕，那么治疗师的这种推的动作可能会被歪曲地呈现。治疗师必须觉察她们的动作是如何呈现在来访者的屏幕上的。莉的治疗师密切关注反映她自己身体的窗口，以确保她的动作演示——那个推的动作，是按照为莉设计的样子呈现的，而不是被扭曲地呈现。

莉喜欢这个边界练习。她说她感到内心有一个强烈的“不”，她想跺脚。治疗师建议，“也许你想站起来跺着脚说‘不’”。莉犹豫了，说她会对任何人看到她跺脚感到很尴尬。治疗师建议她可以把计算机静音，试着在镜头外跺脚。因为有能力控制环境并将治疗师排除在外，莉感到更安全、更舒服。在她尝试了这个练习后，她回到镜头前，打开声音，她容光焕发，她说她感受到了一种自由感。她咯咯地笑着说，她跺脚跺得如此用力，让从隔壁房间跑出来的室友都担心了。

当莉的焦虑和强迫症症状侵扰了她的心身健康时，这个基本边界工作就被应用到了她的现实生活中。例如，当她对病菌的担忧出现时，她说"不"。她想象辛巴和他强有力的姿态，而且当她描述辛巴努力找到他的吼声时，她笑了；当他尝试时，最初只发出了最轻微的吼声，但他没有放弃。莉想象自己在一家餐馆吼出"不"，当她描述所有的用餐者在她想象的场景中回吼时，她大声地笑了起来。治疗师建议，也许她们俩都可吼出"不"，以表达对莉新发现的坚定和喜悦的支持。当她们在计算机屏幕上面对面时，治疗师数到三，然后两个人都吼了起来，这让莉非常开心。

这种愉快的合作体验被视频会议的形式所加强，因为莉可以控制计算机的音量，移出治疗师的视野，而且当她感到需要把自己的声音静音时，她可以让治疗师或她自己静音。通过这种方式，当她尝试新的行为时，她可以维护她对她的环境的控制感，并给自己安全感。这减轻了可能抑制探索新行为的尴尬感，甚至羞耻感。在这方面，视频会议比亲身的治疗提供了更多的选择。

躯体资源：呼吸

莉强迫性地使用社交媒体，这已经成了一种主要的强迫思维。就在一代人之前，社会交往还仅限于家庭成员和选定的朋友，人们小心地选择了解他们的个人想法和行为的人。然而现在，年轻人和年纪大的人都在脸谱网、照片墙（Instagram）和色拉布（Snapchat）上发帖、写个人博客，以及发推文，常常刺激了一天当中任何时刻都想让他人知道自己的行为和想法的不断升级的需要。这种很容易记录我们的生活的文化会培养成瘾行为，尽管明确的诊断标准仍有待确定（van Rooij, Ferguson, Van de Mheen, & Schoenmakers, 2017）。

几个因素为这种现象奠定了基础。社交媒体上的帖子通常会忽略生活中更具挑战性的时刻，包括处理一个人的伤害、挫折、悲伤和焦虑的自我反思的帖子。相反，人们会做出一种刻意的努力来传递“一切都很棒”的信息。这种虚假的自体，反过来又会生出一种渴望感、嫉妒感、被其他人忽略的感受以及对自己的生活应该是什么样子的不切实际的期望。

莉渴望通过吸引粉丝并获得赞助商为她的产品植入付费，成为社交媒体上的“影响人物”。莉体验到一种成瘾的、强迫性的、无休止地发帖等的心理压力，类似于任何物质成瘾循环中的现象（Borba, 2016; Pantic, 2014）。与此同时，她对线上收到的负面反馈感到焦虑，并生活在对线上仇恨者持续的恐惧中。每当她发现自己没有被邀请参加她认识的人要参加的活动或聚会时，她也会痛苦地感到被排斥。她承认，当她感到受伤时，她倾向于退缩、回避和封闭自己。她描述了，整整一个夏天她没有面对面地见过任何人，只是一个人待在房间里，只是通过社交媒体和其他人保持联系。随着她的社交退缩的加剧，她在生活的各个方面都变得更加孤立。

感受到要创作新的、永远风趣、漂亮、引人注目的线上内容的压力，莉发现自己的状态螺旋式地下降。她描述了她在等待对她的帖子的肯定和回应时的一种快速升级的压倒性的感受。她的自我毁灭的想法增加了，她已经很低的自尊直线下降，她陷入了抑郁。在一段短暂的恋爱关系之后，她的前男友开始贴出照片，表明他已经重新上路了，她的焦虑就进一步加重了。莉感到很羞辱，尤其是相比于其他人所谓完美的关系状态的更新。她对社交媒体的成瘾变得难以忍受，让她感到被抛弃、被忽略，感觉没有了她世界仍在继续，刺痛了她失去母亲的依恋创伤。

视频会议提供了一个强有力的处理与社交媒体相关的焦虑和成瘾的场所。这种治疗方式类似于治疗师试图治疗一位酒精成瘾的来访者，而酒精一直在诱惑并吸引来访者。与莉商定的指导原则是莉在治疗中限制对社交媒体的使用，这被证明对莉来说很难实现。在视频会议期间帖子会出现在她的计算机或手机上，莉不但没有禁用这一功能，反而试图向她的治疗师隐瞒她对社交媒体的使用。最后她承认自己在治疗过程中查看社交媒体是在“作弊”，并大声说“他们有针对这个的康复治疗吗？”。事实上，她的治疗师注意到了当莉试图一心二用时——既要关注治疗过程又要关注社交媒体上的消息——她弓起的肩膀和焦虑的表情。当她们讨论这个问题时，莉说她同时感到空虚和充满焦虑（如颤抖或摇晃）。

治疗师鼓励她在治疗中看一下社交媒体，并注意自己的身体，尤其是肩膀。莉发现当她盯着社交媒体时，她会耸起肩膀，变得静止不动，长时间地屏住呼吸。治疗师建议她们尝试改变这些身体反应。她把椅子挪得离屏幕更远一些，示范张开和放松肩膀，并通过弯曲肘部，向后移动手臂和肩膀，轻轻地扩张胸部，并建议莉也探索这个动作，并注意她的身体有什么变化。莉说，向后伸展肩膀可以让她的脊柱变长，她能够更深入、更平稳、更轻松地呼吸。治疗间期的家庭作业包括，在每天莉使用社交媒体的过程中，观察她如何保持身体姿势，以及这种姿势是如何和她的呼吸联系在一起的。她意识到耸肩和屏住呼吸加剧了她的焦虑和惊恐，而做呼吸家庭作业练习的对比帮助她认识到，这种屏住呼吸对她整个身体的不利影响。

鼓励莉当她的想法和感受出现时把它们记录下来，并结合她对呼吸和身体的新的觉察，为视频会议治疗的继续奠定了更深入的工作基础，来自《感觉运动心理治疗，对创伤和依恋的干预》(*Sensorimotor Psychotherapy,Interventions for Trauma and Attachment*; Ogden & Fisher, 2015, p.389, 697–719）的练习和讲义被整合入治疗并作为家庭作业。当她使用社交媒体并继续把呼吸练习整合进去时，她的强迫减轻了。

躯体资源：伸出手臂

寻求亲近的行动，比如伸出手臂，能够接近依恋人物（Bowlby, 1969），“是基于那个人的预测，如果他向依恋人物寻求支持，多大程度上依恋人物是可及和有回应的（Bowlby, 1973，p.203）”。因此寻求亲近的行动会根据依恋人物的回应而做出调整。奥格登（Ogden，2015）指出，“伸出手臂可以以各种反映和维持非象征化意义的方式被执行：手掌向上、手掌向下、张开双臂或肘部弯曲紧贴身体、肌肉放松或僵硬、肩膀向内收或向后张”。莉害怕社交互动，倾向于孤立自己，而不是寻求关系。她不愿意主动联系别人，说“没人会在那里”。

当莉和她的治疗师以游戏的心态探索寻求亲近时，例如移近计算机摄像头然后移开，向计算机前倾，用目光，最终用手臂彼此靠近，治疗师使用了一些创造性的彼此镜映的方法，并让莉报告她注意到的每一个变化。感觉运动心理治疗利用镜像神经元，治疗师通过示范某些动作，帮助来访者做好准备去执行同样的动作。当莉观察治疗师在演示“伸出手臂”这个动作时，她大脑中的运动神经元被“点燃”，就好像她正在执行同样的动作，本质上是她自己在“彩排”这个动作（Rizzolatti & Craighero, 2004; Rizzolatti, Fadiga, Gallese & Fogassi, 1996）。然后，莉更愿意向屏幕伸出手臂，镜映治疗师的姿势。治疗师确保她的椅子离镜头足够远，这样伸出手臂的动作在莉的屏幕上就不会变形。以这种支持性、游戏性的方式，莉可以通过模仿治疗师对这些动作的示范来尝试新的寻求亲近的行为，而且她们一起探索了莉的动作的意义。比如，当莉伸出手似乎要通过计算机屏幕触摸治疗师的手时，伴随她伸手的言语是“我获得了帮助，我会克服这个困难”，这指的是她与强迫症的斗争。莉开始认为她并不孤单，她确实获得了帮助，也许她可以主动联系其他人。

此外，治疗师建议她们每人选择一个代表支持的小东西。莉的桌子上有一些水晶，她选了一个很大的亮晶晶的紫水晶。治疗师的办公室里有一篮子磨光的石头，她选了其中的一个。她们一起练习同时伸手抓取象征支持的东西。当她们探索其中的含义时，莉说因为紫水晶致密的重量、光滑的表面和熟悉感，她感到受到紫水晶的支持。把紫水晶放在她的钱包或口袋里，代表她值得获得支持和吸收一些营养。这个练习也帮助她克服了孤独的感觉，并允许她开始从一个更有内在力量的位置接纳他人。

创伤性记忆：恢复赋能行动

所有上述躯体资源帮助莉发展了自我调节能力，为更复杂的痛苦记忆的处理铺平了道路。当她在日常生活中练习调动这些资源时，她对自己的信心增加了，最终她觉得自己准备好了直接处理父亲的朋友的性侵犯，这是一个在她十几岁时曾经信任的人。她表达了羞耻感和自我责备的想法，比如“我为什么让它发生？我甚至都没有尝试阻止他”，而没有意识到，在实际事件中，她本能地僵住了，无法采取行动保护自己。

感觉运动心理治疗对创伤记忆的工作，处理的是在威胁中自动出现的本能、保护性的躯体防御。这些防御可以分为两种常见的类型：动员性（mobilizing）防御，例如呼救、战斗和逃跑，和非动员性（immobilizing）防御，例如僵住、装死和关闭（Ogden, Minton & Pain, 2006）。当非动员性行动已经成为默认防御时，发现和在躯体上执行本能的动员性行动有助于减少失控感和无助感，用赋能和掌控的体验来替代它们。

当莉谈到性侵犯的时候，她报告说她的身体感到“关闭了”和“大部分都麻木了”，说明这是非动员性防御。治疗师问她，她的身体是否有不那么麻木的部位，这个问题旨在激发采取防御行动的冲动。莉报告说她的双臂和双手有轻微的紧张感。由于紧张通常是行动的前兆，治疗师将莉的正念注意引向她的紧张感，并询问她的身体“想要”做什么。莉说她有一种推开的冲动。在前面的边界工作部分，边界行动是在没有记忆内容的情况下进行的，而在这种情况下，这些行动源于她在创伤记忆处理过程中对自己身体的觉察。当莉想起这个事件并将正念注意导向双手的紧张感时，在她被性侵犯时无法执行的防御性推开的冲动就自发地出现了。

在面对面的治疗中，这种推的动作可以通过对抗治疗师手持的枕头来执行，这将允许来访者感觉到此时此地的躯体防御能力。由于这在视频会议中是不可能的，所以莉的治疗师建议她可以用她房间里的大健身球靠着墙来推。她让莉将球靠着墙，当她推它的时候就会产生反作用力，模拟推治疗师拿着的枕头的效果。当莉用力推球时，她感到一股力量涌现出来。她说，这一动作感觉“非常、非常好”，她对自己遭到性侵犯感到愤怒。愤怒起到了支持本能驱动的防御的作用（Frijda, 1986; Hobson, 1994; Rivers, 1920），而且当莉的愤怒激发了推的动作时，她体验到了一种赋能和力量的躯体感觉。莉曾经用感到无力和无助来保护自己，直到她能够体验到用身体充分、充满活力地执行防御动作的满足感。之后，她报告了在与他人互动中的新的自信，并且不那么孤独了。当她和他人在一起时，面对内隐地体验到的假定的威胁时的“僵住”，被一种躯体上的信心感所替代——相信他们有能力保护和防御自己。

依恋相关的记忆和强烈的情绪

鲍尔比（Bowlby, 1980）指出，“许多最强烈的情绪都是在依恋关系的形成、维持、破裂和更新的过程中产生的（p. 40）。”

莉总是尽她最大的努力将母亲离开带来的强烈的痛苦情绪降低到

最小的程度。在她发展出调节焦虑和生理唤醒的资源之前，她的耐受窗（window of tolerance）——丹·西格尔（Dan Siegel，1999）创造的术语——还不够宽，不足以承受情绪的强度。莉和治疗师认为，她对情绪的承受能力已经有了足够的提高，现在她已经准备好去处理她小时候体验到的与被抛弃相关的强烈情绪了。

在视频会议中处理强烈的情绪面临许多挑战，因为来访者需要一个富有同情心的他者——治疗师——来协调、接纳和“抱持”情绪的脆弱性，以及在需要时帮助调节它们的强度。重要的是来访者能够从治疗师那里感受到并获得共情性支持，而共情性支持在最初的事件中通常是缺失的。一个关键因素是治疗师自己对情绪的承受能力，这将决定来访者表达或否认的情绪的种类、强度和变化（Schore, 2003）。在视频会议中，治疗师需要评估他们自己的情绪承受能力，并关注他们自己的言语和非言语交流，确保他们接受情绪的能力能够被来访者清楚地看到和感受到。

莉的治疗师注意到，当她提到母亲时，她的身体会轻微地陷下去。而在此之前，莉已经发展出了一种挺直的姿势，作为她应对焦虑的一种资源，在治疗的这一节点上，治疗师反而让莉放大这种萎靡的姿势。研究表明，当参与者表现出特定的姿势时，他们很可能会回忆起一些记忆和情绪，在这些记忆和情绪中他们曾经做过这个姿势（Dykstra, Kaschak & Zwann, 2006）。确实，莉让自己的姿势更加低沉一些，她说她感到自己很糟糕，一段生动的往事浮现在她的脑海中；一个画面：看着她的母亲从家里走出去，上车，把车开走。意识到在她在场的情况下体验和表达这段记忆的痛苦的重要性，当莉允许她的身体陷下去时，这加强了她悲痛的情绪，治疗师鼓励她把注意力集中在这个画面上。

为了确保能够克服距离传递情绪共鸣，当莉哭泣时治疗师发出安慰、鼓励、非言语的声音。她想在这个令人心碎的时刻不用语言来交流，即使远在千里之外，她也是和莉在一起的，这样莉就能够感到，当她再次触及旧伤时，有一个人能够陪伴她，分享她的强烈感受。这种非言语声音，以一种让来访者知道治疗师“收到了”的方式说出来，常常能够传递某种程度的言语无法做到的共情。

情绪显著地反映在面部表情上，这些表情会被他人不经意地注意到，他们会“对意图、人格和社会关系做出推断”（Ekman, 2004, p.412）。莉的治疗师确保她的身体倾向镜头，这样她的共情和同情的面部表情以及温柔的目光就能够被莉看见。前倾也传达了一种接近的渴望，这通常是来访者在痛苦时所需要的。非言语的声音、面部表情、目光注视和寻求亲近都向莉传达了治疗师在与她的内在情感状态共鸣，并培养她在安全协调的关系中感受和表达深刻情绪的能力。

随着莉的抽泣逐渐平息，治疗师用简短的句子表达共情、理解和鼓励，这促使莉继续体验自己的情绪。这些表述以共鸣的韵律温柔地说出来，包括“哦，这么多的痛苦……对这样一个小女孩来说是多么大的伤害啊……这个画面一直在困扰着你，你从来没有真正摆脱过它，嗯”，等等。像“痛苦让你只想蜷缩起来，嗯”这样的陈述也包含身体，当莉听到这句话后，蜷缩得更厉害了，这反过来进一步深化了她的情绪。对于治疗师来说，追踪莉对每句话的反应是非常重要的，这些话大多数都引起了共鸣，但也有一些没有。没有引起莉的共鸣的一句话是“你一定希望她不会离开”。治疗师注意到莉皱起了眉头，知道她的话没有引起共鸣，立即进行弥补，说：“并不是那样的，是吗——也许她留下来会更糟。”莉点点了头，眼泪夺眶而出，说：“他们只会打架！”治疗师追踪并对没有引起共鸣的表达进行弥补的能力，帮助莉感到被理解，并再次深化了她的情绪。

莉的治疗师在视频会议中展示的具身性存在和状态分享，为莉充分地感受和表达过去的情绪痛苦创造了安全。当莉的抽泣平息下来后，她更容易认识到，她对母亲的抛弃所做的解释是不准确的。不值得和不配获得爱的压迫性的信念转变为她意识到被抛弃与她的价值毫无关系，而且，和我们所有人一样，她确实值得被爱。莉习惯性的蜷缩的姿势，反映了她感觉自己没有价值，这与她的新的认识不符。在这次治疗之后，莉和治疗师一起做了一个挺直的姿势和深呼吸，让莉挺胸，抬起下巴，所有这些都反映并帮助维持莉的新信念：“我确实值得被爱。”

结论

乍一看，作为一种身体取向的治疗，感觉运动心理治疗似乎并不适合使用视频会议，因为动作、姿势和手势对这种方法都是至关重要的。然而，通过以下调整，通过视频会议的感觉运动心理治疗可以成为一种有效的帮助来访者的方式。

- 确定一个模仿治疗室的物理工作空间，减少治疗中的干扰。
- 使用足够大的空间，这样你就可以站着，离开计算机而不需要调整屏幕，使整个身体都能被看到，以追踪和示范姿势、站姿、行走，等等。
- 使用大屏幕计算机而不是笔记本式计算机或手机，以扩大视野。

- 使用有滑轮的椅子，可以方便地调整和计算机屏幕的距离，更容易演示姿势、手势和其他动作。
- 和来访者讨论身体取向的方法的挑战，邀请他们保持对自己的动作、姿势和身体感觉的觉察，并把他们注意到的报告给你，尤其是那些在屏幕上看不到的动作。
- 和来访者合作建立一个将会成为你的标准的视觉画面（只有面部、全身或躯干），也要指出对身体做工作的感觉运动心理治疗需要调整——有时需要后退以看到整个身体、向前移以看到面部表情，等等。
- 鼓励为你和你的来访者准备一些道具（例如，治疗球、枕头和用于边界工作的绳子）。
- 要意识到手臂的姿势（例如伸出或推开）在视频会议中可能会变形，要确保与计算机的距离可以让来访者在其屏幕上看到正常的姿势。
- 要额外注意面部表情、目光交流和韵律，确保来访者在需要的时候能够完全看到它们，因为它们是交流共情的主要方式。
- 寻求来访者的许可，询问许多有关身体的问题，因为在视频会议期间追踪身体总是更困难的。
- 使用与身体相关的清单（比如，“也许你感到身体紧张，或者感受到身体的一个动作，或者像刺麻或嗡嗡的感觉，也许你的心率有变化”，等等）提示你的来访者对身体保持觉察。
- 提供一份可以指示准备动作的清单——例如，“也许你身体的某个地方变得紧绷了，或者你感到有刺痛的感觉，或者感到一个小动作，比如抬手或用脚踩地”。
- 适当地分享你对自己身体的体验，示范对身体觉察感到舒适，并鼓励来访者也这样做。

- 对时时刻刻的身体与身体之间的交流保持觉察。
- 使用缓慢的节奏鼓励正念性觉察，给来访者足够的时间来感知身体。
- 通过对你自己的身体正在发生什么的觉察，以及对来访者的身体正在发生什么的好奇，来支持情绪状态的分享。

柯奇士和黄利斯（Kocsis & Yellowlees，2017）认为，线上治疗提供了与许多不同类型的来访者建立和形成牢固心理治疗关系的新方法，并提出这可能会以某些亲身心理治疗无法做到的方式促进亲密关系。远距离感觉运动心理治疗也许特别适合那些有高度的羞耻感、身体或社交恐惧症，或与他们的身体相关的尴尬或自我意识的来访者，需要有更多控制感的来访者，或者那些在他们自己家里的安全环境中进行身体取向治疗可能感到更安全、更舒服的来访者。通过增加可及性，以及不需要寻求接受过感觉运动心理治疗训练的当地治疗师的帮助来为社区服务，借助视频会议的感觉运动心理治疗也可以提高成本效益和治疗的连续性。

内隐过程并不总是能够通过言语触及，因为它们隐藏在认知觉察和口头语言之下。治疗师和来访者之间的治疗之旅的有效性，可以通过对言语叙事以及身体叙事（通过姿势、动作和表情讲述的故事）的仔细关注来提高。通过本章所探讨的创造性的适应调整，视频会议可以被有效地用来发掘身体的智慧，为来访者提供一个宝贵的途径，来疗愈过去的创伤和发展新的胜任力。

参考文献

Aly, R. (2017). Remote cognitive behavior therapy for obsessive-compulsive disorder in Egypt:

A randomized trial. *European Psychiatry, 41*.

Bowlby, J. (1969). *Attachment and Loss. Vol. 1*. New York: Basic Books.

Bowlby, J. (1973). *Attachment and Loss. Vol. 2. Separation: Anxiety and Anger*. New York: Basic Books.

Bowlby, J. (1980). *Attachment and Loss. Vol. 3. Loss: Sadness and Depression*. New York: Basic Books.

Borba, M. (2016). *UnSelfie: Why Empathic Kids Succeed in Our All About Me World*. New York: Simon and Shuster.

Dijkstra, K., Kaschak, M.P., & Zwann, R.A. (2006). Body posture facilitates retrieval of autobiographical memories. *Cognition, 102*(1): 139–149.

Edelman, G.M. (1999). *The Remembered Present: A Biological Theory of Consciousness*. New York: Basic Books.

Ekman, P. (2004). *Emotions Revealed: Recognizing Faces and Feelings to Improve Communication and Emotional Life*. New York: Henry Holt.

Frijda, N. (1986). *The Emotions*. Cambridge: Cambridge University Press.

Hilty, D.M., Ferrer, D.C. Parish, M.B., Johnson, B., Callahan, E.J., & Yellowlees, P.M. (2013). The effectiveness of telemental Health. *Telemedicine and e-Health, 11*(4): 398–409.

Hobson, J. (1994). *The Chemistry of Conscious States*. New York: Back Bay Books.

Kocsis, B.J., & Yellowlees, P. (2017). Telepsychotherapy and the therapeutic relationship: Principles, advantages, and case examples. *Telemedicine and e-Health*.

Kurtz, R. (1990). *Body-centered Psychotherapy: The Hakomi Method*. Mendocino, CA: LifeRhythm.

Ogden, P. (2015). 'I can see clearly now the rain has gone': The role of the body in forecasting the future. In J. Pertrucelli (Ed.), *Body-states: Interpersonal and relational perspectives on the treatment of eating disorders* (pp. 92–103). New York: Routledge.

Ogden, P., & Fisher, J. (2015). *Sensorimotor Psychotherapy: Interventions for Trauma and Attachment*. New York: W.W. Norton.

Ogden, P., & Goldstein, B. (2017). Embedded Relational Mindfulness (ERM)© in child and adolescent treatment: A sensorimotor psychotherapy perspective, in K.D. Buckwalter, and D. Reed. *Attachment Theory in Action*, Building *Connections between Children and Parents*. Blue Ridge Summit, PA, Rowman and Littlefield.

Ogden, P., & Minton, K. (2000). Sensorimotor psychotherapy: One method for processing traumatic memory. *Traumatology*, Vol VI, *3*(3): 1–20.

Ogden, P., Minton, K., & Pain, C. (2006) *Trauma and the Body: A Sensorimotor Approach to Psychotherapy*. New York: W.W. Norton.

Pantic, I. (2014). Online social networking and mental health. *Cyberpsychology, Behavior, and Social Networking*, *17*(10): 652–657.

Rees, C.S., Anderson, R.A., Kane, R.T., & Finlay-Jones, A.L. (2016). Online obsessive-compulsive disorder treatment: Preliminary results of the "OCD? Not Me!" self-guided Internet-based cognitive behavioral therapy program for young people. *Journal of Medical Internet Research*, *3*(3), e29.

Rivers, W. (1920). *Instinct and the Unconscious: A Contribution to a Biological Theory of the Psycho-neuroses*. Cambridge: Cambridge University Press.

Rizzolatti, G., & Craighero, L. (2004). The mirror-neuron system. *Annual Review of Neuroscience*, *27*: 169–192.

Rizzolatti, G., Fadiga, L., Gallese, V., & Fogassi, L. (1996). Premotor cortex and the recognition of motor actions. *Cognitive Brain Research*, *3*: 131–141.

Schore, A.N. (2003). *Affect Regulation and the Repair of the Self*. New York: W.W. Norton.

Schore, A.N. (2009). Right-brain affect regulation: An essential mechanism of development, trauma, dissociation, and psychotherapy. In D. Fosha, D. Siegel, & M. Solomon (Eds), *The Healing Power of Emotion: Affective Neuroscience, Development and Clinical Practice* (pp. 112–144). New York: W.W. Norton.

Schore, J.R., & Schore, A.N. (2008). Modern attachment theory: The central role of affect regulation in development and treatment. *Clinical Social Work*, *36*: 9–20.

Siegel, D. (1999). *The Developing Mind*. New York: Guilford Press.

van Rooij, A.J., Ferguson, C.J., van de Mheen, D., & Schoenmakers, T.M. (2017). Time to abandon Internet addiction? Predicting problematic internet, game, and social media use from psychosocial well-being and application use. *Clinical Neuropsychiatry*, *14*(1): 113–121.

第五章

诊所并不比屏幕更有优势，因为关系才是一切

视频心理治疗及其动力学

吉利·阿加尔

引言

“怎么会有人认为这是可能的呢？这违反了设置！”

这是当分析师安娜·库蒂亚洛娃（Anna Kudiyarova）第一次听说通过视频通话进行精神分析时的第一反应（Kudiyarova, 2013），她是中亚精神分析研究所的负责人，她的反应绝不是特例。在本章中，我希望缩短在心理治疗师愤怒、蔑视的反应——他们听说过视频心理治疗，但通常都没有经验（Kudiyarova, 2013; Aryan, 2013）——与表明其结果和面对面治疗一样好的大量临床和研究证据（例如，Mizrahi, 2017; Wagner, Horn & Maercker, 2014）之间的差距。在过去的八年中，我开展了视频心理治疗，并带领了一个由二十名视频治疗师组成的团体，我逐渐意识到，由于其技术属性，视频心理治疗通过与内容和核心过程的直接接触，鼓励某些类型的移情关系的发展，

它构成了一个独特、加速的变化和成长空间，这在诊所中需要花更多的时间。我在本章中探讨的想法，源于我对这些特殊的临床特征的强烈好奇心，这些临床特征是通过使用视频作为治疗师和来访者会面的媒介而促进的。

视频治疗鼓励理想化移情、孪生移情和融合移情的方面

视频心理治疗和精神分析被认为是有争议的（Mazri & Fiorentini, 2017）。媒体对这一话题的采访、某些治疗师对线上治疗的拒绝，以及一部嘲笑这件事情的幽默电视连续剧[1]都向公众表明，不是所有治疗师都开展视频治疗。与我们联系的来访者面临着同样的批评，因此他们意识到，他们联系的是一个做出了被认为是新奇和大胆的选择的治疗师。此外，由于地域限制或行动受限，仍有相当大比例的人申请远程治疗，而且如果治疗师不够灵活，来访者就无法获得治疗。因此，伸出援手的一个具体方面是这种情境所固有的。这些因素可能在治疗开始之前就对治疗师形成了一种理想化移情（Kohut, 1971），因为来访者知道他们的治疗师做出了一个非常规的，可能是勇敢的专业选择，让他们能够获得治疗。

不仅是治疗师，来访者也做出了一个不能被看作理所当然的选择，即选择视频治疗。这种双方对类似的选择类型的相互了解可能甚至在治疗开始之前，就会产生另一种具有相似性和孪生性特征（Kohut, 1984）的移情和反移情要素。一旦治疗真的开始，治疗师和来访者不仅在他们视频治疗的选择上是相似的，而且成了伙伴，他们一起参与某种创新的东西，这在某些社群中仍然被视为革命性的，甚至颠覆性的。

技术问题也可能从一开始就会影响这种关系。今天用于视频通话的各种程序在屏幕上的显示是不一样的。双方在屏幕上是否只是看到对方还是也能看到自己，以及看到多大的尺寸的问题，在治疗关系的形成和表现上是非常重要的。这种联合的视觉存在可能有重要的意义。例如，来访者看到的自己是一个比较小的图像这样的显示，可能会鼓励某些来访者专注于“谁更大”，甚至是潜意识地或者重新体验一种在占据的空间中缩小和困难的情绪体验（Bachar, 2001）。然而，我假设在大多数情况下，治疗师和来访者在屏幕上的联合视觉存在有可能形成一种“和睦”感，并从治疗关系的早期阶段鼓励融合的移情和幻想的发展（Kohut, 1984）。在当代的“自拍文化”中，每当我们与另一个人共享一个屏幕时，无论多么短暂，都会存在一种情绪错觉，这会形成一种联系，一种伙伴关系、亲密和融合。这或许可以解释为什么人们热衷于与名人合影，并将照片上传到脸谱网上。在电影研究领域的一项非常有趣的研究表明，家庭为他们所爱的人制作的家庭纪念视频具有重要的情绪意义，因为家庭成员看到自己与他们所爱的人处于同一空间，尽管是短暂的，而且由此而带来的主要体验是一种与他们失去的人短暂融合的体验（Melamed, 2013）。

视频治疗将治疗师转化为白板的（各个）方面

在临床治疗过程中，来访者有意或无意地感知到许多类型的环境信息的信号和碎片，并将其归因于治疗师，而当治疗通过视频进行时，它们会被中和或显著地减少。在诊所中进行的一次治疗中，来访者通过到达城里、社区和诊所所在的建筑物而进入治疗师的世界，他一路上有意或无意地选取的信息构成了治疗过程的移情性和情境性的起源。例如，我的诊所位于以色列的雅法，这是一个犹太人和阿拉伯人混居的城市，我对地点的选择透露出我的一些社会和政治观点。对许多来我诊所的来访者来说，到这里的旅程令他们产生了各种各样的感受，从有机会了解这个时尚地区的快乐，到需要与阿拉伯人打交道的愤怒。

相比之下，在视频治疗中，来访者无法研究我选择诊所位置的社区或诊所的设计。通过视频通话，来访者也只能部分地看到治疗师的穿着风格和体形。此外，通过这种方式，治疗师和来访者的一些躯体姿势无法充分地向对方交流。通过视频，来访者无法看到治疗师是否在烦躁地移动他的腿，还是静静地坐着，治疗师看不到来访者是否在烦躁地摆弄他的手指，把手放在膝盖上，或把扶手椅的线头抽出来，好像那是一个过渡性客体。对无法完整地感知对方的身体语言而带来的直觉上的不舒服，被新的研究发现加强了，这些新的研究表明我们对对方的情绪状态的解读更多地依赖身体语言，而不是面部表情（Aviezer, Trope & Todorov, 2012）。

尽管如此，是什么弥补了这种信息的缺失，使得通过视频的治疗关系得以实现？来访者对治疗师和他周围环境的认识上的这些空白，使得治疗师在治疗的初始阶段，相比于在诊所中，更像一张白板。因此，视频治疗更有可能引发移情幻想，尤其是在治疗开始的时候，这在某种程度上接近于关于治疗师坐着的传统观点，即来访者无法看到治疗师的面部表情以此作为一种释放自由联想的方法（Carlino, 2011）。

但这会将治疗师简化为仅仅是一个客体吗？临床经验表明并非如此。一种可能的解释是，视频治疗（不同于通过电话或信件的治疗）涉及来访者大量地暴露在治疗师的面部特征和表情面前。在使用视频通话时，人们倾向于坐得靠近计算机，目的是既能看清楚也能听清楚，同时能感觉和对方尽可能地靠近。因此，面部细节被放大了，揭示了双方更多的视觉信息。然而，对治疗师的身体语言的熟悉是部分和渐进的，因为屏幕的中介减少了。随着治疗的进行和分享的经验以及相互的暴露的积累，来访者了解了治疗师的各种反应，更好地识别了他的表情和情感状态，而且通过这个过程，他的幻想和投射会为与现实的相遇让路。这种转变体现了来访者和治疗师在治疗关系中从客体世界进入主体世界的一个独特的机会。

视频治疗中“环境母亲”和幼稚的全能化的方面

纵观精神分析和心理治疗的历史，物理的治疗室被视为治疗设置的重要基础，并被体验为来访者内在世界的象征性容器（Lunn, 2002）。在视频治疗中，这一元素的缺失是很明显的，特别是对于那些在他们自己设计的诊所中实践了许多年的专业人士来说，他们习惯于将其视为治疗功能的一部分。在接受过面对面治疗后听说视频治疗的来访者，在某些情况下也对没有诊所的治疗这样的想法感到反感，并描述了他们感知治疗室是一个安全空间的程度。令人惊讶的是，类似的对视频治疗的反应也能从从来没有治疗经验的人那里听到，他们根据电影或书籍已经形成了一幅关于治疗是什么样子的画面，在这些电影和书籍中，治疗过程被视觉化和刻板地呈现为包括一张长沙发、一把扶手椅、柔和的灯光和一盒餐巾纸。

在没有共同的房间的情况下，视频治疗的来访者可用的治疗空间是治疗师自己的内在设置，这是一个现实是由象征性、隐喻或潜意识的意义定义的领域（Parsons, 2007）。这个内在领域是一个活跃的容器，在整个治疗过程中不断变化和形成（Quinodoz, 1992），并在治疗师和来访者共同创造的过程中形成了一个一次性的治疗空间，伦恩（Lunn，2002）恰当地称之为“潜在的房间”。

在没有和视频治疗师的物理真实进行具体的会面的情况下，治疗师的具体和象征性的形象似乎都与治疗功能趋同。这与温尼科特（Winnicott，1963）强调的“母亲环境”一词的母性功能一致，这个词强调，对婴儿来说母亲没有被体验为另外一个个体，而是一个具有功能的环境。波拉斯（Bollas，1979）继续发展了这一观点，并补充说，母亲不是被婴儿认同为一个客体，而是一个包含了外在和内在满足的集合的过程，通过这个过程，她被体验为一个“转化性过程”。在成人生活中寻找一个客体，按照波拉斯的说法，就是在寻找这个存在性的转化性过程的一个能指，一种屈服于他人能够在我身上产生的蜕变的渴望。由于移情的功能性环境性质，它鼓励与早期的客体体验接触，视频治疗有可能重新唤起这种转化性过程。

此外，视频治疗的情景似乎也允许来访者在某种意义上与一种幼稚的全能化的性质联系，并维持对潜在的房间，以及作为其一部分的治疗师的控制和排他性的幻想（Winnicott, 1952）。在诊所中治疗结束时，来访者会看到治疗师的扶手椅或等候室空着，在等候其他来访者，而在视频治疗中，来访者可能会保留治疗师是为他独自存在的幻想。控制治疗师的幻想的另一个方面与视频中治疗师的形象的相对模糊性有关，它将来访者引向幻想的初级心理活动，重温从足够好到理想的初级内在转变。在这种状态下，来访者有更大的自由将治疗师体验为确切的，把他当作一个理想的好客体而感到拥有他（Klein，1952）。

当面对面的治疗发生在诊所中时，除了潜在的房间外，还有一个具体、物理的治疗师的房间，来访者在治疗开始时走入并在治疗结束时走出这个房间。在这个房间里，就治疗师选择的风格、位置和家具而言，对于来访者的物理偏好（如房间的灯光亮度）和房间本身，几乎没有太大的灵活性，来访者在离开诊所时，它们也不会有明显的变化。在某些情况下，我们在诊所中认为理所当然的房间的物理永久性的这个维度，可能对受伤的自体具有再创伤的效应，这个受伤的自体再次遇到了一个无法改变、不够具有适应性的环境。我认识的一个人在脸谱网上写道："我从心理医生的治疗中哭着出来，在出来的路上她的狗扑向我，兴奋地舔着我。考虑到我当时的感受，这是当时最不应该发生的事情。"

相比之下，对于视频治疗的来访者来说，潜在的房间是存在的唯一共享的房间，全部使用抽象的"家具"来布置，这可能被来访者体验为在那个时间点上完全是为他"创造"的。这归因于视频治疗容器和设置的一种联合性质，治疗师和来访者更具适应性的创造，这是由他们之间一次性的接触和对话所形成的。在视频治疗结束时，潜在的房间被"涂上"了独特的颜色，这些颜色是在那个特定治疗过程中通过一个交互的过程产生的，这让人想起在治疗结束时儿童治疗室的样子。

但是，与幼稚的全能化更好的匹配和接触，是不是并没有让视频治疗的来访者处在一个鼓励退行和依赖的被动位置？临床经验在此也表明情况并非如此。原因与来访者很大程度上将"母亲环境"的物理方面与其在视频治疗中的需求相匹配有关。在诊所中，与诸如治疗师和来访者之间的物理距离、扶手椅、房间的温度或治疗师的音量等方面相关的不舒服，都不在来访者的控制范围之内。相比之下，在视频治疗中，来访者对"母亲环境"的这些物理和象征性的方面都具有重要的影响和更大的控制能力。来访者可以方便地在任何时候靠近或远离屏幕，调高或根据他的需要降低音量、控制房间的温度，因而他是一个积极合作伙伴，并能掌控自己的治疗空间的适宜性程度。由于许多来访者缺乏识别和满足他们的需要的习惯，视频治疗师将这些方面联系起来，并确保来访者在治疗过程中处在一个对他来说舒服的环境中。治疗师对来访者的物理需要的关注，这个事实强调了它们的重要性，可能在来访者与它们接触的方式上产生变化。

根特（Ghent，1995）描述了在他的一次治疗中，他在来访者的膝盖上盖了一条温暖的毯子，她眼含泪水地回应："我甚至都不知道我感觉冷。"在视频治疗中，治疗师无法通过自己的躯体体验来判断来访者的房间是冷的，但他可以通过来访者的穿着、身体语言和积极的关注来感知。来访者通过治疗师注意到他是冷的，但他是那个给自己毯子的人，这样的时刻说明了视频治疗如何鼓励来访者成为一个积极的合作伙伴，在成熟地使用一个客体时使"母亲环境"适应他的需要（Winnicott, 1969）。它允许来访者拥有他的需要，并对它们做出回应，支持一种动因的体验。这些过程可以帮助来访者逐渐内化这一功能。

人们将技术设备（手机、平板等）视为他们自己不可分割的一部分，几乎是他们身体和心智的物理延伸（Carlino, 2011）。这有助于将同一个屏幕上的治疗师体验为来访者身体的延伸。它赋予这个屏幕图像以过渡性客体的性质，允许来访者即使在治疗谈话结束后，依然携带着治疗师和潜在房间的功能的表征，增强了对治疗师和他的功能的内化。

我们可以得出结论，视频治疗的许多特征增加了与初级过程的接触，尤其是在治疗关系的早期阶段，也增加了一些保留能动感和鼓励来访者为自己的需要提供答案的元素。

视频治疗鼓励关系的相互性

上面提到的许多移情性重点的特征都是“一人心理学”的方法。理想化移情和融合、投射和幻想以及幼稚的全能化的产生，都是由一个模糊的治疗师形象所触发的，这给人这样一种印象：视频治疗抹去了治疗师的主体性，鼓励将他当作一个客体来对待（Winnicott, 1969）。然而，情况并非如此。首先，这些特征中有些特征，比如治疗师形象的相对模糊性，在治疗开始时，在任何熟悉性或关系形成之前是很突出的。在整个过程中，随着关系的发展，来访者会有机会了解治疗师的主观方面。在这个过程中，治疗师和来访者都有机会了解幻想和投射是如何逐渐接触到现实的各个方面的，以及这种变化是如何在来访者的内心世界中逐步组织起来的。

所有上面提到的以“一人心理学”为特征的鼓励移情的因素，都来自视频治疗的技术方面。必须记住，所有这些因素都会因为治疗师独特的人格、治疗方法以及其他处理所有移情性问题的方式而变得更复杂。当与来访者带入的因素相互作用时，这些因素会影响在这个过程中最终形成的移情和反移情的类型。

此外，由于需要治疗师和来访者之间的技术合作，视频治疗同时鼓励具有“两人心理学”特征的一些移情性方面。他们在对话本身的音频同步方面以及应对不可避免的技术挑战方面需要进行合作。类似这样的句子：“你听得清楚吗？”“也许我们应该检查一下网络连接？”“你能把摄像头调得高一点吗？这样你身后的光线就没有那么刺眼了”，在视频治疗中很常见，治疗师和来访者都会说。对于这些部分，治疗师和来访者起着相同和对称的作用。这种构建视频治疗空间的不可避免的伙伴关系可以以两种方式来对待。在基本意义上，以及从当代弗洛伊德理论的角度来说（Kris, 1982 in Aron,

1996)，双方的技术参与强调了“治疗联盟”的经典观点以及治疗是“一个拥有共同目标的计划”，来访者对其结果也有承诺和责任。

我记得我的一个来访者，她说她感到在治疗过程中，技术上的困难把我们联系在一起，因为这需要我们一起去应对。不过，这种表面上的技术交互性也可以被认为象征着治疗交互性的关系性概念，这在向着经典的“联盟”或“合作”的观点扩展。在治疗过程中，治疗师和来访者都不可避免地会受到他们自己或对方的潜意识的影响（Aron, 1996）。象征性地，治疗师和来访者都有“意想不到的线路故障”。治疗师和来访者之间缺乏等级关系在这里是很突出的，这强调了他们是为了形成持续的交流的、相互依赖的两个人类主体。与治疗师的技术困难相遇可能会带来他的人性和脆弱性的方面，因此会鼓励将他作为一个主体与他建立联系，这从关系的早期阶段就为一种与两个主体之间的相遇和合作的快乐进行接触提供了可能性（Benjamin, 1995）。

此外，许多治疗师并不擅长及时地克服技术困难。因此，当问题出现时，往往是来访者向治疗师提供解决方案的建议。这些情景构成了关系理论中相互影响的概念的象征性具体化，治疗师在治疗过程中也通过来访者来学习、被支持和发展（Aron, 1996; Mitchell, 2000）。我的那位感到技术困难让我们走到一起的来访者，她有技术背景，在整个谈话过程中给了我许多有帮助的技术建议。她对这些时刻的喜爱不仅与“应对共同的敌人”而形成的联盟有关，也与这些时刻给她的深刻的认可有关，她感觉她有一种影响力，能够“拯救”和纠正我和治疗情景。在这些时刻，我并不是唯一有知识、有影响力、有纠正能力的人，她也有。

下面这个简单的例子说明了这种二元性是如何发生的。

在一次视频治疗中，我穿了一件我非常喜欢的新外套，来访者很高兴地说："我看你也穿了睡衣！"我脸上的惊讶立刻显露出来。过了一会儿，我意识到这件外套的顶部——我认为很漂亮的部分——在看不到整件外套的情况下，可能看上去像件睡衣。这是一个很好的例子，我的服装的具体刺激足够模糊和不完整，这允许来访者"创造"我，将我体验为一个客体，进而表达我们后面会触及的一些她的孪生关系需要的元素。与此同时，当来访者看到我惊讶的反应，听到我告诉她那不是一件睡衣而是一件我认为很得体的外套时，她可能已经了解到我的主体性了。当我补充说我可以理解她，不是每个人都会认为那件外套很得体，这一点我将来会注意，她可能也体验到了交互性，并感到她对我有影响。在那种情况下，我既是客体又是主体，这两个方面在治疗过程中都有价值。

知识胜于发现，或者：除了打开视频摄像头，你还需要知道什么？

上面提到的方面说明了视频治疗师熟悉视频治疗的特点，以及治疗师正确地"转译"这些特点的能力的关键重要性。这种调整对于治疗师维持核心治疗功能的能力是引人注目的。像"设置"和"治疗边界"这些基本术语必须转译以适应新情境，在这种新情境中，不存在物理空间，在形成治疗空间的过程中双方都是合作伙伴。实际上，我们在诊所中倾向用来思考的大多数术语和动力学工具，在视频治疗中都会以不同的外观或表现呈现出来（Mazri & Fiorentini, 2017）。

一个必须转译，尤其是调整适应视频治疗情境的术语的例子是温尼科特的“独处的能力”(1958)。在具体层面上，远程治疗最终是在来访者独自一人时，在家或在自己的房间中发生的。因此，这就需要特别关注构建远程治疗情境，在另一个人在场的情况下独处，而不是为了对抗另一个人而独处。

从直觉上看，视频似乎提供了一种“有另一个人在场”的感觉(Suler, 2000)。来访者可以清楚地感受到他们的视频治疗师看到他们和他们所处的空间，而来访者自己能够看到他们的治疗师听上去和看上去的样子，以及治疗师在什么样的空间中，而且最重要的是：治疗师是否只朝向并关注他们。然而，按照温尼科特的说法，为了发展独处的能力，一个足够好的母亲的形象必须被内化，允许她的婴儿在她的陪伴下独处足够长的时间。但不是每一个母亲－婴儿二元关系都能够为这个过程提供成功的结局，许多来访者是在环境失败后找到我们的，环境失败没有让他们发展出独处的能力(Mitchell & Black, 1995)。当治疗一个在这方面受损的人时，治疗师创造一个持续、抱持的治疗环境的能力对于受损的自体功能的恢复和纠正是至关重要的。

在视频治疗中连续性问题是一个挑战，因为一些治疗师无法控制的因素，比如网络连接和设备故障，可能会导致突然的通话中断。在这些时间里，来访者在最具体的意义上仍然是孤独的，可能是在他的治疗中一个重要时刻的最高峰。治疗师有责任考虑这些联系中断，并建立预案和替代性渠道。他还必须在处理它的时候牢记治疗目标，将这些中断作为深化工作的机会来利用它们。

视频治疗的批评者认为这些中断是严重的倒退，但这些非故意性质的事件并不局限于视频治疗。我曾经在一家诊所接受一位精神分析师的治疗。

她过去常常陪伴我从楼梯井穿过等候室进入房间，当离开房间时，又穿过等候室回到楼梯井。这种陪伴对我来说具有不同的意义。我记得唯一一次，我的治疗师在治疗中去了趟洗手间，第一次把我独自留在她的“空间”里。第一次被独自留在那个空间里，我感到被抛弃和疏离。后来这件事没有被提起，我的感受变得更糟糕了。相比之下，当我作为一个来访者接受视频治疗时，我从来没有把这些断开解释为一种困难或抛弃，尤其是因为有机会在以后的治疗中讨论它们。因此，有必要提前为中断的情况准备好替代的沟通方式，并在事后讨论它们，使来访者能够表达自己的感受。如果不这样做，治疗可能会导致重现最初的母亲形象缺失和不一致的体验，这不仅不会帮助来访者建立独处的能力，反而会加重这种能力的缺失。

在视频治疗中，建立正确的治疗空间的另一个关键问题似乎是在摄像头前定位的技术问题。它构成了视频治疗成功的重要基础。对远程治疗中在场的概念的研究表明，它极大地受到双方陷入一种错觉的能力的影响，即另一个人坐在他们对面，而不是待在屏幕上（Lombard & Ditton, 1997 in Russell, 2015）。这种能力强烈地受到治疗师技术性地构建治疗情境以及他在摄像头前的定位的技能的影响，尤其因为我们知道，关于另一方的情绪状态的大量信息可能是从他的身体语言而不是面部被发现的（Aviezer, Trope & Todorov, 2012）。同样重要的是通过视频建立目光交流的能力，也就是说，给来访者留下我正在看着他们的眼睛的印象，来获得他们也正在看着我的眼睛的印象。很难想象，在治疗性对话中，当治疗师的目光不断地从来访者身上移开时，专心的在场感如何能够形成。

如果不考虑所有这些问题和许多其他问题，形成一种类似于两个人面对面坐在诊室里的感觉是非常困难的。遗憾的是，不了解这种知识的治疗师在视频治疗上做了许多失败的尝试，让双方都很失望，或对这种媒介留下不合理的负面看法。在我看来，这些情况是理解视频治疗的倡导者和批评者之间分歧的重要的一环。

总结

由于其独特的特点，视频治疗从治疗关系的早期阶段就引入了几种类型的移情和反移情关系。有趣的是，那些刺激它们的元素常常是那些与媒介的技术限制相关的元素。治疗师和来访者对视频治疗的选择以及它们在屏幕上的共同存在，因为获得了一种伙伴关系、孪生关系和融合的性质，都在移情和反移情层面上具有意义。相比于在诊所中的治疗师，视频通话中的治疗师变成了一个模糊的形象，这使他在治疗的初始阶段比在诊所中更像一块白板，允许与客体关系和幻想的内心世界进行实时的接触。

物理治疗室的缺失使得作为一个客体的治疗师和作为一种治疗功能的治疗师之间的界限变得模糊。治疗师的形象和功能的融合让人想起了温尼科特的“环境母亲”的观点（1963）。视频治疗具有一些鼓励来访者暂时地感到他在“制造”治疗师的性质，允许童年的全能化幻想在治疗中浮现（Winnicott, 1952）。治疗师出现在来访者的家庭空间和计算机屏幕上，在这个计算机屏幕前来访者每天都会花大量的时间。计算机被体验为来访者身体和自体的延伸。所有这些因素加速了治疗功能的内化，并在治疗间期创造了一种象征性的治疗关系的连续性。

这些移情渠道中的一些源于媒介的技术特征，具有一种“一人心理学”的性质，因为来访者的客体关系和幻想更多地受到现实刺激的投射而非影响。然而，视频治疗性接触也有内在的以“两人心理学”为特征的方面。这些方面赋予了治疗关系的关系的交互性的要素，让来访者从关系的早期阶段就以一种独特、活生生的方式丰富地接触到治疗师的主体性。

因此，视频治疗中发生的移情具有二元性的特征。一方面，“一人心理学”投射性和幻想性的移情性质出现了，另一方面，从“两人心理学”的角度，也存在着交互的性质和与治疗师的主体性的丰富的接触。这两极并没有相互抵消，而是共存，从关系的早期阶段就提供了一种独特的二元性。然而，我们应该记住，这些移情性元素只是一个起点，随着治疗关系的展开，它们将经历无尽的变化。

总之，我断言治疗师对以视频为媒介的治疗关系为特征的独特方面的掌握，对于根据他们的治疗方法——保存核心治疗功能的方法——去“转译”和“调整适应”情景是至关重要的。

我将以一个个人故事来结束本章。大约八十年前，在被大雪覆盖的罗马尼亚，一名乡村医生乘长途汽车在需要他帮助的散居的病人家庭之间匆匆地穿梭。有时他来得太晚了。那个人，是我亲爱的祖父，他一直把他们放在心里，直到生命的最后一天。如果他有机会使用远程医疗，他就可以挽救更多人的生命。

我认为通过视频扩大获得医学和心理的治疗途径是将医疗和心理治疗领域革命化的一种可能性。如果这一章给了哪怕一位治疗师重新思考视频治疗的机会，并认为它是一个合理的选择，那么我已经为这个期待已久的转化做出了自己的贡献。

注释

1.《网络治疗》（*Web Therapy*）：于 2011 年至 2015 年间在“表演时刻（Showtime）”电视台播出的美国喜剧。

参考文献

Aron, L. (1996). *Relational perspectives book series, Vol. 4. A meeting of minds: Mutuality in psychoanalysis*. Hillsdale, NJ: Analytic Press, Inc.

Aryan, A. (2013). Setting and transference countertransference reconsidered on beginning teleanalysis. In J.S. Scharf (Ed.), *Psychoanalysis Online* (pp. 119–132). London: Karnac.

Aviezer, H., Trope, Y., & Todorov, A. (2012). Body cues, not facial expressions, discriminate between intense positive and negative emotions. *Science, 30*: 1225– 1229.

Bachar, E. (2001). *The Fear of Occupying Space: The Self-Psychology and the Treatment of Anorexia and Bulimia*. Jerusalem: Magnes Press.

Benjamin, J. (1995). *Like Subjects, Love Objects: Essays on Recognition and Sexual Difference*. New Haven, CT: Yale University Press.

Bollas, C. (1979). The transformational object. *International Journal of Psycho-Analysis, 60*: 97–107.

Carlino, R. (2011). *Distance Psychoanalysis*. London: Karnac.

Ghent, E. (1995). Interaction in the psychoanalytic situation. *Psychoanalytic Dialogues, 5*(3): 479–491.

Klein, M. (1952). Envy and gratitude. In *The Writings of Melanie Klein*. London: Hogarth Press, (1975).

Kohut, H. (1971). *The Analysis of the Self: A Systematic Approach to the Psychoanalytic Treatment of Narcissistic Personality Disorders*. New York: International Universities Press.

Kohut, H. (1984). *How Does Analysis Cure?* Chicago: University of Chicago Press.

Kudiyarova, A. (2013). Psychoanalysis using Skype. In J.S. Scharf (Ed.), *Psychoanalysis Online* (pp. 183–193). London: Karnac.

Lunn, S. (2002). The psychoanalytic room. *Scandinavian Psychoanalytic Review, 25*: 135–142.

Lombard, M., & Ditton, T. (1997). At the heart of it all: The concept of presence. *Journal of Computer-Mediated Communication, 3*(2).

Mazri, A., & Fiorentini, G. (2017). Light and shadow in online analysis. In J. S. Scharf (Ed.), *Psychoanalysis Online 3* (pp. 65–83). London: Karnac.

Melamed, L. (2013). Close to home: Privatization and personalization of militarized death in Israeli home videos. *New Cinemas: Journal of Contemporary Film, 11*(2–3): 127–142.

Mitchell, S.A. (2000). *Relationality: From Attachment to Intersubjectivity*. New Jersey: The

Analytic Press.

Mitchell, S.A., & Black, M.J. (1995). *Freud and Beyond: A History of Modern Psychoanalytic Thought*. New York: Basic Books.

Mizrahi, C. (2017). The analyst's closeness in long-distance psychoanalysis. In J. S. Scharf (Ed.), *Psychoanalysis Online 3* (pp. 65–83). London: Karnac.

Parsons, M. (2007). Raiding the inarticulate: The internal analytic setting and listening beyond countertransference. *The International Journal of Psychoanalysis*, *88*: 1441–1456.

Quinodoz, D. (1992). The psychoanalytic setting as the instrument of the container function. *International Journal of Psycho-Analysis*, *73*: 627–635.

Russell, G.I. (2015). *Screen Relations: The Limits of Computer-Mediated Psychoanalysis and Psychotherapy*. London: Karnac Books.

Suler, J.R. (2000). Psychotherapy in cyberspace: A 5-dimension model of online and computer-mediated psychotherapy. *CyberPsychology and Behavior*, *3*: 151–160.

Wagner, B., Horn A., & Maercker A. (2014). Internet-based versus face-to-face cognitive-behavioral intervention for depression: A randomized controlled non-inferiority trial. *Journal of Affective Disorders*, *152*: 113–121.

Winnicott, D.W. (1952). Psychosis and child care. In *Collected Papers* (pp. 219–228). New York: Basic Books, 1958.

Winnicott, D.W. (1963). *The Development of the Capacity for Concern. Bulletin of the Menninger Clinic*, *27*: 167–176.

Winnicott, D.W. (1969). The use of an object and relating through identification. In *Playing and Reality* (pp. 86–94). California: Psychoanalytic Electronic Publishing.

第六章

心理治疗中的网络督导

迈克尔·彭宁顿，瑞奇·巴顿，希瑟·卡塔菲斯

本章旨在提供一个关于心理治疗中的网络督导的文献现状概述，重点放在系统的网络督导上。本章将：（1）提供网络督导的历史背景，（2）回顾网络督导的定义和概念化，（3）讨论网络督导关系的启动和维持的组织工作，（4）检查网络督导的各种形式和平台。此外，与网络督导相关的伦理和法律风险考虑将贯穿本章。之所以这样做，是希望对计划从事网络督导的治疗师来说，本章可以作为一个学习的资源。

网络督导的历史

美国婚姻和家庭治疗协会（American Association for Marriage and Family Therapy，AAMFT）在 2001 年夏天发布了其第一批网络督导文件，当时线上治疗还处于初始阶段（Bacigalupe, 2010）。这些文件提出了有关网络督导的潜在伦理后果以及视频会议作为一种督导的潜在手段的一些问题（Fialkov et al., 2001; Greenwalt, 2001）。相邻的精神卫生领域也在关注与主要通过线上媒介提供督导和治疗相关的法律和伦理问题。因此，这导致了对通过技

术提供的治疗和督导与传统的治疗和督导的比较（在数量和质量上）的探索（Panos et al., 2002）。这些讨论很大程度上是对这一时期快速的技术进步以及《医疗保险可迁移性和问责法案》（Health Insurance Portability and Accountability Act of 1996, Pub. L. No. 104-191, 110 Stat.1936）的法律实施的回应。尽管一些结果喜忧参半，但研究在很大程度上发现技术（例如电子邮件或短信）可以加强传统的督导，而且网络督导可以作为一种与传统督导同等的体验来使用（Chapman et al., 2011; Clingerman & Bernard, 2004;Nelson, Nichte & Henriksen, 2010; Stebnicki & Glover, 2001）。

尽管《医疗保险可迁移性和问责法案》的实施迫使整个精神卫生行业对网络督导的伦理和法律的理解发生了巨大的转变，但督导中技术的使用对系统督导并不陌生。基础家庭治疗培训使用现场督导作为同步督导的一种主要形式，为治疗师学习如何邀请来访者参与提供了即时的反馈（Bernard & Goodyear, 2014）。现场督导最初是在治疗师和来访者所在的同一房间中进行的，后来改为在一面单向镜后面（Bernard & Goodyear, 2014; Jordan & Fisher, 2016）进行。随着技术的进步，现场督导转变为“原始的”督导（Bernard & Goodyear, 2014; Boyle & McDowell-Burns, 2016），它继续包含传统的现场督导形式，增加了视频或音频记录的使用，因此治疗既可以实时观看（同步），也可以录制下来留待以后督导时回顾（异步）。这种形式的现场督导允许督导师在一个完全不同的房间或不同的地理位置以数字化的方式观看治疗。此外，增强型视频录制软件现在允许督导师同时观看多次治疗（尽管一次只能听一节治疗）。有些督导师选择参与延迟的反馈，只在某次治疗结束后才对这次现场的治疗提供反馈；然而，有些督导师会打断治疗提供即时的反馈（Bernard & Goodyear, 2014; Boyle & McDowell-Burns, 2016）。在家庭治疗培训的早期，现场督导可能是有干扰性的，因为督导师会敲门打断治疗，强迫治疗师“暂停”；然而，随着新技术的发展，督导师能够使用电话、“耳朵中的窃听器”（Bernard & Goodyear, 2014; Boyle & McDowell-Burns, 2016; Jordan & Fisher, 2016）和即时消息 / 短信（Bernard & Goodyear, 2014）更加无缝地打断治疗。

罗斯马涅、阿巴斯、弗雷德里克森、亨宁和陶布纳（Rousmaniere, Abbass, Frederickson, Henning, & Taubner，2014）强调，督导中向越来越多地使用技术的转变正在快速发生。截至 2013 年，督导师已经在几乎所有的治疗方法中通过视频会议提供培训，包括情绪聚焦治疗、认知行为治疗、辩证行为治疗、接纳与承诺疗法和眼动脱敏治疗（Rousmaniere et al., 2014）。在培训项目中，大多数认证机构都认证了利用远程学习作为一种主要的督导手段的临床项目（COAMFTE.org, n.d.; CACREP.org, n.d.）。而且，美国心理学协会（American Psychological Association，APA）的认证委员会（Commission on Accreditation，CoA）规定，在心理学项目中，最多 50% 的督导可以是网络督导（CoA,2010）。此外，在培训未来的督导师时，美国婚姻和家庭治疗协会规定督导监测应该包括“现场或录制的督导过程”（AAMFT, 2016，p.9）以及督导应该包括至少 20% 的原始数据（AAMFT, 2016）。

通过研究当前与网络督导相关的指南，我们得出三个主要原则：（1）我们必须遵守适用的伦理守则和法律 / 法规，（2）我们必须服从《医疗保险可迁移性和问责法案》，（3）督导师必须能胜任这种形式的督导（AAMFT, 2015; ACA, 2014; CoA, 2010）。此外，无论是哪个特定的精神卫生专业，大家一致认为“确定技术传递是否符合适用的伦理和法律的责任落在”网络督导中的督导师身上（AAMFT, 2014: 9）。虽然这些主要原则很简单，但理解如何在伦理和法律上遵守它们的细微之处可能是有挑战性的，因为美国各州适用的法律各不相同，许多州并没有关于网络治疗或督导的特定的法律指南（Pennington, Patton, Ray, & Katafiasz, 2017）。不仅如此，关于对网络督导的伦理胜任力的指导力度，不同的专业组织的伦理守则也不一样（AAMFT, 2015; ACA, 2014; APA, 2017）。本章接下来的部分将更清晰地定义网络督导，并讨论有关网络督导的潜在伦理关切，特别是当我们考虑使用不同技术形式的网络督导时。下面的内容只是一个概述，如果读者想了解更深入的关于网络督导的讨论，请参考罗斯马涅和伦福儒－米歇尔的文章（Rousmaniere & Renfro-Michel，2016）。

网络督导的概念化

美国心理学协会的认证委员会将网络督导定义为“通过同步音频或视频格式对心理服务进行的临床督导，其中督导和受训者不在同一个物理场所中（CoA, C.28, 2010）”。其他专业协会进一步将网络督导定义为还包括“非同步的双向交流，包括但不限于电话、视频会议、电子邮件、短信、即时消息和社交媒体（AMFTRB, 2016，p.16）”。增加非同步元素表明，任何利用技术的督导都应该被视为网络督导。然而根据文献综述，将网络督导与被技术加强的督导分区开的督导的主要方面是距离的问题（Carlisle et al., 2017）。

具体来说，美国心理学协会的认证委员会区分了网络督导和亲身督导，后者被定义为“督导师和受训者物理上处于同一个房间的对心理服务的临床督导”（CoA, C.28, 2010）。当督导师和被督导者在地理上处于不同位置，无法实现躯体会面，因而产生的督导就被认为是“远程”或网络督导。此外，对网络督导的理解是，它主要是利用技术手段发生的。虽然传统的督导以前以其面对面的成分以示区别，但随着视频会议软件的出现和广泛使用，面对面的督导不再受到督导师与被督导者之间的物理距离的限制（Carlisle et al., 2017）。

网络督导的过程

技术的出现赋予了督导师跨越物理督导固有的物理界限的能力（如地理位置），并进入一个线上世界。尽管传统的督导过程和网络督导过程有许多相似之处，但在网络督导中需要额外考虑许多相当微妙的方面。因此，督导师需要考虑以下问题：（1）制定督导协议和建立关系，（2）网络督导的形式，（3）技术平台，（4）维持治疗关系，以及使用网络督导的总体好处和挑战。当我们检查网络督导过程时，我们还必须考虑网络督导中的伦理和法律关切。在对婚姻家庭治疗、心理学、咨询和社会工作领域的现有文献的回顾的基础上，我们确定了以下四个需要思考的伦理和法律领域：（1）了解当前在督导中对技术的使用的专业指南，（2）遵守伦理指南，（3）确保保密和安全，（4）发展和抱持督导关系。了解这些与网络督导相关的主要因素以及相关的伦理和法律关切，可以帮助督导师以更加掌握情况的角度来接触网络督导。

为督导制定协议：建立关系

随着技术的不断发展和进步，督导师和被督导者都需要学习如何有效地使用这些方法，但是督导师要负责促进这个过程（Boyle & McDowell-Burns, 2016; Layne & Hohenshil, 2005; Rousmaniere et al., 2014; Vaccaro &

Lambie, 2007; Watson, 2003)。虽然被督导者应该有使用这种技术的背景，但培训被督导者在督导中使用这种特定的技术（如视频会议软件）是督导师的伦理义务（AAMFT, 2015）。督导师和被督导者也应该通过为督导准备的技术平台参与模拟或角色扮演，这么做也是被鼓励的。这可以确保过程顺利进行，而且所有的参与者（1）都了解他们的角色，（2）都有时间熟悉技术，以及（3）能够解决他们可能遇到的任何问题（Rousmaniere et al., 2014）。

一旦合格的网络督导胜任力被确定，被督导者也得到充分的培训，督导师就可以开始督导的组织工作。从程序上说，督导师应该使用用户名和密度登录视频会议软件，然后邀请被督导者也这样做。有关网络督导中视频会议的物理设置的更多信息，请参阅罗斯马涅等人的文章（Rousmaniere et al., 2014）。

督导师被要求确保在确定物理空间时，它是安全的和符合《医疗保险可迁移性和问责法案》的，因此关于被督导者和来访者的保密信息的讨论是受到保护的。我们来看一个例子。

梅琳达是一名40岁的西班牙裔女性，史蒂夫是一名23岁的非洲裔男性。在过去一年里梅琳达一直是史蒂夫的婚姻家庭治疗督导师。梅琳达和史蒂夫通过亲身的方式和一种获得支持的线上平台进行督导，两个人在督导中对使用技术都很舒服和胜任。当梅琳达开始对史蒂夫的督导时，而且每次他们进行网络督导时，梅琳达都会向史蒂夫核实他的位置是否私密，以确保不会违反保密原则。史蒂夫和梅琳达通常都在他们的办公室进行督导，门关着，开着一个白噪声发生器；然而，当其中一人或两人都在家时，有时他们会进行网络督导。

如果我们在家工作，我们的家人打断我们的工作是很常见的，所以制定督导中的协议很有必要，这样所有参与者都知道在这种情况下该如何应对。无论在哪里（家里或单位），督导都应在一个封闭、私密、不被他人看到或听到的地方进行（Glosoff et al., 2016）。在上述例子中，当史蒂夫或梅琳达需要在家进行网络督导时，他们需要创建协议以确定一个私人空间来开始网络督导过程，戴上耳机以防亲朋好友听到，而且如果有亲友在网络督导期间进入房间，就需要暂停对话。

网络督导要取得成功，督导师和被督导者之间的沟通必须是具体的和建立在信任的基础上的。之前的研究报告称，利用技术进行网络咨询可以对参与者之间的交流和社交情绪信息的传递产生重大影响，文本被阅读时要比通过视听媒介呈现时更充满情绪（Wilczenski & Coomey, 2006）。同样的过程也可能发生在网络督导中。格罗索夫、伦福儒-米歇尔和纳加拉贾（Glosoff, Renfro-Michel, & Nagarajan，2016）强调，有效的督导关系需要一种协作、信任的关系，督导关系中包含的技术可能会影响督导关系中联盟和融洽关系的发展和维持。再看一下梅琳达和史蒂夫的例子。

梅琳达给史蒂夫发送了这样一条短信："我非常需要和你谈谈。"在这个例子中，梅琳达打算告诉史蒂夫她需要和他谈谈，因为她意外地需要重新安排督导时间。然而，这一信息的内容可以以不同的方式来解读，因为音调变化很难通过文本来传递。史蒂夫很容易把这条消息错误地理解为比它想要传递的更充满情绪，比如有紧急情况或他做错了什么。

格罗索夫、伦福儒-米歇尔和纳加拉贾（Glosoff, Renfro-Michel, &

Nagarajan，2016）提供了在发展和维持督导关系时需要考虑的几个策略，包括了解提供有效督导所需的技能，对使用的技术有扎实的理解，理解如何将有效的督导技能与技术使用相结合。此外，哈伯斯特罗和达菲（Haberstroh & Duffey，2015）直接讨论了使用网络督导时发展和维持督导关系的建议。他们的建议包括关注和镜映被督导者的书写风格，专业地加入为督导创造的空间，能够胜任技术的使用，以及有意识地关注督导关系。让我们看一下另一个来自梅琳达和史蒂夫的例子。

作为督导关系的一部分，梅琳达和史蒂夫同意，在亲身督导之间，根据需要使用异步督导，特别是电子邮件。史蒂夫周一给梅琳达发送了下面的邮件。

亲爱的梅琳达：

我有一个督导问题，我希望在下次见面之前处理。我昨天见了一个家庭，触发了我们一直在讨论的治疗师的自体问题。我想讨论一些理解我自己的反应的策略。任何建议都非常感谢。

史蒂夫

梅琳达在几天后，也就是周五，回复了下面的邮件。

嘿，史蒂夫，

那真是糟透了！我希望你现在一切都好。☺ 你试过我们之前讨论过的其他策略吗？

梅琳达

在这个实际的例子中，梅琳达没有遵循为了维护督导关系而概述的所有策略。例如，她没有以及时的方式回复，她没有镜映被督导者的语言，她没有关注被督导者的要求。通过考虑我们沟通和支持被督导者的方式中所涉及的许多细微之处，督导师关注督导关系的发展和维护是极其重要的。多元文化的考虑是另一个与维持督导关系相关的重要因素。多个学者也明确了多元文化问题是如何全面地影响督导关系的，以及作为有效的咨询和督导的先决条件，具有文化胜任力的督导实践的重要性（Baltrinic et al., 2016）。巴尔特尼克、奥哈拉和简修斯（Baltrinic, O'Hara, & Jencius，2016）明确了几个在网络督导中保持文化胜任力的指导指南，包括：（1）通过分享你的世界观向你的被督导者示范，（2）在督导关系中给予足够多的时间和空间发展对你的被督导者的世界观的理解，（3）在督导交流中开放、持续地讨论文化，（4）继续你自己的多元文化培训，以及（5）继续你的督导培训。

网络督导形式

在过去的 10 ~ 15 年里，广泛地用于督导技术的独立运行的硬件已经与软件融合了。设备现在被设计成连接着的。这种连接是持续的，并且通过共享数据、自动更新以及潜在地、社交性地能为大量的用户所获得的能力，始终保持交流。许多这些优化使得整合督导的组织工作变得更容易（Nagel & Anthony, 2016; Rousmaniere, 2014)，或在网络督导过程中允许使用多种沟通方式，包括电子邮件、短信、即时通信、视频会议等（Arnekrans et al., 2014; Negal & Anthony, 2016; Rousmaniere, 2014; Stokes, 2016）。然而，在处理这些进展之外，在选择督导形式时我们还需要考虑许多额外的细微之处。

同步和异步

在网络督导中使用的交流技术，其不同的形式可以以两种方式来划分：

同步和异步（Bender & Dykeman, 2016; Vaccaro & Lambie, 2007）。同步的交流是实时完成的，即通过即时消息或文字聊天、音频聊天、电话、视频会议等。异步交流是在延迟的时间内完成的，如通过电子邮件、网上讨论区、电子邮件列表等。美国婚姻和家庭治疗教育认证协会与美国婚姻和家庭治疗协会都要求网络督导是同步的（如实时的），而美国心理学协会的认证标准对网络督导这方面没有具体的标准（CoA, 2010; SoA, 2017）。然而，这些表述都是一般性的，有待进一步解释。文献指出，从这一点上来看，网络督导过程发挥作用的方式和物理督导是类似的（Carlisle et al., 2017）。在了解到仍有一些领域无法完全从物理督导转化为网络督导后，作者们希望提醒督导师和被督导者要确保他们有一个明确和建立好的网络督导方案。关于在此提到的网络督导形式，电子邮件和即时消息（或其他基于文本的聊天）以及视频会议似乎是最流行的开展网络督导的方式，下面将进行详细讨论（Chapman et al., 2011; Rousmaniere, 2014; Stokes, 2016）。

电子邮件

基于电子邮件的交流已被用作一种主要的督导形式，同时也与其他同步和异步形式相结合。由于电子邮件可以让信息在督导师和被督导者之间不断地流动，因此它非常有帮助。它还可以作为一个内置的文件柜，因为记录可以保存在一个特定的收件箱或智能文件夹中，并且可以随时访问。研究表明，在团体督导会议中使用电子邮件的被督导者，可以感受到督导师更多的支持，并报告说，由于允许访问的水平的提高，被督导者和督导师之间交流的紧张程度下降了（Chapman et al., 2011）。被督导者还报告说，对在会议中暴露自己的感受感到更舒服，而且更希望所有的参与者都能澄清想法（Chapman et al., 2011）。电子邮件还可以让督导师和被督导者及时回复对方，特别是在讨论需要从多个来源获得反馈的关键问题的过程中。此外，对于所有参与者来说，无论是个体还是团体督导，在案例讨论中平等地参与的能力有所提高，进而加强了概念化（Chapman et al., 2011; Stebnicki & Glover, 2001）。

克林杰曼和伯纳德（Clingerman & Bernard，2004）指出，经常使用电子邮件是有帮助的，但帮助的程度不确定。这可能是因为它是延时的；由于与书写文本相关的语言障碍，可能会带来试图参与有意义的讨论方面的困难。保密性是另一个问题。由于信息可能被他人看到，尤其是使用的计算机或设备是公用的时，完全保护电子邮件信息是做不到的。为了避免这种情况，在对督导师和被督导者进行培训时，应该列出电子邮件的界限，并让包括来访者在内的所有相关方签署一份安全储存电子邮件的知情同意书。消息也应该通过安全的网络发送，并且应该加密（Mallen et al., 2005; Vaccaro & Lambie, 2007; Watson, 2003）。

聊天或即时通信

基于聊天的交流被认为是同步的，这是指任何类型的通过蜂窝网络在设备之间从一个人到另一个人的、基于文本的收发消息或短信。即时消息是通过一种以电子方式发送或接收消息的系统或软件应用来传递的文本交换，如苹果公司的 iMessage[①]。聊天交流也可以指“聊天室”交流，在这种交流中，连接到同一平台或聊天频道的多个用户可以同时相互交流（Arnekrans et al., 2014）。

这种形式的网络督导在工作和团体网络督导的环境中有一种真正的好

① 美国苹果公司推出的即时通信软件，可以发送短信、视频等。——译者注

处。在团体督导中，督导师利用聊天 / 短信平台，如 iMessage、messenger①或微信②，可以邀请被督导者通过一种所有成员都可以实时参与的特定渠道加入团体聊天。如果多个被督导者使用不同的平台，这也可以在群组消息中实现（例如，iPhone③ 的 iMessage 或 Pixel④ 的安卓 Messenger；Nagal & Anthony, 2016）。

在督导中使用聊天和即时通信技术也带来了对保密性的挑战。加密是关键，现在聊天比较容易做到，因为大多数聊天平台都内置了加密工具。研究也表明，在团体或机构环境中使用这种技术用于督导，对被督导者来说，被认为是一种促进社群感和感到获得他人支持的方式（Anthony & Goss, 2009; Nagel & Anthony, 2016; Vaccaro & Lambie, 2007）。

视频会议

视频会议是网络督导实践中应用最广泛的新技术。视频会议最初的构想是用作一种网络督导工具为偏远或农村地区的受训者或专业人员提供服务。然而，由于容易获取，它目前在几乎所有主要的治疗环境中，包括该领域的学生、受训者和专业人员，都被用于提供督导和培训（Rousmaniere et al., 2014）。它的使用使得临床治疗师可以从多个地点的专家那里接受培训，这些地点甚至彼此之间相距很远。当被督导者分散在许多地点时，督导师仍然可以在一个中心位置工作（Caldwell, 2016）。最近的软件优化能允许在许多地点同时进行视频会议。视频会议应用中也可以使用录制的功能，这样督

① 美国微软公司推出的一款即时通信软件，支持文字聊天、语音对话、视频会议等即时交流。——译者注

② 中国腾讯公司推出的一个为智能终端提供即时通信服务的免费应用程序。——译者注

③ 美国苹果公司的搭载 iOS 操作系统的系列手机产品。——译者注

④ 美国谷歌公司的一款手机。——译者注

导师可以在进行现场督导的同时回顾治疗过程（Abbass et al., 2011）。这在团体督导中是非常有帮助的，因为督导师可以在观看录制的治疗过程时与多名被督导者进行交流和处理。

研究指出，由于作为一种网络督导形式的视频会议技术的新颖性，当前的趋势似乎是在看它是否能与传统的督导相当（Rousmaniere, 2014; Rousmaniere et al., 2014）。迄今为止有限的研究表明，它对个体和团体督导以及教学都是有效的（Jencius & Sager, 2001; Rees et al., 2009; Rousmaniere et al., 2014）。根据罗斯马涅等人（Rousmaniere et al., 2014）的研究，被督导者报告通过视频会议与督导师保持相对较远的距离让他们感到安全，这被发现增加了他们的自我暴露水平并降低了抑制。

已经有研究认为使用视频会议对于跨文化和国际的督导是一种有效、正式的督导（Panos et al., 2002)。然而，由于督导师和被督导者之间的物理距离，文化上的错误交流可能会增加（Powell & Migdole, 2012; Rousmaniere et al., 2014）。让我们来看一下另一个例子。

> 尽管对梅琳达和史蒂夫来说不太存在错误交流的挑战，梅琳达和另一个被督导者纱子开始了网络督导，纱子的母语是日语，但她的英语也很流利。梅琳达和纱子用英语进行督导，这有时会造成沟通上的挑战。梅琳达必须更加地小心她所传递的信息，无论是在书面交流还是言语交流中，以确保与纱子的沟通明确和直接。

其他担忧还包括这种方式可能不像传统的督导那么有效（Sholomskas et al., 2005）。督导师或被督导者无法通过电子交流来理解非言语线索，以及在被督导者中焦虑增加的可能性，都可能存在（Rousmaniere et al., 2014; Sørlie et al., 1999）。

对于参与者是否理解他们自己所在州的关于通过视频会议进行网络督导的法律和法规，这在伦理和法律上都是一个问题。这种不确定性给督导师和被督导者制造了一个可能的伦理灰色地带，各方都应检查和熟悉当地的法律和管理委员会，当出现问题时可以向他们咨询（Abbass et al., 2011; Rousmaniere, 2014; Rousmaniere et al., 2014）。

与其他技术一样，视频会议也受到可靠性问题的困扰。有时它可能出现故障，因此督导师必须准备好一个备用或替代方案，使督导可以继续。考虑到软件公司的员工可能会窃听正在进行的治疗，因此也存在对保密性的担忧。这种担忧可以通过使用符合《医疗保险可迁移性和问责法案》标准的软件来缓解，文献中提到的软件正变得越来越便宜和普遍（Rousmaniere, 2014; Rousmaniere et al., 2014）。

网络督导注意事项：维护督导关系

库佐、刘易斯和西摩尔（Coursol, Lewis, & Seymour，2016）认为，一旦网络督导的组织工作和实际的“点对点”连接建立起来，即督导师和被督导者通过视频会议软件进行交流，那么网络督导就可以以和传统督导相同的方式开始。文献建议督导师以一种混合的网络 / 传统模式加入来促进督导，因为这会增加督导的灵活性和可获得性。

随着督导过程的继续，督导师必须确保他们不仅要坚持网络督导过程的组织，而且当被督导者经历督导体验的多个阶段时，他们要跟随被督导者的发展进步（Arnekrans et al., 2014; Bernard & Goodyear, 2014; Chapman et al., 2011; Rigazio-Digillio, 2016）。雷加杰罗－蒂吉利欧（Rigazio-Digillio, 2016）指出，督导会经历一系列的七个阶段，其中第二、第三、第四和第五阶段具体讨论了督导师如何与被督导者建立和维护关系。督导师可以根据所处理的督导问题，选择在什么时候使用某些形式的网络督导实践。格拉夫和斯泰伯尼基（Graf & Stebnicki，2002）建议，当使用会议视频时，督导师需要确保网络督导中的角色和期望应该是非常结构化和稳固的。这可以通过传统方法、网络督导或两者结合来实现。例如，当梅琳达作为当时的治疗师评估史蒂夫的成长时，她提供了一份史蒂夫可以研究的书面评估，他们可以通过电子邮件进行讨论，还可以通过视频会议促进面对面的讨论。因为创建一个网络督导的“最佳实践”标准协议尚处于起步阶段，如何维持网络督导关系在很大程度上就留给参与者自行斟酌了（Rousmaniere, 2014）。

督导平台：技术

随着技术的不断变化，督导师需要了解他们有哪些选择，以及将它们用于网络督导是否安全。罗斯马涅（Rousmaniere，2014）提到通过“工具箱”模式进行的更为机械的选择，在工具箱中，网络督导的“工具”包括录像机和录音机。用于督导的工具是基于临时的需要；其他工具会被抛到一边，或者根本不会被使用。然而，随着技术变得更加地与软硬件协同工作相整合，以及“智能”设备的出现，工具箱的类比就不再完全适用了（Rousmaniere, 2014）。此外，工具箱类比可能具有欺骗性，因为现在的设备都是在前台和后台不断地运行着软件程序的，并且与互联网相连，因此永远不会真正地关闭。文献已经做出了区分，这个类比可以改为将这种“永远在线”的技术看成“技术生态系统”（Mantovani, 1996; Rousmaniere, 2014）。鉴于当今技术不断变化的性质，不断更新自己对所使用技术的知识，在如何保持使用它们时的保密性和私密性的背景下来探索这些技术，是非常重要的（Glosoff et al., 2016）。

以前的学者已经提出了使用互联网作为督导媒介的多种伦理和法律挑战（如 Baltrinic et al., 2016; Bloom, 1997; Glosoff et al., 2016; Wilczenski & Coomey, 2006），以及文献中常见的与保密性和安全相关的问题。此外，在使用技术时违反保密性可能与技术有关和/或基于人为错误，因此，在技术使用的背景下督导师理解如何保持保密性是非常重要的。格罗索夫等人（Glosoff et al.，2016）指出，网络督导的使用给保护来访者和被督导者的保密性增加了额外的复杂性，了解并以保护来访者和被督导者信息的方式开展工作最终是督导师的责任。文献建议，督导师需要确保所有形式的交流都是加密的，并且符合《医疗保险可迁移性和问责法案》的要求。互联网连接应该通过一个私营服务器或一个值得信任的互联网服务提供商（Internet Service Provider, ISP），和/或利用虚拟私营网络（Virtual Private Network, VPN; Coursol et al., 2016; Rousmaniere, 2014）。所有参与者也应该能够通过 VPN 连接，并都拥有自己唯一的用户名和密码。此外，督导师需要考虑设备的安全性、密码和接入点的强度和结构，以及如何符合伦理地使用社交软件和视频会议（Rousmaniere & Kuhn, 2016）。对于视频会议，研究人员建议配备一台设备，可以连接互联网，有可以结合使用的、内置或单独使用的麦克风和摄像头。库佐等人（Coursol et al.，2016）列出了可供选择的视频会议平台：Vsee，Adobe Connect，Apple FaceTime（符合《医疗保险可迁移性和问责法案》)，Cisco Jabber，Cisco TelePresence，CitrixWebEx[①]，等等。这些应用都允许多个用户之间的实时互动。这些平台中许多也都有内置网络督导组件的远程治疗选项。因此，它们可以同时用于其中一个或两个目的。要了解对视频会议软件更详细的分类，请参阅罗斯马涅的文章（Rousmaniere，2014）。

网络督导的利弊

网络督导具有和传统督导不同的独特优势和局限性。在组织工作方面，网络督导具有日程安排上的方便性，可以促成更有成效的督导。此外，网络督导还可能更有效地利用时间，因为督导师可以安排对各方来说都方便的会议，既不必花额外的时间在路上，也不必经常应付日程的改变（Watson, 2003）。被督导者能体验到更喜欢的督导环境 / 地点，也可以向更多的处在不同地理位置的督导师学习（Stokes, 2016）。这可以为被督导者提供获得更多的多元文化督导的机会。可携带性也是一个优势。智能设备可以减少花在抵达某个物理地点的路上的时间，从而有更多的时间用于督导（Chapman et al., 2011; Watson, 2003）。

文书工作的完成也能通过网络督导得到帮助，因为通过网络可以快速和方便地获得来访者和被督导者的记录。电子邮件还有一个额外的优势，它可以留下参与者之间的所有交流的书面记录，包括附件（Stebnicki & Glover, 2001）。文献还表明，网络督导在旅行成本、课程费用等方面对被督导者来

① 以上平台都属于视频会议平台。——译者注

说更具成本效益。这种成本效益可以通过向更广泛的学生，包括远程地向国际学生提供服务而扩展到机构（Chapman et al., 2011; Watson, 2003）。

文献已经指出网络督导围绕着网络督导所需的技术费用方面的局限性。即使出现了可用于督导的多种平台，有些还是很贵的。对于无法提供必要的资金的督导师和被督导者来说，费用可能是一种抑制因素（Rousmaniere, 2014; Vaccaro & Lambie, 2007; Watson, 20030）。另一种局限性涉及督导师和被督导者都需要在技术使用上很熟练，也许并不总是可能或容易地去教会任何一方如何使用技术。在使用技术时，训练不足可能导致违反保密性（Vaccaro & Lambie, 2007）。可获得性被认为既是局限也是优势，这一点是独特的；网络督导可以为在农村和 / 或偏远地区执业的被督导者提供直接的督导服务（Chapman et al., 2011; Watson, 2003）。

虽然最近的文献已经指出网络督导是一种有效的督导方法（如 Rousmaniere, 2014; Rousmaniere et al., 2014），华生（Watson，2003）认为双方之间缺乏身体或面对面的互动是这一过程的缺点。如果没有让身体互动发生的能力，参与者可能无法处理非言语线索。这可能导致错误交流和误解，从而阻碍他们彼此交流的丰富和深入（Bender & Dykeman,2016; Vaccaro & Lambie, 2007）。随着文献不断地扩展更有效的网络督导方法，有一个不利因素会影响这一过程，即对于督导师来说缺乏一套实施的具体指南，指导他们符合伦理地进行网络督导（Vacarro & Lambie, 2007）。由于网络督导的前景在不断发展，因此在督导培训中加入更多的关于技术作为一种进行督导的媒介的讨论，可能对督导培训是有帮助的。

总结

本章旨在对心理治疗中的网络督导提供一个概述。本章首先简要地介绍了网络督导的历史。我们确认了网络督导的概念化并讨论了网络督导的过程。在本章中，我们指出了督导师在督导、技术以及两者之间的交集的总体重要性。网络督导尚处于其相对的起步阶段，如果我们作为系统的督导师考虑将其作为一种可行的媒介，我们需要更多的研究和知识来直接处理网络督导的问题，因为它们直接关系到我们精神卫生专业。也许，我们首先需要问自己："我们是不是出于对新技术的恐惧而没有检验这种新的实践？"如果是的，那么我们必须考虑，正如罗斯马涅等人（Rousmaniere et al., 2014）所做的，这是否会限制我们的机会，甚至将伴随技术成长起来的新督导师拒之门外？如果不是，那么我们应该把自己视为新技术前沿的创新者和探索者，推动自己看到互联网技术的更广阔的图景，而不是让自己受地理位置的限制。利用互联网作为进行督导的场所会创造许多机会。正如格罗索夫等人（Glosoff et al., 2016）所说，"相反，他们（遵守伦理的督导师）渴望通过理解那些构成指南基础的伦理原则和美德，将坚实的理论和研究应用于他们的督导，来符合这些标准的精神（p.34）"，我们鼓励读者考虑如何在符合我们的专业指南、研究和理论的精神的背景下开展网络督导。

参考文献

AAMFT (2015). Code of Ethics.

AAMFT (2016). Approved supervisor designation: Standards handbook.

Abbass, A., Arthey, S., Elliott, J., Fedak, T., Nowoweiski, D., Markovski, J., & Nowoweiski, S. (2011). Web-conference supervision for advanced psychotherapy training: A practical guide. *Psychotherapy*, *48*, 109–118.

AMFTRB (2016). Teletherapy Guidelines.

Anthony, K., & Goss, S. (2009). *Guidelines for Online Counselling and Psychotherapy including Guidelines for Online Supervision*, 3rd edition. Lutterworth: BACP.

Arnekrans, A., DuFresne, R., Neyland, L., & Rose, J. (2014, November). Inclusion of technology in supervision: ethical pitfalls and best practices. Poster presented at the All Ohio Counselors Conference, Columbus, OH.

Bacigalupe, G. (2010). Supervision 2.0: E-supervision a decade later. *Family Therapy Magazine*, January–Februiary, 38–41.

Baltrinic, E.R., O'Hara, C., & Jencius, M. (2016). Technology-assisted supervision and cultural competencies. In Roussmaniere, T., & Renfro, E. (Eds), *Using Technology to Enhance Counselor Supervision: A Practical Handbook*. Alexandria, VA: American Counseling Association Press.

Bender, S., & Dykeman, C. (2016). Supervisees' perceptions of effective supervision: A comparison of fully synchronous cybersupervision to traditional methods. *Journal of Technology in Human Services*, *34*(4): 326–337.

Bernard, J.M., & Goodyear, R.G. (2014). *Fundamentals of Clinical Supervision*, 5th edition. Upper Saddle River, NJ: Pearson.

Bloom, J.W. (1997). NBCC webcounseling standards. *CTOnline*.

Boyle, R., & McDowell-Burns, M. (2016). Modalities of marriage and family therapy supervision. In K. Jordan (Ed.) *Couple, Marriage, and Family Therapy Supervision*. New York: Springer Publishing Company.

CACREP (n.d.). Directory of accredited programs.

Carlisle, R., Hays, D., Pribesh, S., & Wood, C. (2017). Educational technology and distance supervision in counselor education. *Counselor Education & Supervision*, *56*: 33–49.

Chapman, R., Baker, S., Nassar-McMillan, S., & Gerler Jr., E. (2011). Cybersupervision: Further examination of synchronous and asynchronous modalities in counseling practicum supervision. *Counselor Education & Supervision*, *50*: 296–313.

Clingerman, T., & Bernard, J. (2004). An investigation of the use of e-mail as a supplemental modality for clinical supervision. *Counselor Education & Supervision*, *44*: 82–95.

COAMFTE (n.d.). Directory of accredited programs.

COAMFTE (2017). Accreditation standards: Graduate and post-graduate marriage and family therapy training programs (v. 12).

Coursol, D., Lewis, J., & Seymour, J. (2016). Cybersupervision: supervision in a technological age. In S. Gross (Ed.) *Technology in Mental Health: Applications in Practice, Supervision and Training*. Springfield, IL: Charles C. Thomas.

Fialkov, C., Haddad, D., & Gagliardi, J. (2001). Face to face on the line: An invitation to learn from online supervision. *Supervision Bulletin*, Summer, 1–3.

Glosoff, H.L., Renfro-Michel, E., & Nagarajan, S. (2016). Ethical issues related to the use of technology in clinical supervision. In T. Roussmaniere, & E. Renfro- Michel (Eds), *Using Technology to Enhance Counselor Supervision: A Practical Handbook*. Alexandria, VA: American Counseling Association Press.

Graf, N.M., & Stebnicki, M.A. (2002). Using e-mail for clinical supervision in practicum: A qualitative analysis. *Journal of Rehabilitation*, *68*: 41–49.

Greenwalt, B. (2001). Cybersupervision: Some ethical issues. *Supervision Bulletin*, Summer, 12–14.

Haberstroh, S., & Duffey, T. (2015). Establishing and maintaining relationships in online supervision. In T. Roussmaniere, & E. Renfro-Michel (Eds), *Using Technology to Enhance Counselor Supervision: A Practical Handbook*. Alexandria, VA: American Counseling Association Press.

Jencius, M., & Sager, D.E. (2001). The practice of marriage and family counseling in cyberspace. *The Family Journal*, *9*: 295–301.

Jordan, K., & Fisher, U. (2016). History and future trends. In K. Jordan (Ed.) *Couple, Marriage, and Family Therapy Supervision*. New York: Springer Publishing Company.

Mallen, M.J., Vogel, D.L., & Rochlen, A.B. (2005). The practical aspects of online counseling: Ethics, training, technology, and competency. *Counseling Psychologist*, *33*: 776–818.

Mantovani, G. (1996). *New Communications Environments: From Everyday to Virtual*. New York: The CRC Press.

Nagel, D.M., & Anthony, K. (2016) Using chat and instant messaging (im) to enrich counselor training and supervision. In S. Gross (Ed.), *Technology in Mental Health: Applications in Practice, Supervision and Training*. Springfield, IL: Charles C. Thomas.

Nelson, J.A., Nichter, M., & Henriksen, R. (2010). On-line supervision and face-to-face supervision in the counseling internship: An exploratory study of similarities and differences.

Panos, P., Panos, A., Cox, S., Roby, J., & Matheson, K. (2002). Ethical issues concerning the use of videoconferencing to supervise international social work field practicum students. *Journal of Social Work Education*, *38*(3): 421–437.

Pennington, M., Patton, R., Ray, A., & Katafiasz, H. (2017). A brief report on the ethical and legal guides for technology use in marriage and family therapy. *Journal of Marital and Family Therapy*, *43*(4): 733–742.

Powell, D., & Migdole, S. (2012). *Can You Hear Me Now? New Frontiers of Clinical Supervision*. Plenary presented at The Eighth International Interdisciplinary Conference on Clinical Supervision, Adelphi University, Garden City, NY.

Rees, C.S., Krabbe, M., & Monaghan, B.J. (2009). Education in cognitive-behavioural therapy for mental health professionals. *Journal of Telemedicine & Telecare*, *15*: 59–63.

Rigazio-Digillio, S.A. (2016). MFT supervision: An overview. In K. Jordan (Ed.) *Couple, Marriage, and Family Therapy Supervision*. New York: Springer Publishing Company.

Rousmaniere, T., & Kuhn, N. (2016). Internet security of clinical supervisors. In T. Roussmaniere, & E. Renfro (Eds.), *Using Technology to Enhance Counselor Supervision: A Practical Handbook*. Alexandria, VA: American Counseling Association Press.

Rousmaniere, T. (2014). Using technology to enhance clinical supervision and training. In E. Watkins & D. Milne (Ed). *The Wiley International Handbook of Clinical Supervision*. Hoboken, NJ: Wiley-Blackwell.

Rousmaniere, T., & Renfro-Michel, E.L. (2016). *Using Technology to Enhance Clinical Supervision*. Alexandria, VA: American Counseling Association.

Rousmaniere, T., Renfro, C., Michel, E., & Huggins, R. (2016). Regulatory and legal issues related to the use of technology in clinical supervision. In T. Roussmaniere & E. Renfro (Eds), *Using Technology to Enhance Counselor Supervision: A Practical Handbook*. Alexandria, VA: American Counseling Association Press.

Rousmaniere, T., Abbass, A., Frederickson, J., Henning, I., & Taubner, S. (2014). Videoconference for psychotherapy training and supervision: Two case examples. *American Journal of Psychotherapy*, *68*(2): 231–250.

Sholomskas, D.E., Syracuse-Siewert, G., Rounsaville, B.J., Ball, S.A., Nuro, K.F., & Carroll, K.M. (2005). We don't train in vain: A dissemination trial of three strategies of training clinicians in cognitive-behavioral therapy. *Journal of Consulting and Clinical Psychology*,

73: 106–115.

Sørlie, T., Gammon, D., Bergvik, S., & Sexton, H. (1999). Psychotherapy supervision face-to-face and by videoconferencing: A comparative study. *British Journal of Psychotherapy*, *15*: 452–462.

Stebnicki, M., & Glover, N. (2001). E-Supervision as a complementary approach to traditional face-to-face clinical supervision in rehabilitation counseling: Problems and solutions. *Rehabilitation Education*, *15*(3): 283–293.

Stokes, A. (2016). Supervision in private practice. In S. Gross (Ed.) *Technology in Mental Health: Applications in Practice, Supervision and Training* (Ch. 33). Spring- field, IL: Charles C. Thomas.

United States. (1996). *The Health Insurance Portability and Accountability Act (HIPAA)*. Washington, DC: U.S. Dept. of Labor, Employee Benefits Security Administration.

Vaccaro, N., & Lambie, G.W. (2007). Computer-based counselor-in-training supervision: Ethical and practical implications for counselor educators and supervisors. *Counselor Education and Supervision*, *47*(1): 46–58.

Watson, J.C. (2003). Computer-based supervision: Implementing computer technology into the delivery of counseling supervision. *Journal of Technology and Counseling*, *3*.

Wilczenski, F., & Coomey, S. (2006). Cyber-communication: Finding its place in school counseling practice, education, and professional development. *Professional School Counseling*, *9*(4): 327–331.

第七章

线上个体治疗的实际操作注意事项

海姆·温伯格，阿尔农·罗尔尼克

将亲身（面对面）会面与线上会面相结合

只要有可能，我们强烈建议在转移到网络空间之前先从一次亲身会面开始。如果这不可能，那么考虑尽快亲身与来访者会面。此外，不定期地提前安排这样的会面（一年两次？）。与来访者（们）讨论各种不同的体验。

会面频率

除非有特殊情况，否则线上会面的频率没有理由和亲身治疗的频率不同。某种程度上，线上治疗保证了更加稳定和持续的与来访者的会面，因为即使来访者出差在外，这种联结还可以继续。关于假期，重要的是不要在治疗师或来访者的假期安排会面，尽管这在技术上是可能的。

在视频会议中与屏幕的距离

这是一个重要的问题，但不是每个人都会关注。是坐在计算机前，这样你的脸（和来访者的脸）和你的部分上半身可以在屏幕上被看见比较好，还是和计算机保持距离、坐在扶手椅中，这样就像来访者在你的治疗室中看到的你一样比较好？同样的问题也适用于来访者：我们是否应该告诉他们坐得离计算机远一点，这样我们就可以看到他们的整个身体，就像我们在治疗室里做的那样（假定我们不在长沙发上做精神分析）。

每种方法都有优点和缺点。靠近计算机坐意味着大部分身体都是看不见的，这增强了那是一个无实体环境的感觉，创造了一种与面对面会面截然不同的体验。另一方面，它提供了一种对面部表情的特写和更好的识别。远离计算机坐使之和“现实”更相似，但这可能意味着否认和模糊线上治疗和亲身治疗是不同的事实。我们也失去了清楚地观察参与互动的人的面部表情的机会。

事实上，根据来访者的需要这个决定可能会改变，对他们来说什么位置是最好的，以及在不同的时间什么位置是最好的，这是可以和来访者协商和讨论的。讨论应该包括座位安排对来访者的隐藏的意义（如，对身体某些部位的羞耻，要看到治疗师的眼睛的需要）。例如，如果你做线上感觉运动治疗，你可以建议来访者远离屏幕，这样你就可以看到他的姿势并对其进行工作。如果你持人际神经生物学的观点，你会要求来访者靠得更近，这样你就能更好地感知他们如何用非言语的方式表达他们的感受。

需要高度专注

线上会面比面对面会面更分散注意力，部分是因为总有可能出现侵入性的电子邮件、电话或其他干扰（如狗叫），部分是因为在屏幕前保持注意力更加困难。治疗师应该采取一种心智（正念）状态，在这种状态下，他高度关注来访者及其需要。这样做的困难应该被视为反移情，应该像在治疗室中的会面一样被探索。这并不意味着我们忽视了对自由联想和幻想的需要。

设置的注意事项

正如导论中提到的，在线上会面中治疗师会失去对设置的控制。我们建议治疗师要确保来访者是在一间安静的房间中会面的，他的隐私是得到严格保护的，而且不要在开车时会面。记住，你必须就线上会面做准备并指导来访者，因为有些我们治疗师认为理所当然的“规则”对来访者来说是陌生的，甚至可能是奇怪的。有些人在床上使用笔记本式计算机或平板计算机。我们不建议以仰卧的姿势进行治疗性会谈。

技术性设置

技术成为设置的一个非常重要的组成部分。来访者不会注意技术要求的重要性，比如一块不能移动的大屏幕。不要使用智能手机来进行治疗会谈，并向来访者解释作为会谈的必要组成部分—— 一个稳定且足够大的画面的重要性。与来访者讨论快速的网络连接的必要性。建议使用入耳式耳机 / 头戴式耳机来防止回授（feedback loop），改善音频对话的质量。

在协议中添加项目

如果你使用的是来访者－治疗师的书面协议，考虑添加一些与网络礼仪相关的条款，比如在治疗过程中不被打断、保证隐私、不分心（和/或在第一次会谈时和来访者讨论这些）。添加关于技术风险和收益的信息。告知在紧急情况下远程干预的能力有限。下面是我们的书面协议的一个例子。

同时连接视频和音频，除非有时做出其他安排；

安排一个保证完全隐私而且不会被打扰的安静的房间。包括在整个治疗过程中不处理电话、电子邮件和短信；

专注于会谈；

每次治疗都从同一个地方进行连接，除非你出差并就变化通知我们。

关于紧急干预的安排

无论什么时候，当你开始和住在其他地方的来访者进行治疗时，事先核查来访者所在社区的紧急联系电话号码，以防万一。你可能还需要考虑获得某个联系人的姓名和电话号码，以备紧急情况出现。当你治疗边缘性或自杀倾向的来访者时，这一点尤为重要。

不要忽略发生在屏幕上和来访者房间中的任何事情

正如导论中提到的，一些发生在治疗室中我们不会忽略的事件（如带一只猫来治疗或在治疗中离开房间），在线上很容易被忽略。就像在治疗领域中的其他事件，这些事件很明显就隐藏在众目睽睽之下，然而不知何故，当涉及线上的细节时，许多治疗师会忘记这一点。要对这些“透明的”事件保持觉察，并将它们纳入相互的探索中。

技术能力

治疗师应该掌握一些技术知识，足以解决一些简单的问题，但不一定要成为专家。有时，因为技术问题获得具备更多专业知识的来访者的帮助，可以平衡权力动力。

技术指导

治疗师应该向来访者发送有关特定技术的技术指导（例如，在 Zoom 中使用“画廊模式”而不是“讲者模式”）。

当技术出现故障时

为技术故障准备一个方案（视频卡住时转为发送文字？打电话？）。

（反）移情和技术困难

当连接变慢或失去连接时，这是谁的“错”？注意因技术困难而“责怪”他人（公开或偷偷地）的倾向。当它发生时，和来访者讨论。

不同的时区

注意不同的时区和不同地理区域的夏令时间，以避免误解和错失治疗。避免错误的一种方法是使用谷歌日历或关于时差的类似应用程序。

背景的一致性

尽可能为治疗保持稳定的背景。在 Zoom 中，你可以创建一个虚拟背景，即使你在旅行时也可以保持背景不变。注意反映在屏幕上的背景，尽量选择不那么“嘈杂的”背景。

文化敏感性

在线上，你更有可能与来自另一个国家或文化的来访者一起工作。学习如何变得对文化敏感，永远不要认为你在你自己的文化中已经习惯的规范与来访者的是一样的或是优于他们的。

摄像头定位

摄像头的位置至关重要。它可以决定“目光对目光”的接触的多少，尽管这永远不会与现实中的接触一样。有些笔记本式计算机的摄像头不是位于上边中间的位置，而是位于左下角或右下角，导致一方的目光不会指向交流的另一方，虽然你直视着屏幕上的脸。如果是这种情况，考虑连接一个外置摄像头。

镜像

在屏幕上看到你自己不仅会增加你的自我觉察，也会增加你的自恋。考虑一下这个事实。虽然它可以帮助你了解你留给来访者的印象，但它也会分散你对他的注意力。选择是否关闭你的“镜像”（在 Zoom 中很容易做到这一点），或者甚至在屏幕上用个东西将其遮住。

增加活泼的元素

在屏幕前坐着会降低讲者的生动性。我们鼓励治疗师在椅子中动一动，使用手势，有时甚至考虑增加一些戏剧性的面部表情和声音的抑扬顿挫。

法律和《医疗保险可迁移性和问责法案》问题

在美国，治疗师需要在来访者所在地的司法管辖区获得执业许可，而且不能跨州执业。你应该确认一下在来访者生活的国家开展心理治疗的要求。在本书出版期间，有几个州宣布它们允许跨州线上治疗。

《医疗保险可迁移性和问责法案》为保护敏感的来访者数据设定了标准。基本上它包括两个要素：在一套标准规则下保护来访者的信息，并确保我们用来处理信息的人 / 公司遵守同样的规则。这被称为“商业伙伴协议”。出于线上治疗的目的，我们必须使用符合《医疗保险可迁移性和问责法案》的应用程序 / 软件：既要保护隐私又要签署商业伙伴协议。

着装守则

即使治疗可能是在家里进行的，治疗师也应该符合他们在治疗室中使用的着装守则。来访者可以穿着他们选择的任何衣服，如果有很显眼的地方，它就应该被探索。

第二部分

线上伴侣和家庭治疗

肖莎娜·赫尔曼和阿尔农·罗尔尼克主编

第八章

引 言

肖莎娜·赫尔曼，阿尔农·罗尔尼克

我们以一次伴侣治疗的一些摘录开始这一部分。

他们再次坐在我面前，同样的一对伴侣，同样的问题……但还是有些不同。气氛似乎有些变化。

再次由她开始会谈，带着些许不安："我实在受不了了。"

像往常一样，他断开联系："我不知道她想要什么……我不知道我们在做什么。"他不相信心理治疗。

他们进入治疗几乎快一年了。他们前来治疗是因为他们已接近离婚的边缘。然而，我觉得这并不是他们真正想要的。

"他只专注于他的工作，"她说，"他对我不感兴趣。"她在哭，同时也很生气。

"我搞不懂她在干什么，"他面无表情地说，"我工作的公司很快就要'起飞'了，我必须把我的最佳精力投入那里。"

今天一开始似乎没有什么新东西……但我很了解他们。这很奇怪。我能看清他们的脸，但无法感觉很近。

回到会谈的内容，我试图理解发生了什么。

她发出了挑战："这次和他说吧。"

他耸了耸肩。"我不知道这个女人想要什么，她总是在嫉妒。她曾经以为我有情人，现在她嫉妒我的工作。她认为我和印度的客服女孩保持遥远的浪漫关系。"

就这样没完没了……我再次听到这些，召唤激情，邀请共情，试图帮助他们理解对方，并看到他们重新回到他们的共舞。

★★★★

但这次有些东西不一样。

今天他的面部表情对我来说更清晰，我当然注意到了他脸上的痛苦，我现在能够从他嘴部的表情看出他感到被侮辱了。我能够更清楚地听到他沙哑的声音，注意到他额头上的皱纹。他似乎对我不那么冷淡了。甚至他标志性的手指在扶手上的敲击也突然消失了。

她在我看来也有点不一样。

她的魅力消失了一点，一直被重视的性突然不见了。

我记得她通常会把她的短裙拉直，这一次我没有看到它。

这次她也差点把会面搞砸了，但她不能像往常一样回家：她就在家里。

这次他们在我看来是一个整体。是我在面对着他们。我在一块屏幕上，他们在另一块屏幕上，我们相隔千里。

★★★★

是的，我在治疗室里见他们，他们就坐在离我一米多远的两张皮革扶手椅上。这么做许多年之后，这次我在远程治疗中看到他们，他们的脸在一块32英寸[①]的屏幕上，显得很大。我们面对面，但遥不可及。

他就职的公司安排他到美国的硅谷工作。从现在开始，治疗从共同地点的治疗变成了视频会议治疗。

这一次，很难去平息情绪的爆发，因为我们的身体不在同一个地方。我的呼吸频率无法让他们去同步他们快速的呼吸，我的放松和友好的坐姿并没有出现在屏幕上，我无法用我的在场让他们安静下来。

当我们在同一个房间中见面时，当我想转向其中的一个人时，我就会将我的可移动椅子稍微靠近他（她），有时我会轻轻地碰碰他（她），示意他们听对方讲话和放松。

这次我无法这么做了。我只能信任我的声音——当这不起作用时，当他们对彼此喊叫时，我做了我不得不做的事情——关掉他们的麦克风，接下来他们只能听到我的声音。

★★★★

回到这次治疗：突然，我看到他们惊慌地转过身去。他们后面有动静。有人进了房间，闯入治疗。是他们的小儿子，他揉着眼睛，用责备的口气对他们说："你们太吵了，吵醒我了。"然后他开始哭："我不要你们互相大喊大叫。""去睡觉。"她命令他。父亲则把儿子抱起来放在他的大腿上说："向阿尔农问好。"我看到了他对儿子温柔的回应。我也看到了他俩是如何改变的。

我脑海里留下的是那个受惊吓的孩子以及父母的两种不同反应的画面。当我思考线上视频会面的利弊时，我想也许远程治疗有一些优势。

---

① 电子产品的显示屏的大小通常是以对角线的长度来衡量的，以"英寸"为单位。1英寸约等于2.54厘米。——译者注

在这个部分，我们将聚焦线上伴侣和家庭治疗，尤其是使用视频会议的线上伴侣和家庭治疗。线上治疗是指远程心理保健、通过互联网传递的、网络的心理治疗或视频会议。这里我们只关注视频会议治疗。近年来，由诊所和治疗师提供的线上治疗越来越多，但大部分都是个体治疗。尽管互联网已经嵌入人们的关系生活中，但网络议题在家庭治疗研究人员以及会议工作坊中得到的关注有限（Heitler & Webster, 2008, Blumer et al., 2014）。早期詹妮克丝和塞杰（Jenicus & Sager，2001）撰写了一篇关于在网络空间中（包括视频会议）的婚姻和家庭咨询实践的文章，当时就已经讨论了诸如培训资质和伦理问题等议题。

2014 年，在一篇布鲁默等人（Blumer et al.，2014）的关于网络治疗的期刊内容分析中，他们发现在临床实践方面，线上治疗对伴侣、父母和家庭都是有效的。为伴侣和家庭提供的基于网络的治疗服务包括心理教育、线上支持团体、加强伴侣之间交流的干预，等等。对于某些问题，通过互联网提供的干预和面对面的干预具有同样的效果。另外，内容分析指出了一些其他研究人员也强调的缺点，比如对保密的伦理担忧、紧急情况、治疗师的资格认证以及线上咨询指南的重要性（Blumer et al.，2014）。

伴侣和家庭治疗中的伦理问题受到赫特雷恩等人（Hertlein et al.，2014）更多的关注。在一项针对 226 名执业婚姻和家庭咨询师（学生和督导师）的调查中，出现了以下主题：保密，对治疗性关系的影响（缺失非言语线索和身体语言，弥散的界限），认证和责任问题，危机情境，培训和教育（隐私保护和技术）。大多数参与者都指出的主要问题是保密的问题。美国咨询协会（American Counseling Association，ACA）伦理守则以及美国婚姻和家庭治疗协会伦理守则最近都关注了互联网在实践中的作用。

在一篇巴格尼尼——他是一名精神动力学伴侣治疗师——的有趣的文章

（Bagnini，2014）中，他将视频会议（或远程治疗）称为伴侣治疗中的“第四客体”——技术。伴侣双方和治疗师都对依赖“技术母亲”的、额外负担很敏感，它能提供许多机会，但也可能让三个人失望。糟糕的连接会激起焦虑。线路中断会引发被抛弃的焦虑和依恋创伤。作者将这种情况看作一种暂时的解离状态，在这种状态中治疗师是在场的，但无法被看见或被听到，而另一方面伴侣双方是在一起的，可以交流，这些材料可以在以后被治疗性地使用。视频会议可以增强投射过程，帮助伴侣双方理解移情和反移情的概念。作为一名精神分析师，他对家庭环境中传递出的潜意识动力学感兴趣，比如这对伴侣的房子的装饰，治疗过程中出现的宠物等。对他来说，空间安排和座位安排象征着亲密的议题。

在伴侣和家庭治疗领域，从不同的理论角度对视频会议治疗的有效性进行更多研究一定非常有趣。

其他研究文章关注的是能够从视频会议治疗中获益的特定人群。

在某些情况下，对伴侣和家庭的视频治疗是不可避免的。例如，慢性疾病使伴侣无法亲自前来治疗、来自遥远或农村地区的伴侣、异地关系，以及在军队部署过程中需要支持的伴侣和家庭。远程心理保健，特别是视频会议，已经被证明是一种有效的治疗媒介，尤其对于军人伴侣来说（Farero et al., 2015）。这些伴侣有一些特殊的问题。治疗师必须了解军人的文化，并与两个在不同地点的伴侣一起工作。但是，这方面也缺乏研究来探索通过视频会议治疗伴侣的有效性。

对于异地伴侣（McCoy et al., 2013），他们会使用视频会议服务进行实时交流，所以他们很熟悉这种方式。另外，这些伴侣有更多独特的问题，如缺乏一起参与建立亲密关系过程的机会，他们可能会在他们的关系中体验到稳定感降低、信任水平下降等。这就需要治疗师对这些伴侣采用特定的方法。而且，在大多数情况下，伴侣双方不会在同一个物理空间，这就需要治疗师非常注意双方的非言语线索。工作联盟（或治疗关系）问题，这是成功治疗的核心组成部分，在使用视频会议时可能也是需要关注的。尽管有一些文章认为视频会议中的工作联盟与面对面的治疗一样好，但这在家庭和伴侣治疗中并没有得到证实。

类似延迟和话语歪曲这样的技术问题，是更多被认为不利的因素，尤其是在针对有效交流进行工作时。另外，这些伴侣更多地寻求远程心理保健的原因是他们找不到当地的治疗师。它还可以解决语言障碍问题，而不是见当地的治疗师。另一个好处是来访者有时会感到线上治疗不那么拘束，更开放。由于这一领域的研究很少，因此很难判断远程心理保健的有效性，尤其是针对这一人群。

杰曼（Germain，2010）评估了通过视频会议或面对面治疗的创伤后应激障碍来访者的治疗联盟的发展。结果表明，治疗联盟在这两种治疗条件下都能很好地发展，两者之间没有显著差异。问题是对于伴侣来说是否也是如此?

本部分的目的是介绍一些使用视频会议的伴侣和家庭治疗领域的最新研究，介绍最杰出的伴侣治疗师之一戈特曼（Gottman）关于这个话题的观点，并为想在工作中利用这种方式的治疗师提供一个伴侣治疗的案例及其实践意义。

特鲁布和马伽蒂在这个部分中提供了一个家庭治疗案例，并通过这个案例演示了使用屏幕时的四个困境。第一是采用新的交流规范，即治疗师和来访者都应该意识到并决定是否以及如何采用这些规范，并帮助每个人找到自己的声音。（例如，回应的即时性、互动的节奏，等等。）第二是沉默，这对于一种重视言语而非非言语的媒介来说可能很困难，当治疗师和来访者都害怕失去彼此时会发生屏幕卡住的意外。第三是可能被技术挑战的亲密。它可以在增加人们的接触的同时增加孤独感。第四是技术如何塑造身份，数字自体与非数字自体之间的联系是什么。治疗师必须在他们的线上治疗接触中承认这些困境。

赫特雷恩和厄尔在他们的章节中讨论了伴侣和家庭治疗中来访者驱动的障碍以及治疗师驱动的障碍，如联盟、不注意非原因线索、弥散的边界以及培训方面的障碍。他们还讨论了互联网提供的伴侣和家庭治疗的优势、农村人群的可获得性、成本、伦理和法律方面的考虑，以及实施通过互联网提供的服务的指南。

戈特曼夫妇因其创新性的伴侣治疗概念而闻名，与他们的访谈提供了他们关于伴侣治疗中的视频会议的看法。他们主要谈及的是视频会议的困难，因为他们只有面对面见过伴侣之后才会使用视频会议。他们感到线上个体治疗和伴侣治疗是有差别的。生理学及其在治疗中的应用是戈特曼的理论中的一个重要概念，许多干预都建立在这个领域的研究的基础上。当与这些伴侣一起使用屏幕时，这些干预是有问题的。（大多是在“发洪水[①]”时。）伴侣治疗的另一个重要部分——共情和评估面部表情，可能会是一项艰巨的任务，尤其是在评估和制订治疗计划的初始阶段。根据戈特曼夫妇的观点，有些特殊人群无法进行线上治疗，比如创伤后应激障碍患者，甚至异地伴侣。技术问题可能会使视频会议变得无效，特别是在交流方面。

因为我们也是伴侣和家庭治疗师，我们在实践中使用视频会议，必须处理这里描述的一些问题。我们将使用另一个伴侣的例子来演示，这个例子与本章开始时介绍的摘录有些不同。

① 指来访者在治疗中的愤怒。——译者注

他们在治疗室和治疗师见了几次面，然后因为治疗师要外出旅行，他们同意通过视频会议继续治疗。他们同意这么做，是因为他们自己也经常旅行，并习惯于用这种方式与大家庭交流。另一个原因是他们的日程很满，不允许他们定期来治疗室，以这样的方式就可以在方便的时候在家里参加治疗。

托马斯是一名教师，美国人，43岁。他的妻子是一名舞蹈演员，也是一名教师，亚洲人，35岁。他们结婚两年了。托马斯三年前离婚了，在前一段婚姻中有一个女儿，目前7岁。他的第一任妻子也是亚洲人，住在同一个城市，和他共同监护女儿。托马斯本想要孩子的完全监护权，但他的第二任妻子英反对他这么做。这是她第一次结婚，她觉得孩子是他们的关系的负担和障碍。她在抚养和接近托马斯的女儿方面遇到很多问题，这个孩子有行为问题、注意缺陷/多动障碍和其他问题。治疗的目的是弥合两人在抚养女儿方面的分歧，以及夫妻双方之间的文化差异。英感到她和自己的家庭和朋友切断了联系，并且想要怀孕和抚养自己的孩子。她比托马斯内向许多。治疗中使用的方法是焦点解决疗法和认知行为治疗，其中一些技术来自戈特曼的理论。在治疗室面对面治疗时，我们练习了沟通技巧（戈特曼的技术），并努力让英更多地参与到照顾女儿的活动中。当视频会议开始后，这对夫妇很满意，因为在他们繁忙的日程中这种方式为他们节省了时间。过去没有来诊所的女儿最终可能会成为治疗的一部分。邀请生活在亚洲的外祖父母并将他们带入治疗也是一种选择，这是面对面治疗无法实现的优势。当他们都参加视频会议治疗时，我明确地说明他们可以对着彼此交谈，而不是看着摄像头交谈，在尝试戈特曼的一些干预技术时，这在治疗室中被练习过。我们还决定特别设置在家的时间和地点，以保证隐私和不受外界干扰。我们与这对夫妇进行了几次成功的治疗，他们报告了他们在关系和沟通上的进步，与女儿的问题也减少了。在其中一次治疗中，再生一个孩子的话题出现了，托马斯表达他对再生一个孩子的不满。英很难过，然后沉默，最后离开了房间，从屏幕上消失了。我们把她过去在面对面治疗中的愤怒称为“发洪水”，把她的沉默称为“筑墙”（根据戈特曼的方法）。但是在治疗室中她是不可能彻底消失的。这说明了视频会议治疗而非面对面治疗的缺点。这对夫妇是在他们自己熟悉的家里，而不是在诊所中，那是一个中立的地方。从屏幕上消失是很容易的，很可能这是他们在家里吵架时的一种关系模式。由于摄像头的原因，这场危机没有太多的“警报信号”。非言语线索可能在屏幕上不那么容易被注意到。作为一名远在千里之外的治疗师，你能做的并不多。问题是是否要继续治疗，让托马斯把她找回来，还是推迟治疗。一个人如何在视频会议中管理冲突或处理危机情境？尽管有治疗师的可获得性、对伴侣的方便性、其他家庭成员更容易参与治疗等优点，也存在着虚拟相比于躯体在场的劣势。

现在，越来越多家庭搬到国外，因为工作而换地方或长时间旅行，他们需要能使用他们自己的语言和了解他们的文化的治疗师。视频治疗似乎是处理这些情况的一种好的解决方案。

希望随着这一领域的研究的不断深入以及技术的进一步发展，我们能够找到一些处理伴侣和家庭视频治疗可能带来的缺点的解决方案。

参考文献

Bagnini, C. (2015). Technology stirred projective processes in couple tele therapy. In

Psychoanalysis Online 2 (pp. 186–195). London: Karnac.

Blumer, M., Hertlein, K., Smith, J., and Harrison, A. (2014). How many bytes does it take? A content analysis of cyber issues in couple and family therapy journals. *Journal of Marital and Family Therapy*, *40*(1): 34–48.

Farero, A., Springer, P., Hollist, C., and Bischoff, R. (2015). Crisis management and conflict resolution: Using technology to support couples throughout deployment. *Contemporary Family Therapy*, *37*(3): 281–290.

Germain, V., Marchand, A., Bouchard, S., Guay, S., and Drouin, M. (2010). Assessment of the Therapeutic Alliance in face-to-face or videoconference treatment for posttraumatic stress disorder. *CyberPsychology, Behavior & Social Networking*, *13*(1): 29–35.

Hertlein, K.M., Blumer, M., and Mihaloliakos, J. (2014). Marriage and family counselors perceived ethical issues related to online therapy. *The Family Journal*, *23*: 1–8.

Jencius, M., and Sager, D. E. (2001). The practice of marriage and family counseling in cyberspace. *The Family Journal*, *9*(3): 295–301.

McCoy, M., Hjelmstad, L., and Stinson, M. (2013). The role of tele-mental health in therapy for couples in long-distance relationships. *Journal of Couple and Relationship Therapy*, *12*: 339–358.

第九章

与朱莉·戈特曼和约翰·戈特曼的访谈[1]

G代表朱莉·戈特曼（Julie Gottman）和约翰·戈特曼（John Gottman）；S代表肖莎娜·赫尔曼；A代表阿尔农·罗尔尼克。

S：我能问你第一个问题吗？你说你俩既和个体工作，也和伴侣工作，你觉得使用Skype和个体及伴侣工作有什么差别吗？

G：是的，有差别。有明显的差别。首先，和个体工作时，个体和你建立关系，所以它是一对一的。虽然在技术上有点复杂，因为目光接触不那么容易实现，考虑到计算机使用者拥有什么样的设备，而且有时技术并不完美：会卡住，或者会发生一些有趣的事情，所以我们不得不适应技术的变化莫测。但在伴侣工作中，我认为这要困难得多。原因是：首先，为了同时看到两个人，他们不得不坐得非常靠近，这对他们来说通常是一种不自然的姿势。而且他们都看着我，很多时候我想让他们做的是彼此交谈，当他们说话的时候，他们可能会往下看或看其他地方。

另一件让网络治疗变得困难的事情是肢体语言。我没法很好地看到他们的肢体语言。而且我认为还有一些关于感觉的很重要的东西……尝试去感觉他们之间发生了什么。当你在现实的房间里，拥有你所在房间里的人的实际躯体能量时，而不是在一块有点模糊的屏幕上，那要容易得多。而且由于某些原因，计算机里有某种“幽灵”，当他们要说一些非常重要的事情时，屏幕就会卡住。“幽灵”知道这种情况什么时候会发生……所以，你能做什么呢，对吧？你只能等待。这有点像看一部非常好的推理剧，你处于悬念之中，你不知道他们会说什么，你非常想听到他们要说什么，屏幕卡住了，然后它最终恢复了。所以你必须适应所有这些情况。当然，我不认为它和面对面地工作一样高效或有效。

S：就个体治疗而言，它比伴侣治疗更高效吗？

G：是的。和个体工作，我的意思是他们会尽其所能地看着你。你不需要看其他人。所以我在和他们保持联结。但与此同时，我不知道该如何称呼它，但面对面的联结、在同一个房间里身体对身体有种非常强烈的东西，你知道的，找不到更好的词来形容，你在获取关于另一个人身上正在发生的事情的能量。这种能量对我来说是非常能说明问题的。相比于在屏幕上工作，我和某个人面对面地工作时，我的直觉要敏锐得多。尽管如此，事实上，我完全可以在千里之外继续某种形式的治疗——我的意思是，我和在澳大利亚的伴侣进行过很多 Skype 治疗，对我来说这是非常远的距离，你知道的，16000 千米左右。所以，这是可能的，真的是奇迹，随着时间的推移，我期待着技术的稳步改善。

A：你认为你必须从面对面开始治疗，只有那样才能转移到 Skype 上吗？

G：我只会和个体从 Skype 治疗开始。我已经在这么做了。例如，我有一个和我一起开始工作的个体来访者，她住在东海岸。我们之间大概有 4800 千米的距离。我现在定期地和她（在线上）见面。但对伴侣治疗来说，情况就不一样了。我认为，首先，在我们的伴侣治疗中……你知道的，我们要做评估。这个评估非常重要。它确实指导着我们接下来所做的一切……我还需要和伴侣的每一方发展信任和建立关系。对我来说，了解他们在正常情况下是如何相互联系的非常重要。如果你面临着人们在房间里彼此建立关系的正常方式的进一步变化，你就离你想要治疗的他们在关系中遇到的某些困难更远了。所以我觉得只是通过技术来开始治疗，我无法获得非常充分的评估。

S：所以这实际上与下一个问题有关，很明显，对于你们的方法你们有非常具体的原则。我知道，比如，表达非常重要，评估尤其重要，以及生理学。那么你如何才能既真正地整合你们的理论的所有这些原则，也能在线上使用伴侣治疗。你能在使用 Skype 时那样做吗？

G：如果从 Skype 开始，那肯定不行。这是为什么我不这么做的原因。我只有在 15 ~ 18 小时的强化治疗之后才会做 Skype 治疗。在强化治疗中——马拉松治疗——我连续 3 天和这对伴侣会面，每天 5 ~ 6 小时。所以在那段时间里我对他们有了很多了解，在那之后，当他们已经取得了一些进步之后，我愿意做 Skype 治疗。但对某些人来说，取决于问题是什么，我可能不会做很多 Skype 治疗，他们可能不得不回来。例如，我们治疗过一对伴侣，男士是一位著名的人物，他经常四处旅行，他在 12 年里有过五十七次外遇。他爱上了其中的三个人，他家里有三个孩子。因此，我在第一次马拉松治疗中已经走得很远了，但他们肯定需要更多集中的面对面交流，尤其是当你处理如此激烈的情绪时。我说的不一定是非常有激情的人，或很紧张的人，以及他们如何用言语表达他们的情绪。我说的是深深的痛苦，这是由另一个人造成的，他们需要的那种支持另一个人也需要，当他们听到伴侣的痛苦时，能够在心理上控制，而不是想从桥上跳下去，这是我不想在屏幕前做的事情，这会令我不舒服。我真的想亲身在那里去做这个工作。我估计，对患有严重的创伤后应激障碍的人来说同样如此。例如，我给患有严重的创伤后应激障碍的伴侣，包括战争创伤后应激障碍，做过一些治疗。例如，有一个人在这里的海军陆战队服役，在伊拉克和阿富汗冲突期间，他在大约 14 年的时间里被派遣过十三次。他很少在家，一直在执行秘密、致命的军事行动任务。这个年轻人在 18 岁时参加海军陆战队，现在 32 岁，他遭受了太多的创伤，他几乎都无法搞清楚。与此同时，他在国外也有婚外情，这在这里的服役人员中是个普遍的问题，特别是服役的男性。这也不是一种只通过 Skype 进行会让我感到舒服的治疗。他们之间有太多伤痛，尤其是在他的内心中。所以，当你有像这样非常严重的症状时，我的意思是，对这个人来说，这是非常糟糕、非常严重的。因此，这样做是有风险的。尤其是我认为，我们在美国面临的问题与你们在以色列面临的问题非常不同，在武装部队中自杀的人数和在服役中被杀的人数一样多。自杀率令人难以置信。因为他们得不到帮助。所以这些四处走动、带着创伤走动的人处于非常糟糕的状态，风险很大。这不是你想通过 Skype 来治疗的情况。

S：这个案例也类似一种异地关系吗？我是说他也有亲密关系吗？

G：是的，这是一对伴侣的案例。他有妻子，家里有两个孩子。妻子也有婚外情。在接受治疗之前，他不和妻子谈论任何战斗的经历。这倒不是因为他怕她受不了，虽然这肯定是一部分原因，或者她可能会恨他，而是因为他自己无法忍受去这样想，而且他已经被那些记忆搞得精疲力竭了。尤其是在没有事情令他分心的晚上。他就是无法忍受深入那些经历。但最终，他做到了。

S：这让我想问关于那些异地关系的伴侣的问题。我想知道你们是否治疗那些伴侣，以及他们是否通过 Skype 接受治疗，因为很明显，他们的关系就是这样的。所以，你们治疗过这样的伴侣吗？

G：我们治疗过许多异地伴侣。但这些伴侣都是一起来做治疗的，所以他们和你、阿尔农和我此刻正在做的不一样（每个采访者和被采访者都在不同的物理空间），我们有三块不同的屏幕。他们每隔几个月左右会在一个周末一起过来，在那段时间里进行一些治疗。或者他们会到这里来做一次强化治疗。是的，我们治疗过这些伴侣，远距离确实会制造困难。拥有亲密关系是一个非常困难的过程。

A：既然你们所做的不仅仅是治疗，而且也给一对伴侣如何让他们的婚姻变得更好的建议，你们有没有写过或想写，如何利用 Skype 或类似的方法维持异地亲密关系的文章？

G：这是一个好问题，阿尔农。我们还没有，原因是我们不会写任何东西，除非我们做了研究。你知道，虽然我们有一些异地伴侣的案例，但我们还没有做过关于他们的关系的认真的研究。其他人做了，我们还没有。我们还没有检验过对这样的伴侣的治疗，更没有检验过通过 Skype 的治疗。所以，除非我们真的做过研究，否则这不是我们要写的东西。

S：让我们从伴侣和异地关系转到家庭治疗。你做过什么家庭治疗吗？我知道你家庭治疗做得不是很多，主要是做伴侣治疗。也许只是说说你对家庭治疗的意见。你认为通过 Skype 做家庭治疗可能吗？

G：我不知道。我不做家庭治疗，除非对成年人。当孩子们长大成人后，我确实为父母和孩子做过家庭治疗。我估计在那个小屏幕上的人越多，你获得的每个个体的信息就越少。因为他们离你更远，更模糊，你无法看到他们的脸，除非你使用多个摄像头，而你一般不会这么做。所以相比于更靠近地谈话，我认为你失去了大量的信息。对于更小的孩子来说，取决于谈话的内容，孩子们会想站起来、想活动，他们不会只想坐在一个地方。这很困难。你也很难通过一块屏幕来进行。对于青少年来说，这是可能的，但同样你会失去很多信息。我认为在屏幕上真正让你比较舒服的是最多两三个人。两个人在一块屏幕上，治疗师在另一块屏幕上。三个人？我不知道，我觉得会很困难。

A：我认为采访你很重要的一个原因是你确实强调生理和身体的作用。我很高兴看到你出版了一本人际神经生物学系列的书。

G：是的。那是我写的书。

A：所以，如果你考虑到我们需要“听到”身体或感觉身体，或感觉中枢神经系统，而且我知道约翰在生理学方面做了很多工作，比如测量心率，我在想当我们在进行 Skype 治疗时方向在哪里。如果我们确实谈到 Skype 治疗，如果我能够在屏幕上看到你的心率，你有什么想法？那样会有什么帮助吗？

G：是的。我喜欢监测心率。超过每分钟 100 次的心率似乎是大多数健康心脏开始受到循环的肾上腺素和皮质醇影响的临界点，会激活 β 交感神经，增加心脏收缩和心率，收缩动脉，并导致伴随战斗或逃跑的一系列生理事件，对认知和情感有重大影响，人们（来访者和治疗师）往往对此没有觉察。看似像“阻抗”的东西可能是弥漫性的生理唤醒的结果。

A：最初，你建议通过测量心率来评估你治疗的伴侣的唤醒水平。现在有更先进的方法，不仅可以测量心率，还可以测量心率变异性。你会考虑在面对面和线上伴侣治疗中加入这些额外的测量吗？

G：心率变异性是呼吸性窦性心律失常的一个很好的替代品，可以通过对正常成年人呼吸范围内心脏周期时间序列的频谱密度函数下的区域进行频谱分析来有效地评估。这是迷走神经张力的一个更好的测量方法，这种方法是我们想在我们的来访者（和治疗师）身上改善提高的。

G：肯定的。是的，它当然有帮助。我们实际上正在研究一些技术来发展治疗和追踪治疗，包括屏幕上的生理学，这是一项正在进行的工作。生理学起着非常重要的作用。心率当然很重要，有时你可以通过呼吸来了解一些事情。你可以通过细微的动作来观察呼吸，例如，肌肉色调会随着呼吸细微地改变颜色。而且现在有大量的测量心率的设备，你知道很小的脉搏血氧仪可以通过编程连接到不同的技术屏幕上，并整合进你所做的事情中。所以，确实，这是一件重要的事情。有时我会在 Skype 上治疗一些人，我会让他们花 19 美元买一个脉搏血氧仪，不时戴在他们的手指上，我会让他们进行一次冲突对话。这是为了他们自己，我们得到的是内置的警报，如果他们的心率超过了一个设定的数字（通常是每分钟百次心跳，那是弥漫性生理唤醒的迹象）我可以听到警报启动，他们当然也能。所以，我知道他们变得激动了，然后我会为此做些事情。还有一种由一家叫心数（Heartmath）的公司研制的技术，我会请人与他们合作，看看是否可以增强他们抵抗淹没性情绪的能力。因此，简单的回答就是，就将生理学整合入治疗而言，生理学非常有帮助、非常重要。

S：据你所说，你是在 Skype 上做的。所以因为警报，因为甚至在线上使用它的设备，你实际上可以使用它，使用 Skype 进行干预。

G：对的。事实上，可能有多种方法，但你必须有多个摄像头，这才是真正的秘密。我们在想刚刚重新开放的我们的研究实验室，我们有三个摄像头，有分屏，有将生理监测器等和伴侣彼此交谈时他们之间发生了什么整合在一起的程序。所有这些都会记录在屏幕上，但我们的关注点并不是通过一块屏幕进行治疗。我们的重点是进行亲身治疗，并分析我们收集的所有数据。我认为理论上你可以用一种非常复杂的方式来设置一些东西，但问题是伴侣必须在一个有所有设备的地方……而你在其他地方。

A：假设现在我和你在同一个房间里，你可以看到我很兴奋。这是一回事。现在我来描述当我们不在同一个房间里的另一种情景，但你能看到（通过一些传感器）我的心率在上升。理论上讲，这和你看到我被唤醒的体验是一样的。但我的感觉是，这将是一种不同类型的右脑交流。当我现在看到你，我从你的脸上看到你试图在理解我，我认为这些是来自右脑的。如果戴着传感器，我想你会说“好的，阿尔农的心率在升高，或者朱莉的 α 波下降了”——这是一种不同的分析。你理解我想说的是什么吗？

G：当然。我完全能理解。我认为，阿尔农，你提出了一个非常好的观点，事实上，这也是我之前想说的——还没想好，也许——但我和你坐在同一个房间，我可以感觉到你。而不是在示波器上，比如，看到上下波动的小波。它在我身上产生了非常不同的反应。那些反应将指导我如何干预。所以如果我在屏幕上看到一些迹象，比如，你的生理机能在上升，我对它会产生非常理智的反应。如果……左右脑这些东西并不是看上去的那样，所以我不倾向于使用那种语言，但它肯定是一种更疏离的反应。它是一种理智化反应。而当我和你在同一个房间里时，我会在一个更深的水平上感受它。因此当我和你面对面时，我的干预倾向于更有力和有效。这是因为它不仅仅来自我的理智——分析发生了什么导致了你的感受，还来自我的感觉、我的直觉。只是因为和你在一起。所以，你知道，在屏幕上进行治疗真的能复制这一点吗？我还没有见到过。

S：有一篇精神分析师的文章谈到了远程治疗，以及共情是否可以在屏幕上显示出来并被真实地感受到。我想知道你的答案，因为你将情绪聚焦治疗整合进你的方法，然后你提到了非常严重的创伤后应激障碍的案例，但其他的情绪案例呢？

G：当然，你肯定也不能通过视觉传递共情。我认为就你使用的语言、你说话的方式、声音的性质要比视觉的性质更好，因为它会被听者、接收者记录下来。

A：我不确定我理解了。

G：我想说的是，在 Skype 上，声音的性质会比视觉的性质更清晰地传递给接收者。

S：所以你的意思是，在 Skype 上声音比视觉更重要，或者更有效？

G：不，我的意思是，当你比较 Skype 的声音和视觉时，声音肯定是更被精确地微调的，它比视觉更有效，这便引出了你的问题，肖莎娜，我认为你可以通过你的声音，当然也通过言语，通过声调，通过它的节奏，通过它的音量，来传递一些共情。

G：所以再次回到你的观点，我认为你可以表达共情。你可以通过声音更好地表达共情，但在屏幕上，你确实失去了传递共情的目光接触、面部表情的细微变化和身体动作，你不能在屏幕上做到这些。所以你可能失去了你想表达给另一个人的共情的力量的 50%。你只能尽你所能。

A：谈到共情。我们能使用面部表情吗？我相信约翰是最早使用“特定情感编码系统（Specific Affect Coding System，SPAFF）”的研究人员之一，通过视频记录来编码参与者对特定情感的行为。

G：我不仅使用“特定情感编码系统”，它还是我发明的。所以，没错，这是一个非常有效的编码系统，在伴侣的领域中，比艾克曼的“面部情感编码系统（Facial Affect Coding System，FACS）”在预测纵向结果的效果上更好（该结果已经发表）。但面部情感编码系统非常棒。保罗·艾克曼（Paul Ekman）对我们理解情绪做出了巨大的贡献。

A：在线上治疗中，摄像头已经在那里了，图像直接传送给计算机。因此，这是一个很好的机会来向来访者显示由计算机转译为“情绪得分”的面部表情。你可能熟悉麻省理工学院 / 情感解决方案，它可以用一个简单的笔记本式计算机的摄像头来评估人类的情绪。你会考虑在普通的伴侣治疗和线上的个体或伴侣治疗中加入这种非侵入性的方法吗？

G：我熟悉麻省理工学院的媒体实验室工作和一般的自动面部编码。到目前为止它还不够好，除非失误不计入不可靠性。但我们仍然需要证明特定的面部情感与观察者的匹配率达到 90% 或更高。如果愤怒被编码，它必须被自动编码和观察者都编码为愤怒。一个严重的问题是所使用的照片库大多都是垃圾。人们被雇来展示一种情绪，那张照片会被不加质疑地接受。例如，厌恶表情的照片库都是人们伸出舌头，而不是上唇抬起或皱起鼻子，这些才是经典的厌恶表情。而且，摆出来的和自发的表情是非常不同的。因此，很多使用糟糕的照片库的自动编码都是垃圾。

但是，我是支持自动编码的。它会增加很多东西。所以许多治疗师在识别情绪上实际上是不能胜任的。我知道这是一个关于治疗师的糟糕的结论，但他们在哪里得到过培训呢？研究生院里没有。这很悲哀，但他们更有可能接受投射测验的训练，而不是学习如何阅读面部的微表情。

A：这里有一个更广泛的问题：研究表明，Skype 或线上治疗的效果与面对面治疗一样好，而且甚至治疗联盟也同样好。你如何解释这一点？

G：首先，我想看一下这个研究和测量方法，以及他们是如何评估他们实际上在评估的东西的。例如，治疗疗效，他们使用的是什么水平的治疗师。所以你可以把平庸的治疗等同于平庸的 Skype 工作，因此它们的效果是一样的。但它并不意味着好的治疗。所以你需要更仔细地看待研究。你必须分析他们实际上在研究什么，以及他们是如何测量的，这是非常重要的。而且你知道，通常……许多研究都会使用自我报告作为测量方法，而自我报告是一种非常糟糕的测量方法。这方面有许多研究。尤其是在治疗中，你知道的，来访者试图取悦治疗师，因为他们对治疗师给他们的任何东西都心存感激。如果这是研究的一部分，它通常都是免费的……所以你得真正看看那个研究，不能只看表面价值。我考虑的另一件事情是，就有效性而言，我想看到的是一个纵向随访研究。所以也许治疗结束后的那一刻他们感觉好多了。但一年后，他们仍然感觉很好吗？你知道的。我想看到这样的结果。所以你必须用一个相当高的标准来评估治疗的质量。

A：另一个问题和我们之前谈到的内容有关，你们当然会比较熟悉，在某些案例中……存在着一种情欲性移情，存在于个体治疗中，但也存在于治疗师和伴侣中的一方之间。我想知道你是否认为在 Skype 治疗中也会发生情欲性移情。

G：这个问题很有意思。这取决于屏幕有多大，以及来访者看到的是治疗师的整个身体还是只能看到脸。我这么说有点开玩笑。我猜想……当然这仍然会发生。因为它实际上是移情。它是一种移情。但是由于各种原因，这也许不太可能发生。我不知道。我不认为有人测量过这个；这会是一个有趣的研究，看一下治疗中来访者的信息素，事实上信息素在很大程度上决定了在身体上被某人所吸引。所以很明显这些并不通过 Skype 转移。也许它会发生。当你只是看着一张不是特别清晰的脸时，你仍然会从治疗本身产生情欲性移情，而很少和另一个人的躯体存在相关。我不知道。你知道这将是一个有趣的研究。我肯定它是可能的，我肯定它会发生，但我不认为它会发生得那么频繁。

S：还有一个问题与此完全没有关系。你了解线上自助干预吗，网上有很多自助干预，许多治疗师正在使用它们。我知道你肯定会使用线上的评估。但也有视频形式的。有办法把它们整合起来吗？你在思考如何把这些计算机化干预整合起来吗？很明显，我不认为这是你的方法，但你怎么看待这些自助视频计算机化干预？

G：实际上我们正在做这方面的努力。

A：以什么样的方式？

G：我不能讲太多细节，但我能说的是，我确实认为干预是可能的，尤其是二元干预可以通过技术进行。因此任何深入的，依赖于治疗师的判断、直觉、取向等的东西，都将变得更加困难。你将无法做到那些。但是，当有一些非常简单的干预措施时，你可以给人们一些他们如何与其他人做这些事情的指导，并让他们去完成这些干预，希望能成功。

S：所以你也可以把它们整合到你的治疗中，你的 Skype 治疗中，比如说？

G：是的……我们会在 Skype 治疗中那么做。我们正在我们的治疗中这么做。

A：我想知道你是否在通过 Skype 做团体督导。

G：是的，我们正在通过 Skype 进行大量的团体督导。我们有认证的资深培训师，他们是我们认证培训的一部分。他们会和小的咨询团体进行团体 Skype 会议，指导学员获得认证。所以我们做了很多这样的工作。遍及全世界。当那个国家本身没有认证的培训师，你知道的，甚至在城市中也没有时，这是我们培训人们完成认证的唯一的方式。我们大部分的高级培训实际上都是以这种方式进行的。我们的培训的最后过程，第四阶段，我猜你们是这样称呼它的。好的，所以最重要的问题是未来。

A：我们想听听你们关于科技如何影响人际关系的意见。

G：科技如何影响人际关系？关于这一点还没有定论。潜在地，它可以创造更大的社区。它也可以被用来伤害人们，分隔人们，让人依赖于短信而不是面对面的互动。它可以是非常有害的。但人们也这么说过电话，那是毫无根据的担忧。所以我不认为它是有害的。就像技术的其他方面一样，它可以用来连接人们，也可以用来疏远人们。我发现想到大卫·列维（David Levy）的《与机器人的性和爱》（*Sex and Love with Robots*）这本书是令人愉快的，因为他提出了一个问题，让人类爱上机器人需要什么条件，答案是不需要很多。地球上有些人选择充气娃娃，而不是和一个真实的人做爱，那么为什么不让这些人获得这些充气娃娃呢？也许它会终结卖淫和性奴役。我认为不假思索地谴责技术是愚蠢的。例如，在创建虚拟治疗师的程序伊莱扎（Eliza）[和它的新化身 Woebot（一种聊天机器人）] 时，一项随机临床试验表明它对抑郁症有效。有多少治疗师能够断言这个结果？所以从长远来看，伊莱扎可以提高治疗师的胜任力。

G：所以，未来会是什么样的？我认为人类永远不会被取代。我认为最有效的是面对面的工作。我的意思是这只是我个人的成见。不管计算机变得多好，不管机器人变得多好，或者机器人编程，等等。甚至包括人工智能。一切都朝着机器学习和人工智能发展，我认为这很棒——我的意思是，这真的非常不可思议。而且，这也是我们工作的一部分，我们正在整合一些这些东西。

A：你给了我们有趣的信息。一方面，我理解你正在研究使用一些人工智能和类似机器人的干预，与此同时你说我们仍然需要人类的接触。

G：对的，简而言之是这样。

A：你尝试过像 Alexa[①] 这样的新设备吗？

---

① 亚马逊智能语音助手。——译者注

G：说到治疗，我的关于治疗的基本哲学是——这听起来可能很俗气、很老套，非常美国化，或者很乐观——但我真的相信，治疗师对来访者的爱才是最终疗愈来访者的东西。如何通过一块屏幕传递爱，尤其是首先建立信任，在真正地了解来访者之前。这需要一段时间，我不知道这是否能够做到……我不认为这在一块屏幕上可以有效地做到。我认为你需要真正的接触。我认为有些东西是关于自然是如何创造的，它在每一个水平上都是完美的。所谓自然是生命与生命的接触，生命与生命的交流，不管它是动物与动物的，还是人与人的。而且我们本质上是动物。当你把一大块（肉）或其他东西放在你和另一个之间，会发生什么？好吧，这有点去人性化，我们非常努力地试图否定这种去人性化的联结的结果，但是再一次，我坚信自然的东西就是正确的，或者是最好的，某种程度上，在人与人、面对面中可能发生的事情是永远不会被复制的。所以我们认为我们总是需要它，在更为严重的案例中我们可能更需要它，但不管怎样，每个人都需要它。因此我们可以越来越多地模仿人类的联结，人工智能也被设计出来了……你知道的，所有人都希望，事实上，机器以人类的方式学习。但这真的会产生真实的感受吗？好吧，某种程度上也许可以。但最终人与人是最好的。对伴侣治疗来说，同样如此。

A：我认为这是一个非常好的总结我们谈话的方式。我从没见过你，你也从没见过我，但是，我们的沟通和你与肖莎娜的沟通一样同步。

G：没错。但是，我们是在理智层面交谈的，阿尔农，我们没有在谈论深刻的感受、情绪、痛苦、创伤史，还有童年。对吗？所以，是的，肯定的，在这个水平你可以做很多事情，在理智化层面上你可以做很多。但这并不是真正的疗愈发生的地方。我没想疗愈你，你也没想疗愈我。我们正在进行一场理智的对话。是的，肯定的，你可以做到那样。

G：我在思考你的观点，阿尔农，有太多的需要，有太多人对帮助有巨大的需要，尤其是许多伴侣需要得到帮助，世界上的每个国家都不可能有足够的治疗师能面对面地提供帮助，如果……1% 的那些人甚至想利用这种帮助。所以我认为科技在能够让越来越多人得到帮助上起到了一种非常重要的作用，至少能提供一点小小的帮助，一些帮助。也许它不是同样质量的帮助，但我们不要用“全或无”的方式看待它。让我们做我们力所能及的事情。我们能够给予什么。任何的帮助都好于……如果研究支持这些方法的有效性，就让我们尽我们所能，提供给尽可能多的人。足够好的治疗。足够好的婚姻。不一定非要是完美的。

A：非常感谢①。

S：非常感谢你抽出时间，非常感谢！

G：访谈很开心，非常棒。谢谢你们联系我们，谢谢！

注释

1. 该访谈是分两个阶段进行的。第一阶段是与朱莉·施瓦茨·戈特曼（Julie Schwartz Gottman）博士在视频会议（Zoom）上进行的。第二阶段是和约翰·戈特曼（John Gottman）博士通过电子邮件通信完成的。我们把访谈的两个部分整合在了一起。

---

① 此处原文为 Toda Raba，希伯来语。——译者注

第十章

基于互联网的伴侣和家庭治疗

凯瑟琳·M. 赫特雷恩，瑞安·M. 厄尔

引言

基于互联网的治疗正迅速成为一种提供精神卫生保健服务的普遍和有效的实践，包括伴侣和家庭治疗。基于互联网的治疗被广泛地定义为来访者、治疗师和/或督导师之间使用互联网或其他电子媒体的任何专业互动（例如，聊天、视频通话、讨论板、电子邮件、短信、网站、社交网站等）（Blumer et al., 2015）。它的有效性已经在许多障碍上得到充分证明，诸如进食障碍（Wagner et al., 2015）、抑郁症（Choi et al., 2014; Luxton et al., 2014; Mohr ct al., 2008; Osenbach et al., 2013）、包括强迫症的焦虑障碍（Rees & Maclaine, 2015; Yuen et al., 2015）、物质滥用（King et al., 2014）、有躯体问题的个体的心理健康症状（Cosio et al., 2011; Crowe, 2017）以及其他问题（Maheu et al., in press; Mohr et al., 2010）。

目的

对于这种形式的治疗对关系案例的有效性（或者也许是恰当性），伴侣和家庭治疗师通常持怀疑态度，尤其在关于它是如何被认为会破坏治疗关系的这个方面上（Hertlein & Blumer, 2013）。尽管很多关于使用基于互联网的治疗工作的研究都集中在个体工作上，但有一些证据表明基于互联网的治疗对于与伴侣和家庭进行关系工作的从业者来说也是一种有效的治疗。本章的目的是强调通过基于互联网的治疗开展伴侣和家庭治疗的价值，并处理面对面治疗比线上治疗更有效这样的误解。

基于互联网的服务的障碍

通常的由来访者导致的对伴侣和家庭治疗的障碍

对使用基于互联网的服务的阻抗的部分原因可能包括那些通常的对关系工作的阻抗。例如，缺乏父母的参与（由对治疗的坚持、出勤率和依从性来定义）是治疗无效的一个主要原因（Baker-Ericzén et al., 2013; Staudt, 2007）。许多与人口统计学和社会经济状况相关的因素也阻碍了伴侣和家庭治疗。例如，从治疗中脱落的儿童通常年龄比较大，属于少数民族，以及表现出外化的行为（Oruche et al., 2014; Pellerin et al., 2010）。对于父母和年轻人来说，较高水平的应激和较低水平的受教育程度与脱落有关（Friars & Mellor,2007; Oruche et al., 2014; Staudt, 2003）。那些感受到他们接受服务的组织满足了他们的需要的儿童和家庭，不太可能脱落（Kim et al., 2012; Staudt, 2003; Thompson et al., 2009）。当治疗费用太高时，也可能会出现脱落的情况（Rose et al., 2004）。

同样的障碍也可能出现在基于互联网的伴侣和家庭治疗中。尽管大约80% 的美国人上网（Internet Stats, 2016），但有一定比例的人没有上网，可能还有一些人无法定期上网，这使他们很难获得线上的治疗服务。这些可能是认为服务费用高昂的伴侣和家庭，他们可能受教育程度较低，这导致他们无法负担这些服务，也许还有其他上述特征。有限的接触再加上其他因素甚至可能增加一些人的脱落，因为来访者可能会把结束与治疗师的关系看成很简单的事，只需要点击“退出”，特别是如果治疗师不在附近时。

治疗师导致的障碍

正如由来访者导致的障碍促使人们相信基于网络的治疗是无效的，治疗师（不仅限于伴侣和家庭治疗师）也对基于网络的服务有一些偏见（Myers & Vander Stoep, 2017）。许多人的看法是，基于网络的治疗在实现治疗联盟、发展适当的评估和诊断方面存在不足，没有为高风险的案例和对保密的担忧提供足够的保障，而且缺乏培训机会。下面我们将逐一讨论这些问题。

感知到的治疗联盟的破坏

关注治疗联盟被广泛地认为是进行有效心理治疗的一个关键组成部分。虽然没有关于感知到的联盟和伴侣 / 家庭的直接研究，但治疗师的一个主要抱怨（高达 61%）是，他们认为治疗联盟没有面对面的治疗关系发展得那么牢固（Hennigan & Goss, 2016; Hertlein et al., 2015）。一个良好的治疗联盟可以帮助来访者更舒服地暴露敏感信息，对干预做出积极的回应，以及增强治疗师对特定的案例做出假设和 / 或设计有意义的干预的能力。

许多治疗师相信，进行基于网络的治疗会破坏合作过程，妨碍对治疗进行组织以关注过程而不是任务，并阻碍发展和维持牢固的联盟（Hertlein, Blumer & Smith, 2014; Reese & Stone, 2005; Richardson et al., 2015; Simms et al., 2011）。然而，关注治疗联盟和基于网络的治疗之间的交叉研究并不支持这些观点。文献一致认为，传统治疗和基于网络的治疗在治疗联盟方面几乎没有差异（Glueck, 2013; Morgan et al., 2008），无论是呈现的问题（Jenkins-Guarnieri et al., 2015）还是形式（Rochlen et al., 2004）。事实上，一些证据表明，治疗联盟在电子治疗中可能比面对面治疗更牢固（Knaevelsrud & Maercker, 2006）。目前还不清楚在伴侣和家庭治疗中是否也能取得同样的效果。例如，写日志经常被用作线上治疗的一部分，并与感知到的联盟联系起来（Glueck, 2013a）。但在关系工作案例中，唯一可能提交日志的人是单独的账户持有者，这损害了与其他人的联盟的建立。

对无法提供符合治疗标准的服务的看法

亨尼根和格罗斯（Hennigan & Gross，2016）的研究中 37% 的受访者提到的另一个与躯体在场有关的问题，是无法恰当地观察来访者可能表现出的非言语线索和躯体语言，这可能会损害恰当的评估和随后的治疗策略。此外，样本中 28% 的咨询师报告了他们对他们的案例需要高度关注时他们无法干预的担忧，44% 的咨询师提到，有关保密的问题是阻碍他们参与这类工作的障碍（Hennigan & Goss, 2016）。伴侣和家庭治疗师的这一比例可能更高，因为他们观察非言语线索的窗口可能更小。例如，在和伴侣工作时，治疗师可能首先关注的一件事是这对伴侣坐在哪里（是坐在一起还是分开坐），这不太可能用于收集信息，因为当治疗师在线上时，可能没有足够的空间让这对伴侣远远地分开坐。

对弥散的边界的感知

人们还可能认为，通过智能手机随时使用互联网（不限于工作时间）的可访问性、可接受性，以及发送信息的便捷性，都可能导致边界的恶化（Hennigan & Goss, 2016; Hertlein & Blumer, 2013），19% 的对基于网络的治疗持谨慎态度的咨询师提到了这一点。因此，关心与来访者保持专业界限的治疗师可能不太倾向于将他们的实践计划中的技术整合看成有益的，或者，在最坏的情况下，可能会把与来访者一起使用技术视为对他们想要建立的界限的损害。从治疗的角度来看，这意味着来访者可以随时联系治疗师来快速地分享最新情况。来访者也可能认为治疗师应该尽可能快地回应，因为他们知道可以通过电话或技术联系他们的治疗师。技术有能力让来访者参与这种可访问性的事实，可能会阻止治疗师在实践中加入这些技术。此外，在伴侣和家庭治疗中，治疗师可能会收到来自伴侣和家庭中单独成员的短信或电话，因为每个成员都有自己的设备。

培训障碍

治疗师最初接受的培训很可能不是通过线上服务提供的。治疗师通常被教授如何实时地，以及在来访者躯体在场的情况下进行评估、诊断和治疗。进行线上治疗的细微差别是后来提供的，通常由治疗师决定他们是否想要在这方面寻求额外的培训。关于为什么不参与基于网络的治疗，样本中 20% 的咨询师提到缺乏这种方法的培训是一个具体原因（Hennigan & Goss, 2016）。这个问题的一部分可能是对更多以胜任力为基础的教育的呼吁。以胜任力为基础的方法起源于医学领域，但它最近已经被各种健康保健专业所采用，如伴侣和家庭治疗、护理、精神病学、心理学和社会工作（Halcomb et al., 2016; Kaslow, 2004; Poulin & Matis, 2015）。2007 年，以胜任力为基础的教育被明确地应用到伴侣和家庭治疗领域中，当时一个工作组开发了后来大家所了解的“核心胜任力”（Nelson et al., 2007）。然而，在婚姻和家庭治疗师的实践中，这些胜任力尚未以技术为中心，包括案例管理、干预和住院等领域。布鲁默等人（Blumer et al.，2015）开始应用某些婚姻和家庭治疗师的核心胜任力来评估他们如何将技术应用到伴侣和家庭治疗师的实践中，该工作已经被纳入由希尔迪等人（Hilty et al., 2015; 2017）开展的更近期的（和更广泛的）关于远程行为健康的胜任力工作中，包括伴侣和家庭治疗。

基于网络的伴侣和家庭治疗的优势

伴侣和家庭治疗师对基于网络的治疗的看法，影响了治疗师对这些实践的舒适性，最终会影响他们在这种方法下工作的成功。然而，将互联网作为一种加强与伴侣和家庭工作的工具来使用具有许多优势。

亲密和自我暴露的发展

和大多数心理健康专业人员一样，关系治疗师倾向于高度重视治疗关系中的亲密。因此，人们普遍期望来访者以展示真实和有助于发展诚实的治疗性关系的方式暴露信息。线上推动的治疗性关系并不会降低使用者的体验——仅仅是一种不同的体验，实际上可能有利于建立亲密关系。这种差异可能主要与线上交流对来访者来说有一种去抑制效应的倾向有关，它会鼓励治疗性表达和自我反思，比来访者在面对面时出现得更早（Suler, 2002）。罗克伦等人（Rochlen et al., 2004）认为，来访者倾向于在核心问题上“直奔主题”（p.271），因为来访者不再需要摘除限制亲密治疗关系的社交“面具”，尤其是在治疗的开始阶段。此外，对技术和治疗的早期调查显示，通过视频服务的交流可能产生更多的亲密，因为人们觉得自己可能更脆弱，因为那个人“并不真的在他们面前”。

增加服务的可获得性

参与提供互联网服务的治疗师可以为不同的地理区域、行政区和人群提供服务。因为农村地区缺乏精神卫生服务的提供者，农村人群往往在组织管理上是最难提供服务的（Gibson et al., 2011; Morland & Kloezeman, 2013; Wang et al., 2005）。尽管基于互联网的治疗可以覆盖农村人群——否则他们会无法获得服务，但基于互联网的治疗依然未得到充分应用（Frueh, 2013）。因为研究表明，只要能获得心理健康服务，这些农村人群中的伴侣和家庭很可能会利用它们（Grubaugh et al, 2008; Harwood & L’Abate, 2009），基于互联网的治疗可以弥补这一差距。

基于互联网的治疗可能也是治疗师和来访者降低服务成本的一种方式（Flaum, 2013）。例如，进行基于互联网的治疗的治疗师不再需要租用办公场所，对治疗师来说，如果通勤需要超过 35 千米，租用办公场所的费用可能会令人望而却步（Glueck, 2013b; Modai et al., 2006; O’Reilly et al., 2007）。去到一个实体的办公场所可以转化为宝贵的时间，这些时间可以花在会见更多的不同地域的来访者上，从而产生更多收入（Glueck, 2013a; 2013b）。对于伴侣和家庭同样如此。在休假、照顾孩子、旅行等可能产生费用的情况下，伴侣和家庭也可以在经济上从基于互联网的治疗中获益（Glueck, 2013a）。伴侣和家庭工作的一个最具挑战性的方面是让所有人同时在一起。此外，即使是工作、学校活动和业余活动之间存在 1 小时的共同时间，往返治疗依然需要额外的时间。就此来看，网络治疗可能是伴侣和家庭能最有效地利用时间的方式。

互联网也可以在治疗中帮助“分开共同生活（Live Apart Together）”的伴侣和异地恋的伴侣。“分开共同生活”的伴侣确认处于一段关系中，但并不生活在一起。这与异地关系不同，异地关系中的个体被很远的地理距离所分开。那些确认自己是“分开共同生活”关系的人，可能对生活在一起不感兴趣，因为他们认为这种关系不是那么严肃，或者没有被强制要求符合生活在一起的社会规范（Duncan et al., 2014）。对于异地关系和分开生活的关系来说，使用互联网作为治疗工具都将增加对这些伴侣的服务，因为他们不需要在距离上很靠近。换句话说，治疗可以适应他们的关系结构 / 物理状态，而不是呈现接近性 / 可获得性的限制。明显大多数（86%）的“分开共同生活”的伴侣每天通过短信、电话或互联网互相联系。同样，异地关系中的伴侣频繁地使用技术彼此联系，而家庭则通过互联网进行跨国连接（Bacigalupe, 2011）。它的好处包括它可以跨越不同的时区和时间线连接家庭（Treas & Gubanskaya, 2018），只要来访者居住的国家承认这样做是合法和合乎伦理的（Caldwell et al., 2017）。

伦理和法律考虑

基于互联网的服务并非没有伦理和法律问题。特别是对于伴侣和家庭治疗来说，保密是一个敏感问题。首先，由于关系系统中多名成员都具有对治疗门户的访问权限，因此安全性常常被认为是一个主要的问题。这可能包括可以接触到与治疗相关的东西，比如日志、笔记或图画。其次，家庭成员被鼓励确保当治疗师私下交谈时（可能是一次单独的会谈），其他家庭成员不会听到单方面会谈的内容。这可能很困难，因为治疗师无法控制来访者所处的环境。与此同时，物理空间中的治疗师也必须防范这种情况，并经常使用白噪声发生器和其他工具。在线上和一个家庭工作的治疗师也必须采取同样的预防措施。

实施基于互联网的服务的指南

纳入指南的一个主要领域是细化和改善的培训领域。赫特莱茵和布鲁默（Hertlein & Blumer，2013）发现，绝大多数有执照的伴侣和家庭治疗师都没有接受过基于互联网的治疗的培训。在亨尼根和格罗斯（Hennigan & Goss，2016）对学校咨询师的研究中，最有帮助的培训包括特别针对学生群体的培训，关于提供这些服务的可行性的培训，关于对关系的影响的培训，以及其他诸如如何具体实施这种治疗的培训。伴侣和家庭治疗师的基于互联网的服务胜任力——如果适用——应该接受美国婚姻和家庭治疗协会的指导。美国婚姻和家庭治疗协会已经使用“技术辅助专业服务”这个术语，并在较小程度上使用“伴侣和家庭治疗技术（Couples and Family Therapy Technology，CFTT）”实践这个术语。在美国婚姻和家庭治疗协会最近发布的一套伦理标准中，相关的部分是“标准 VI 技术辅助专业服务”（2015）。它建议会员：（1）觉察并遵守与提供技术相关的实践有关的法律，确保所推荐的技术对接收者是恰当的，传输是安全的，并在适当的教育、培训或督导后使用，（2）对于提供任何与技术相关的服务，应获得书面的知情同意，包括在保密和安全方面的风险、好处、局限和潜在问题，（3）能够辨别什么时候提供服务是恰当的，如何是恰当的，确定哪种服务是最合适的，（4）只有在完成适当的教育、培训和/或督导后，才能参与和技术相关的培训（首先是胜任力，然后是与最佳线上实践保持一致的实践）。有趣的是，美国婚姻和家庭治疗协会提出的线上治疗的最佳实践特别地没有包括其他形式的媒介。"因此，我们在这里并没有讨论使用短信、电子邮件、线上日程安排或相关的作为面对面治疗的辅助的相关技术（AAMFT, 2016, p.1）。"

马修等人（Maheu et al.，2017）提供了与胜任力发展相关的最新工作。在这项工作中，马修的跨学科工作组负责识别远程行为健康胜任力，提供了七个胜任力领域。这个工作组仔细地考虑了互联网在咨询、精神病学、心理学、社会工作、护理、伴侣和家庭治疗等情况下的应用。这些领域包括：临床评估和治疗、虚拟环境和远程在场、技术上的胜任力、与技术相关的法律和监管问题上的胜任力、循证实践、移动应用程序和社交媒体，以及远程实践的发展（Maheu et al.，2017）。技术方面的胜任力被定义为在能够开展线上实践时，一个人能够多好地使用实际的硬件和软件。在伴侣和家庭治疗中，这意味着确保从业者对每个家庭成员都有相同的实践标准、恰当的记录，并调整目前对个体的治疗方法以适应伴侣和家庭。移动医疗和技术涉及从业者能够在多大程度上实施适当的应用程序，以支持临床治疗和目标。通过互联网与伴侣和家庭工作的治疗师需要确保与技术相关的干预（包括应用程序的建议）将符合伴侣和家庭的需要和能力。例如，提供一个特定的应用程序来鼓励家庭成员记录数据并发送给治疗师，对于可能没有自己的手机的年幼的家庭成员来说可能不现实。远程实践的发展是指利用技术以适当的方式推广自己的临床实践。这意味着，确保那些还没有接受过培训的人，尤其是如何处理与一个家庭工作时呈现在镜头里的动力的培训，在宣布自己是基于网络的伴侣和家庭治疗师之前，可能希望获得这种培训。此外，马修等人（Maheu et al.，2017）在每个领域中都识别出了三种水平的胜任力：新手、胜任者和专家。一般来说，新手是指那些可能是学生或刚刚开始学习技能的人；胜任者可以独立地开展工作；专家可以是那些进行督导、开展研究和/或就技术实践的使用提供培训的人。[1]

结论

技术还不完善，通过互联网平台提供的服务还将继续面临一些挑战。然而，如果经过良好的训练，并以坚持伴侣和家庭治疗专业的治疗标准的方式来使用，互联网可以起到许多积极作用，如减少获得治疗的不平等、增加自我暴露、成为团体过程的支持性助手，以及为各种呈现的问题提供有效的服务。未来的研究需要继续检验一些基于互联网的干预的有效性，因为我们需要数据更清楚地支持这一证据，即网络治疗师不会破坏参与或评估过程。

注释

1. 胜任力清单及其描述非常详细；因此我们建议读者参阅马修等人的文章（Maheu et al., 2017）以了解这方面的细节。

参考文献

Aboujaoude, E., & Salame, W. (2016). Technology at the service of pediatric mental health: Review and assessment. *The Journal of Pediatrics*, *171*: 20–24.

Abrams, J., Sossong, S., Schwamm, L., Barsanti, L., Carter, M., Kling, N., … Wozniak, J. (2017). Practical issues in delivery of clinician-to-patient telemental health in an academic medical center. *Harvard Review of Psychiatry*, *25*(3): 135– 145.

American Association for Marriage and Family Therapy (2015). Revised American Association for Marriage and Family Therapy code of ethics.

American Association for Marriage and Family Therapy (2016). *Best Practices in the Online*

Practice of Couple and Family Therapy. Washington, DC: AAMFT.

American Counseling Association (2014). Code of Ethics.

American Telemedicine Association Practice Guidelines for Video-based Online Mental Health Services (2013).

American Telemedicine Association Practice Guidelines for Videoconferencing- Based Telemental Health (2009).

Bacigalupe, G. (2011). Is there a role for social technologies in collaborative healthcare? *Families, Systems & Health*, *29*(1): 1.

Baker-Ericzén, M.J., Jenkins, M.M., & Haine-Schlagel, R. (2013). Therapist, parent, and youth perspectives of treatment barriers to family-focused community outpatient mental health services. *Journal of Child and Family Studies*, *22*(6): 854– 868.

Barrett, M.S., Chua, W., Crits-Christoph, P., Gibbons, M.B., & Thompson, D. (2008). Early withdrawal from mental health treatment: Implications for psychotherapy practice. *Psychotherapy: Theory, Research, Practice, Training*, *45*(2): 247– 267.

Blumer, M., Hertlein, K.M., & VanderBosch, M. (2015). Towards the development of educational core competencies for couple and family therapy technology practices. *Contemporary Family Therapy*, *37*: 113–121.

Caldwell, B.E., Bischoff, R.J., Derrig-Palumbo, K.A., & Liebert, J.D. (2017). Best practices in the online practice of couple and family therapy. Report of the Online Therapy Workgroup presented to the Board of AAMFT. February 17.

Choi, N.G., Marti, C.N., Bruce, M.L., Hegel, M.T., Wilson, N.L., & Kunik, M.E. (2014). Six-month post-intervention depression and disability outcomes of in- home telehealth problem-solving therapy for depressed, low-income homebound older adults. *Depression and Anxiety*, *31*(8): 653–661.

Chou, T., Bry, L., & Comer, J. (2017). Overcoming traditional barriers only to encounter new ones: Doses of caution and direction as technology-enhanced treatments begin to “go live”. *Clinical Psychology-Science and Practice*, *24*(3): 241–244.

Cosio, D., Jin, L., Siddique, J., & Mohr, D.C. (2011). The effect of telephone- administered Cognitive–Behavioral therapy on quality of life among patients with multiple sclerosis. *Annals of Behavioral Medicine*, *41*(2): 227–234.

Crowe, T.V. (2017). Is telemental health services a viable alternative to traditional psychotherapy for deaf individuals? *Community Mental Health Journal*, *53*(2): 154– 162.

Duggan, M. (2015, December) "Gaming and Gamers." Pew Research Center.

Duncan, S., Phillips, M., Carter, J., Roseneil, S., & Stoilova, M. (2014). Practices and perceptions of living apart together, *Family Science*, *5*(1): 1–10.

Flaum, M. (2013). Telemental health as a solution to the widening gap between supply and demand for mental health services. In K. Myers & C.L. Turvey (Eds), *Telemental Health: Clinical, Technical, and Administrative Foundations for Evidence- based Practice* (pp. 11–25). New York: Elsevier.

Friars, P.M., & Mellor, D.J. (2007). Drop out from behavioral management training programs for ADHD: A Prospective Study. *Journal of Child and Family Studies*, *16*: 427–441.

Frueh, B.C. (2015). Solving mental healthcare access problems in the twenty-first century: Mental healthcare access. *Australian Psychologist*, *50*(4): 304–306.

Gibson, K.L., Coulson, H., Miles, R., Kakekakekung, C., Daniels, E., & O'Donnell, S. (2011). Conversations on telemental health: Listening to remote and rural first nations communities. *Rural and Remote Health*, *11*(2): 1656.

Glueck, D. (2013a). Business aspects of telemental health in private practice. In K.M.L. Turvey (ed.), *Telemental Health: Clinical, Technical and Administrative Foundations for Evidence-Based Practice* (pp. 111–133). Oxford: Elsevier.

Glueck, D. (2013b). Establishing therapeutic rapport in telemental health. In K. Myers., & C. L. Turvey (eds). *Telemental Health: Clinical, Technical and Administrative Foundations for Evidence-Based Practice*. London, UK: Elsevier.

Grubaugh, A.L., Cain, G.D., Elhai, J.D., Patrick, S.L., & Frueh, B.C. (2008). Attitudes toward medical and mental health care delivered via telehealth applications among rural and urban primary care patients. *The Journal of Nervous and Mental Disease*, *196*(2): 166–170.

Halcomb, E., Stephens, M., Bryce, J., Foley, E., & Ashley, C. (2016). Nursing competency standards in primary health care: An integrative review. *Journal of Clinical Nursing*, *25*(9–10), 1193–1205.

Harwood, T.M., & L'Abate, L., 1928, & SpringerLink (Online service). (2010). *Self-Help in Mental Health: A Critical Review*. New York: Springer.

Hennigan, J., & Goss, S.P. (2016). UK secondary school therapists' online communication with their clients and future intentions. *Counselling and Psychotherapy Research*, *16*(3): 149–160.

Hertlein, K.M. (2012). Digital dwelling: Technology in couple and family relationships. *Family Relations*, *61*(3): 374–387.

Hertlein, K.M., & Blumer, M.L.C. (2013). *The Couple and Family Technology Framework: Intimate Relationships in a Digital Age*. New York: Routledge.

Hertlein, K.M., Blumer, M., & Mihaloliakos, J. (2015). Marriage and family therapists' perceptions of the ethical considerations of online therapy. *The Family Journal*, *23*(1): 5–12.

Hertlein, K.M., Blumer, M.L., & Smith, J.M. (2014). Marriage and family therapists' use and comfort with online communication with clients. *Contemporary Family Therapy*, *36*: 58–69.

Hilty, D., Maheu, M., Drude, M., Hertlein, K., Wall, P., Long, K., & Luoma, K. (2017). Telebehavioral Health, Telemental Health, e-Therapy and e-Health Competencies: The Need for an Interprofessional Framework. *Journal of Technology in Behavioral Science*, 2: 171–189.

Hilty, D., Crawford, A., Teshima, J., Chan, S., Sunderji, N., Yellowlees, P., Kramer, G., O'Neill, P., Fore, C., Luo, J., & Li, S. (2015). A framework for telepsychiatric training and ehealth: competency-based education, evaluation and implications. *International Review of Psychiatry, 27*: 569–592.

Internet Stats (2016). U.S. Usage Stats.

Jenkins-Guarnieri, M.A., Pruitt, L.D., Luxton, D.D., & Johnson, K. (2015). Patient perceptions of telemental health: Systematic review of direct comparisons to in-person psychotherapeutic treatments. *Telemedicine and e-Health*, *21*(8): 652–660.

Jones, A.M., Shealy, K.M., Reid-Quinones, K., Moreland, A.D., Davidson, T.M., Lopez, C.M., et al. (2014). Guidelines for establishing a telemental health program to provide evidence-based therapy for trauma-exposed children and families. *Psychological Services*, *11*(4): 398–409.

Kasckow, J., Zickmund, S., Rotondi, A., Mrkva, A., Gurklis, J., Chinman, M., … Haas, G. (2014). Development of telehealth dialogues for monitoring suicidal patients with schizophrenia: Consumer feedback. *Community Mental Health Journal*, *50*(3): 339–342.

Kaslow, N.J. (2004). Competencies in professional psychology. *American Psychologist*, *59*(8): 774–781.

Kim, H., Munson, M.R., & McKay, M.M. (2012). Engagement in mental health treatment among adolescents and young adults: A systematic review. *Child and Adolescent Social Work*

Journal, 29(3): 241–266.

King, V.L., Brooner, R.K., Peirce, J.M., Kolodner, K., & Kidorf, M.S. (2014). A randomized trial of Web-based videoconferencing for substance abuse counseling. *Journal of Substance Abuse Treatment, 46*(1): 36-42.

Knaevelsrud, C., & Maercker, A. (2006). Does the quality of the working alliance predict treatment outcome in online psychotherapy for traumatized patients? *Journal of Medical Internet Research, 8*(4): 31.

Leininger, M.M. (1985). *Qualitative Research Methods in Nursing*. Grune & Stratton.

Luxton, D.D., Nelson, E., & Maheu, M.M. (2016). *A Practitioner's Guide to Telemental Health: How to Conduct Legal, Ethical, and Evidence-based Telepractice*, 1st edition. American Psychological Association.

Luxton, D., Pruitt, L., O'Brien, K., Stanfill, K., Jenkins-Guarnieri, M., Johnson, K., … Gahm, G. (2014). Design and methodology of a randomized clinical trial of home-based telemental health treatment for US military personnel and veterans with depression. *Contemporary Clinical Trials, 38*(1): 134–144.

Maheu, M., Drude, K., Hertlein, K.M., Lipschutz, R., Wall, K., & Hilty, D. (2017). Telemental health, telebehavioral health, e-therapy, and e-health competencies: The need for an interdisciplinary framework. *Journal of Technology and Behavioral Sciences.*

Modai, I., Jabarin, M., Kurs, R., Barak, P., Hanan, I., & Kitain, L. (2006). Cost effectiveness, safety, and satisfaction with video telepsychiatry versus face-to-face care in ambulatory settings. *Telemedicine and e-Health, 12*: 515–520.

Mohr, D.C., Siddique, J., Ho, J., Duffecy, J., Jin, L., & Fokuo, J.K. (2010). Interest in behavioral and psychological treatments delivered face-to-face, by telephone, and by internet. *Annals of Behavioral Medicine, 40*(1): 89–98.

Mohr, D.C., Vella, L., Hart, S., Heckman, T., & Simon, G. (2008). The effect of telephone-administered psychotherapy on symptoms of depression and attrition: A meta-analysis. *Clinical Psychology: Science and Practice, 15*(3): 243–253.

Morgan, R.D., Patrick, A.R., & Magaletta, P.R. (2008). Does the use of telemental health alter the treatment experience? Inmates' perceptions of telemental health versus face-to-face treatment modalities. *Journal of Consulting and Clinical Psychology, 76*(1): 158–162.

Morland, L.A., & Kloezeman, K. (2013). Rural Veterans and telemental health service delivery.

In K. Myers & C. Turvey (Eds), *Telemental Health: A Comprehensive Text for Clinical Practice and Research* (pp. 223–249). Maryland Heights, MO: Elsevier.

Myers, K., & Vander Stoep, A. (2017). i-Therapy: Asynchronous telehealth expands access to mental health care and challenges tenets of the therapeutic process. *Journal of the American Academy of Child & Adolescent Psychiatry, 56*: 5–7.

Myers, K.M., & Turvey, C.L. (2013). *Telemental Health: Clinical, Technical, and Administrative Foundations for Evidence-based Practice*, 1st edition. New York: Elsevier.

Nelson, T.S., Chenail, R.J., Alexander, J.F., Crane, D.R., Johnson, S.M., & Schwallie, L. (2007). The development of core competencies for the practice of marriage and family therapy. *Journal of Marital and Family Therapy, 33*(4): 417–438.

O'Reilly, R., Hutchinson, L., Takhar, J., Fisman, M., Bishop, J., & Maddox, K. (2007). Is telepsychiatry equivalent to face-to-face psychiatry? Results from a randomized controlled equivalence trial. *Psychiatric Services, 58*(6): 836–843.

Oruche, U.M., Downs, S., Holloway, E., Draucker, C., & Aalsma, M. (2014). Barriers and facilitators to treatment participation by adolescents in a community mental health clinic. *Journal of Psychiatric and Mental Health Nursing, 21*(3): 241– 248.

Osenbach, J.E., O'Brien, K.M., Mishkind, M., & Smolenski, D.J. (2013). Synchronous telehealth technologies in psychotherapy for depression: A meta-analysis. *Depression and Anxiety, 30*(11): 1058–1067.

Pellerin, K.A., Costa, N.M., Weems, C., & Dalton, R. (2010). An examination of treatment completers and non-completers at a child and adolescent community mental health clinic. *Community Mental Health Journal, 46*: 273–281.

Poulin, J., & Matis, S. (2015). Social work competencies and multidimensional assessment. *The Journal of Baccalaureate Social Work, 20*(1): 117–135.

Rees, C.S., & Maclaine, E. (2015). A systematic review of Videoconference- Delivered psychological treatment for anxiety disorders. *Australian Psychologist, 50*(4): 259–264.

Rees, C.S., & Stone, S. (2005). Therapeutic alliance in face-to-face versus video- conferencing psychotherapy. *Professional Psychology: Research and Practice, 36*: 649– 653.

Richardson, L., Reid, C., & Dziurawiec, S. (2015). "Going the extra mile": Satisfaction and alliance findings from an evaluation of videoconferencing telepsychology in rural Western Australia. *Australian Psychologist, 50*(4): 252–258.

Rochlen, A.B., Zack, J.S., & Speyer, C. (2004). Online therapy: Review of relevant definitions, debates, and current empirical support. *Journal of Clinical Psychology*, *60*: 269–283.

Rose, L.E., Mallinson, R.K., & Walton-Moss, B. (2004). Barriers to family care in psychiatric settings. *Journal of Nursing Scholarship*, *36*(1): 39–47.

Simms, D.C., Gibson, K., & O'Donnell, S. (2011). To use or not to use: Clinicians' perceptions of telemental health. *Canadian Psychology*, *52*(1): 41–51.

Staudt, M. (2007). Treatment engagement with caregivers of at-risk children: Gaps in research and conceptualization. *Journal of Child and Family Studies*, *16*(2): 183– 196.

Staudt, M.M. (2003). Helping children access and use services: A review. *Journal of Child and Family Studies*, *12*: 49–60.

Suler, J. (2002). The online disinhibition effect. In *The Psychology of Cyberspace*.

Thompson, S.J., Bender, K., Windsor, L.C., & Flynn, P.M. (2009). Keeping families engaged: The effects of home-based family therapy enhanced with experiential activities. *Social Work Research*, *33*: 121–126.

Treas, J., & Gubernskaya, Z. (2018). Did mobile phones increase adult children's maternal contact? In J. Van Hook, S. McHale, & V. King (eds), *Families and Technology* (pp. 139–151). New York: Springer.

Wagner, G., Penelo, E., Nobis, G., Mayrhofer, A., Wanner, C., Schau, J., … Karwautz, A. (2015). Predictors for good therapeutic outcome and Drop-out in technology assisted guided Self-Help in the treatment of bulimia nervosa and bulimia like phenotype. *European Eating Disorders Review*, *23*(2): 163–169.

Wang, P.S., Lane, M., Olfson, M., Pincus, H.A., Wells, K.B., & Kessler, R.C. (2005). Twelve-month use of mental health services in the United States: Results from the National Comorbidity Survey Replication. *Arch Gen Psychiatry*, *62*(6): 629–640.

Yuen, E.K., Herbert, J.D., Forman, E.M., Goetter, E.M., Juarascio, A.S., Rabin, S., … Bouchard, S. (2013). Acceptance based behavior therapy for social anxiety disorder through videoconferencing. *Journal of Anxiety Disorders*, *27*(4): 389–397.

第十一章

数字辩证法

探索线上治疗中的技术悖论

莉奥拉·特鲁布，丹尼尔·马伽蒂

引言

通过屏幕做治疗的可能性给治疗师带来了一个根本困境。一方面，对于许多治疗师来说，临床直觉表明身体共处一个房间是最佳治疗的必要条件（如 Rees & Stone, 2005; Simpson & Reid, 2014）。与此同时，许多治疗师从事计算机介导治疗，取得了积极的结果。相比之下，研究不断地强调，屏幕和无处不在的数字技术会加剧人与人之间的疏离，阻碍亲密关系（如 Hanlon, 2001; Przybylski & Weinstein, 2012; Turkle, 2011; 2015）。治疗性的二元关系可能是这些不良反应的唯一例外吗？面对使参与技术介导的心理治疗变得复杂化的这些潜在的不一致，治疗师可能会发现自己迫切要求解决方案，而事实上，困境本身是有重要意义的。事实上，找到一种方法来包容我们与技术连接中不同的，通常是对立的元素，对于创造治疗性体验是必要的，在这种体验中，我们的来访者可以理解技术对他们生活的影响，同时也努力以最符合他们需要的方式塑造他们与技术的关系。

功能对等和其他对解决方案的尝试

解决方案的一种尝试是完全拒绝使用这种技术。这一立场可能越来越难以维持，而且可能会妨碍治疗师理解技术在来访者生活中的核心地位，包括其积极影响（Essig, 2012）。另一个解决方案的尝试是采用功能对等的概念，即认为亲身治疗和计算机介导治疗之间没有区别。除了维持对等假象的潜在危险之外（Essig, 2015; Isaacs-Russell, 2015），持否认这两种方法之间的潜在差异的立场与核心的治疗价值观背道而驰，根据核心治疗价值观，治疗师对治疗中展开的任何事情都持开放态度，记录来访者是如何体验所有的治疗元素的，并能够识别特定的方法的限制性因素。

这一假设可能是由一组研究推动的，这些研究表明通过屏幕有可能建立起与亲身治疗同样牢固的治疗联盟（Day, 1999; Glueckauf et al., 2002; Schneider, 2001）。有些人甚至更喜欢使用这种模式的治疗，在远一些的地方可以让他们自己更开放和暴露自己，或者利用距离为自己的治疗承担更大的责任和任务（Day & Schneider, 2000; Simpson & Reid, 2014）。有些人觉得它不那么有侵入性（Simpson, 2001）。这揭示了一种潜在的冲突，一方面在来访者所待的地方和来访者会面，另一方面是鼓励他们走出自己舒适区，建立一种信任的亲身关系，这种关系最初可能具有挑战性，但最终可能具有深刻的治疗作用。正如辛普森（Simpson，2009）所指出的，“一个害怕亲密的来访者可能更喜欢视频治疗，但实际上可能从暴露于面对面的治疗的躯体接近中获益更多（p. 274）。”

许多研究都强调，为了更好地适应来访者的需要而将来访者与治疗方法匹配（计算机介导治疗还是亲身治疗）的重要性（Simpson, 2009; Simpson & Reid, 2014）。例如，有研究指出，有性虐待史、表现出更混乱的人际行为的个体，可能需要比在计算机介导治疗中能感受到的更大的稳定性和支持（Richardson, 2011）。在短程认知行为治疗中，计算机介导治疗在加强治疗内、外的治疗参与和防止退步上潜力巨大（Clough & Casey, 2015; Day & Schneider, 2002）。理论取向会影响治疗师如何看待计算机——齐伯尔斯坦（Zilberstein，2013）指出，认知行为治疗师倾向于把它作为一种治疗工具来关注，而精神分析性治疗师则关注它如何影响潜在的冲突、欲望和关系。她警告说，虽然与理论取向上的普遍分歧是一致的，但这种分裂没有认识到所有当代治疗师都要关注这两个维度的需要。当我们考虑将屏幕用于家庭、伴侣或团体治疗中多人的临床工作时，这一点就变得更加重要。因此，本章通过将屏幕引入当代生活所带来的四个基本困境，来考虑有关计算机介导治疗的一些问题。

数字第三方

计算机屏幕改变了所有二元关系的治疗维度，不管在什么理论取向下。我们失去了身体处在同一空间中的机会。治疗师的身体不仅是一个物质现实，而且具有作为支持性的治疗性抱持环境的容器的象征性意义（Burka, 1996）。治疗师身体的在场是“意义的载体”（Ogden, 1994），它如此强大，被认为象征着母亲的子宫（Ferenczi, 1950）。正如布尔卡（Burka, 1996）写道，“治疗师身体的物理现实是用体重和身高来衡量的，但治疗师身体的心理现实是无法被看到、被测量的，也是无法从一个特定的来访者－治疗师二人关系的物理和心理环境中分离出来的（p.264）。”来访者和治疗师不断地以有意识和无意识的方式对对方的身体做出反应，共享只有通过他们在一起的身体才能获得的重要信息。从房间中在一起的身体获得的洞察力对治疗工作有着不可估量的作用。在治疗中对身体的关注，不仅可以发现来访者栖居于他特定的身体中是什么样子的，还可以探索创伤是如何储存在身体里的（Van der Kolk, 2015）。

当二维的表象取代了治疗师和来访者的身体时，我们就丧失了目光、气味和动作的微妙之处，所有这些都促进了主体间性的维度的出现，奥格登（Ogden，1994）称之为“分析性的第三方”。在屏幕上，分析师和来访者保持着各自的主体性，但当图像取代了身体时，持续共同创造的主体间性发生了显著的改变。在屏幕介导的治疗中，对技术通话质量的警觉挑战了治疗师允许沉默和关注更多象征性的联结表现的能力（Isaacs-Russell, 2015）。失去沉默也可能使治疗师无法触及遐想和幻想——使分析性第三方的发展成为可能的过程（Isaacs-Russell, 2015）。正如一名分析师在一项早期研究中所言，“我完全无法通过 Skype 把握主体间性空间，这让我感到非常不舒服”（Trub & Magaldi, 2017）。由于分析性的第三方在计算机介导治疗中更加难以获得，主体间性空间反而被另一个“第三方”实体——技术——所主导。我们称之为数字第三方。

在屏幕介导的治疗过程中，当数字第三方在治疗关系中以及对治疗关系发挥影响时，有一些强大的力量在起作用，有可能激发强烈的移情和反移情的感受（Bagnini, 2015）。这些感受常常没有被探索过（Isaacs-Russell, 2015; Trub & Magaldi, 2017）。但是技术拥有自己的主体间性的意义——它可能成为一种情感障碍，一张安全网，一个进入来访者世界的窗口，一个拥有超越时空力量的神奇载体，等等。但是，精神分析治疗师没有探索这些意义来深化治疗，而是可能无意识地引导谈话远离那些他们担心会让来访者痛苦的感受——如果技术性连接不能抱持这些感受。然后，他们通过过度关注来访者的言语来过度补偿情绪平淡的治疗互动的质量（Isaac-Russell, 2015）。这种做法将内容凌驾于过程和主体间性的意义之上，会阻碍临床直觉。

不管理论取向如何，治疗师可能会担心他们通过屏幕“抱持”（Winnicott, 1953）的能力。如果数字第三方的影响未加探索，那么治疗双方更容易使治疗材料流于表面，使得更深刻、更困难的内容和感受未被触及或被回避。然后，治疗性参与在一个更为表面的水平上维持着，在这个水平上来访者和治疗师评估治疗进展良好，恰恰因为治疗没有冒险进入更危险的地方，这需要承认数字第三方的存在、风险和影响。来访者可能会把治疗师的犹豫感受为要么是走得更深，要么是承认这种媒介可能的局限性。同样，他们可能会感到治疗师希望保护他们免遭这些风险，或者他们可能觉得有必要保护自己，造成潜在的治疗回避脆弱或退行状态的合谋（Isaacs-Russell, 2015）。当治疗师在屏幕介导的治疗中认识到或承认数字第三方的存在时，就存在着探索因屏幕的使用而产生的治疗师和来访者之间共同、潜意识的意义创造的可能性。

影响通过屏幕的治疗的四个困境

将屏幕引入治疗空间的决定不仅仅只是为了引入一种进行治疗的新媒介。随着技术设备的更新，关于个体如何相互联系的规范、规则和复杂性也在不断发展。此外，许多技术的影响在本质上是矛盾的，同时产生了连接和断开、赋能和奴役以及独立和依赖的感受（Jarvenpaa & Lang, 2005; Turkle, 2011; Weinberg, 2014）。当把手机或计算机带入治疗时，这些矛盾的效果会更加复杂，因为治疗有自己的参与规则。治疗师和来访者（们）之间亲密的接触，治疗旨在成为一个深思熟虑、为了追求领悟的反思的空间，而不是冲动行事的空间。当治疗通过屏幕来进行时，将屏幕引入我们的人际关系所带来的社会变化就会进入治疗性相遇。在接下来的部分，我们将介绍内蒂的临床案例，这是一个包含几次家庭屏幕会谈的亲身治疗，以阐述当技术和心理治疗在家庭治疗中结合时出现的四个困境。

案例片段（为保护来访者隐私，对可识别信息已进行修改）

内蒂进入治疗来处理焦虑和惊恐发作。在开始探索她的焦虑后，我们开始了解，她 15 年的婚姻是非常具有虐待性的，她的恐惧和不愿意承认这一点导致了强烈的焦虑和悲伤。在她所在的社区，治疗和离婚都被认为是可耻的，她感到选择很有限。然而，内蒂的焦虑的令人衰弱和难治的性质使她“病得”足以克服这些根深蒂固的文化习俗，让她能够接受治疗服务。重要的是，我是一名可以为她为了家庭参与治疗提供正当性的医生，而不仅仅是一名治疗师。作为医生和来访者，我们一起帮助她建立了一个支持网络，包括一个家庭暴力团体。她开始通过给丈夫设定界限，列出在他们的关系中她能容忍和不能容忍的事情，为自己和孩子的安全发声。当她的两个十几岁的儿子争吵时，他可以生气，但不能威胁说“把他们的脑袋砸碎”。随着她的信心和决心的增强，她更加清楚地意识到自己想要和丈夫分开，但又害怕家人的反对。在她的建议下，我们进行了一系列的线上治疗，包括她的两个哥哥，一个住在菲律宾，另一个住在中国。通过屏幕，内蒂报告了她婚姻中发生的事情，描述了她所经历的虐待和她想分开的愿望。我们努力重塑她的哥哥们的想法，虽然他们担心如果她离婚，她会在经济上没有保障，会毁掉她的生活，但内蒂正在努力为自己建立一个更好、更有保障的生活。她的哥哥们尊重我的专业知识，并接受了我的评估，认为内蒂的行为不是鲁莽的，而是经过深思熟虑的。几次治疗之后，她的哥哥们表示接受，允许她进行非常艰难的分离。

困境1：采用新的交流规范。作为治疗师，我们如何回应和/或整合社会已经采用的围绕通过技术的可获得性的新规范？

为了适应新的交流规范（分散的家庭会使用技术来保持联系），内蒂和我在治疗中加入了屏幕。起初，当她承认并表达了自己的需要，并最终获得了家人的支持，屏幕似乎是一个创造性的解决方案，增加了她获得资源的机会——包括内部和外部资源。然而，后来当内蒂要把她的牧师也纳入以计算机介导治疗中时，我好奇屏幕的可获得性是否为我提供了一个太容易的、让我和她一起面对复杂关系的解决方案，尽管她自己面对这些问题最终可能会有更好的治疗效果。这个屏幕既能实现又能掩盖一个治疗性重现，我就像她的丈夫，扮演了一个代表她讲话的有力量的人的角色。因此，在提供解决方案并给予她支持的同时，这项技术允许家庭中一种有问题的模式得到强化，而不是被打破。她对许可的需要以及一种由强大的他人控制和支配的文化，是她想要与之对话和对抗的东西，然而与她的哥哥们一起的治疗利用了我作为医生的专业知识，而不是她的感受和想法，来获得她的哥哥们的许可。对于内蒂来说，能够通过屏幕将她的哥哥们带入我们的治疗，可能最终会淹没她的声音—— 一种她同时非常努力地想要培养的声音。家庭工作的一个基本要素是帮助每个成员发现自己的声音，认识到使彼此相互理解变得困难的关系动力学。在这个例子中，屏幕可能会掩盖这一点。

在是否以及如何在治疗中采用新的交流规范方面，我们有重要的决定要做。即时通信现在已成为生活的一个事实。然而，技术和治疗提供了两种截然不同的即时性，一定不能混为一谈—— 一个是即刻联系的可能性和预期；另 个是治疗性的即时性，是此时此地的感受的表达。随着我们对交流的价值观和期望的改变，人们可能会放弃对治疗性的即时性的发现和亲密，代之以通过短信、色拉布或 Skype 获得对即时联系的满足。通过屏幕进行的家庭治疗可能无意中促成了这种交换——更看重问题的解决，而不是注意和表达在治疗中让家庭聚在一起所产生的感受。

科技对我们的交流方法的影响让治疗更复杂，并引发了关于治疗的便利性的问题：科技可能会加快互动的节奏，提高效率，同时也会在需要耐心或延迟满足时滋长一种对即刻满足的渴望。科技可能会迎合我们疗愈一切的愿望，即众所周知的治疗魔杖，而家庭关系、心理痛苦和生活变化的挑战很少会被治愈，最多只是被处理和探索。由科技产生的更多的选择和可获得性，可能会妨碍我们认识和探索承载在我们希望在理解家庭问题之前解决它们的愿望中的意义。

科技明显地影响了心理治疗的一些根本方面——界限、隐私、独处、亲密和联结，这些只是其中的一部分。许多治疗师通过科技提高了对来访者的可获得性，这改变了治疗性接触的框架。有了这些新的规范，我们可能会忘记考虑保持标准的治疗界限的好处—— “因为视频会议的可能性，我们可能会不由自主地认为我们不用它（指标准的治疗界限）是因为我们没有，而没有考虑没有它是否更好（Trub & Magaldi, 2017）。”

另一方面，通过计算机向在家的来访者提供个体治疗，或为处在危机中的来访者提供家庭治疗，而其家庭成员分布在世界各地，这种做法的好处是很难否认的。科技为交流提供了更多选择，这无疑可以解决家庭治疗中的某些问题。然而，决定哪些来访者可以获得更多的治疗机会，哪些来访者被拒绝，以及在什么情况下需要与技术背道而驰的正念。治疗师描述他们的来访者期望通过短信或电子邮件能够轻松地联系他们，这让他们感到压力很大（Trub & Magaldi, 2017）。与此同时，即使我们对何时以及如何使用科技来增加交流是经过深思熟虑的，这样做也会传递出一种隐含的信息，即我们是随时可以被联系上并有空的。在紧急情况下发短信会提醒来访者我们只有一条信息之隔。我们想做始终存在、慷慨大方的母亲的愿望，我们对短信铃声的巴甫洛夫式的反应，以及我们对一种在关系中包含即时和即刻接触的新规范的内化，可能会搅乱我们在家庭治疗中参与性观察者角色的观察性部分（Hirsch & Aron, 1991）。通过将科技融入家庭治疗中来回应这些新的规范，可能有助于使治疗师人性化，增加与“只能亲身治疗”的一代来访者的接触可能显得老式和过时，并向来访者发出信号——治疗师以来访者的方式进行交流。被体验为一个“掌握它”的治疗师是非常有吸引力的。

与此同时，坚持在治疗室中亲身的交流是神圣的决定可能有明显的好处。在屏幕成为日常生活中不可或缺的一部分的环境下长大的这群来访者，拥有比他们之前的任何来访者都更复杂、更持久的社会互动网络。但他们比以往任何一代人都感到更孤独、悲伤和焦虑（Twenge, 2017）。屏幕是家庭成员相互躲藏的一种方式。因此，我们可能处于一个示范在亲密关系中交流和建立信任的位置上，这在生活的其他方面越来越难以做到。如果我们抵制新的科技规范，我们可能害怕被淘汰，但亲身的家庭治疗可能是仅存的紧密、亲密、亲身接触的堡垒之一，能带来洞察和改变。科技似乎拥有无限的可能性。但治疗性相遇的简单性也蕴含着非常宝贵的可能性。

困境2：沉默。鉴于非言语领域在临床工作中的重要性，当我们在一种偏重言语胜过非言语、偏重谈话胜过沉默的媒介中交流时，我们会面对什么样的挑战？

沉默在治疗中拥有深刻的多种意义：它可以为认知处理、情感调谐或愤怒的表达腾出空间（Lcvitt, 2001）；它可能是一种阻抗的行动（Reik, 1926）；或者通过体验一种可以掌控的沉默，来访者可以用沉默来减轻对死亡或被抛弃的恐惧（Kaftal, 1980）。沉默可以是退行性的，让来访者在治疗师在场的情况下体验更早的，甚至前言语的阶段。它可以是有创造力的，满足来访者在特定时刻的需要（Balint, 1958; Levitt, 2001）。沉默可以成为一个容纳在家庭中无法说的话的空间；这种语言的缺失可能表达了一种无法用言语表达的感受或信息（Sabbadini, 1991）。它能够促进来访者和治疗师之间的理解和紧密（Sharpley et al., 2005）。

在内蒂的家庭治疗中，严重的连接问题——那些导致屏幕有时暂停和卡顿的延迟和缺失，使沉默变得很困难，并成为本已脆弱的家庭关系中失去联结的预兆。在亲身治疗时，沉默在给内蒂时间去思考和回应上是有效的。她慢慢地处理自己的感受，然后需要时间来获取我们已经讨论过和演练过的策略以表达自己。通过屏幕，这一点更加困难了，我有时会介入来肯定她的感受，而不是让沉默展开。这些时刻可能在不知不觉中强化了她的信念，认为别人需要决定她的哪些感受是正当的、值得承认的，这强化了一种无益的家庭动力。

科技挑战沉默。在治疗之外，科技带来的无数便利、好处和持续的干扰使真正的沉默变得稀有，使得在治疗中沉默的需要变得更加迫切。现在我们的手机是人们协调日常生活计划和活动的最常用工具，治疗师甚至依靠手机来进行来访者的日程安排。在一个“永远在线”“被拴住的自我”（Turkle, 2006）的世界里，不受打扰的独处是很难实现的。在历史上，在（亲身）治疗中的沉默会用像“孕育的”“沉重的”“反思的”或“表达性的”这样的词汇来描述（Levitt, 2001）。屏幕上的沉默可能让人感觉很不一样。当它发生时，治疗师可能会比在亲身治疗中的沉默更焦虑，因为他们必须对数码连接可能的中断保持警觉（Isaacs-Russell, 2015; Trub & Magaldi, 2017）。长时间的停顿可能很快就会被问“你还在吗？”或“你掉线了吗？”。可以理解的是，在治疗师和家人努力地理解在具体和象征的层面上所发生的事情时，屏幕上的沉默可能会引发家庭成员对被抛弃或拒绝的更深层次的恐惧。为了在通过屏幕的家庭治疗中保持安全、反思性的治疗性参与，治疗师必须以不同的方式理解沉默，因为他们意识到通过屏幕什么发生了变化，家庭成员在沉默中可能体验到什么样的脆弱性，以及涉及什么样的风险。

困境 3：亲密。利用这种挑战亲密的可能性的技术作为一种增加亲密和真实的工具，其临床意义是什么？

数码连接是难以捉摸的——持续和即时的，但不管怎样总是不那么令人满意。精神分析师和技术研究者谢里·特克尔（Sherry Turkle）长期以来一直认为，对于那些渴望紧密而又害怕亲密的人来说，科技是完美的解药，因为它找到了每一种关系体验的解决办法。“当科技所提供的东西满足了我们人类的脆弱性时，它是有诱惑力的。而且事实证明，我们确实非常脆弱。我们孤独，但又恐惧亲密（Turkle, 2011, p.1）。”这种在世界上的存在方式——连接着但又孤独——可能会成为一种常态。根据对儿童和成人的数百个访谈，特克尔（Turkle, 2011）指出，“当我们把自己分散开来的时候，我们也许抛弃了自己。有时候人们在几小时的连接之后，没有沟通过的感觉。而且当他们心不在焉时，他们会报告有亲密感（p.12）。”这很像温伯格（Weinberg，2014）的电子亲密（e-intimacy）的概念，这常常是人们在寻求亲密时所获得的东西。如果在没有其他东西的情况下，人们很可能会把两者（真正的亲密和电子亲密）相混淆。

我们的设备往往对我们有一定的影响力，这使得我们很难意识到当我们持续地使用它时，它不再能够满足我们的需要。手机往往会让我们产生对在家庭关系中频繁联系的期望。虽然这可以增加我们的满足感，但它也会导致过度依赖和被诱捕、内疚和有压力的感受，充分地呈现出通过科技实现的家庭动力（Hall & Baym, 2012）。其他人也已经注意到类似的矛盾体验，这可能会让人们很难对设备的使用施加最佳程度的控制（Jarvenpaa & Lang, 2005; Trub & Barbot, 2016）。确实，设备本身有时会触发接触的需要，而不是反过来（Turkle, 2011）。瑞巴克（Ribak，2009）将手机比作脐带，因为他发现手机的连接潜力比发生在成年子女和父母之间的实际对话更有意义。科技带来了一种日益普遍的、存在于一种“持续的部分关注”的状态中的倾向（Stone, 2014），在这种状态下，只保持部分关注的行为可以让我们避免对没有被完全关注的失望。

不太清楚的是，这些体验会如何影响在家庭治疗中使用完全相同的设备进行交流的体验。我们知道，关于面对面的家庭治疗过程的神圣之处在于，知道接下来会有一段在规定的时间内不受打扰的谈话。除了紧急情况，将手机关机是常规做法；我们是不会被外界联系上的。但在以计算机为媒介的治疗中，情况就不一样了，因为在家庭治疗中，家庭成员坐在同一块屏幕前，他们可能会用它来分散注意力或从家庭联系中解救自己，并接受传递新闻的社交媒体、短信或电子邮件通知。即使治疗师会尽可能阻止分心的可能性，但我们的来访者可能不会，因此可能会面临被外界联系、脱离临床时刻的可能性，不经意间精心编排了强大的家庭动力，但这可能被忽略为技术的常见中断。

这种分散注意力的可能性具有关系上的意义。在一项关于人们对另一个刚刚交谈过的人的感受的研究中，仅仅是在桌子上出现手机就会对人们对另一个人的信任感和亲近感产生负面影响，会降低人们感受到被共情和被理解的程度（Przybylski & Weinstein, 2012）。在脆弱或有意义的谈话中，家庭治疗也无法免于这种与仅仅出现一个设备相联系的消极后果。研究还表明，这些过程是自动、无意识的，激活了我们意识觉察之外的关系图式（Lyons-Ruth, 1999）。因此，可能没有办法完全逆转这些过程。尽管在桌子上出现一部手机和使用屏幕进行交流是不同的，但这些情景都有可能与当前谈话以外的人取得联系，以及谈话被打断。那么，我们如何理解这些发现与那些早前描述的建议，即治疗联盟并不会受到将治疗转移到屏幕上的影响呢？

今天，当与家庭成员一起处理他们在亲密关系方面的困难时，关注我们的来访者与家庭成员交谈的媒介是至关重要的。我们的来访者可能会描述一个重要的“他们进行过的谈话”，却没有提到那是通过短信进行的——要么是因为害怕被评判，要么是因为这太正常了，他们不认为需要提到它。同样，我们可能会发现我们自己会催促来访者在连接变得模糊之前在中断的地方开始讲话，通过推开这些失去连接的时刻和忽略它们更大的影响来努力抹平它们。当我们对“挂掉”一个 Skype 呼叫感到不舒服时，我们可能忽略了治疗被中断的时刻，以及每个家庭成员随之而来的感受。在家庭治疗中体现“技术模式”可能会影响交流和内在过程，因此我们需要克服合理化或忽视的冲动，有意识地努力谈论它，并促进家庭成员彼此之间的讨论。

困境 4：引入数字自体。既然科技在塑造身份方面发挥了作用，那么将科技介导的自体部分邀请进入临床互动中有多重要呢？

科技如何塑造身份？什么是“数字自体”，它与非数字（模拟）自体有什么联系？一个家庭的某些成员发展出了数字自体，而另一些没有，这意味着什么？虽然对科技与自体的复杂交织的全面探索远远超出了本章的范围，保持对这些问题的觉察会帮助我们避免低估数字文化对家庭的影响和不经意间迫使我们的来访者在门口检查他们的“数字自体”。由于数字技术为身份探索和展示提供了另一个舞台，我们必须关注家庭成员如何使用社交媒体来表达自己的某些方面，这些方面可能在亲身的互动中是缺失的。这些信息可能在两方面是有帮助的——首先，它可以让治疗师看到家庭成员原本可能看不到的某些方面，为治疗师提供一个更完整的画面；其次，家庭成员可以根据在数字领域构建的自体形象来获得觉察，从而为自己在世界上的变化和适应提供信息。

治疗师更偏好亲身的互动，可能不欣赏互联网被用作自我探索的舞台的可能性。我们自己的研究表明，治疗师不愿意与来访者谈论数字世界的错综复杂有几个原因，它让人不知所措（谁能跟上最新的应用程序？而且，为了了解一位来访者线上约会的情况，是否有必要知道在迫使女性迈出第一步上，Bumble[①] 和其他应用程序是不同的？）；对在治疗中与来访者的设备连

① 一款交友软件。——译者注

接感到不舒服（治疗师更喜欢让来访者描述一次互动，而不是直接在手机上阅读它）；由于对一些事情不了解带来的不安全感，它有时可能会暴露出代沟。因此，在认识到来访者的数字自体在家庭中的重要性时，我们可能会面临一个盲点。而且，如前所述，数字互动（通过应用程序、聊天、玩游戏等）在家庭年轻成员之间的互动中占了很大的比例。

在理论和实践中，心理学家早就注意到互联网有时可以让个体有效地参与、探索和修通自我被否认的部分，而另一些时候则使自我的那些部分保持被解离和被否认（Dryer & Litmaer, 2007; Pilecki, 2017; Trub, 2016）。伴随着管理数字自体的自由（通过创建线上社交媒体档案、约会档案、头像等），带来了创建线上身份的压力，这个身份是公开、可记录的，而且对他人的评论是开放的，这些评论也是被记录下来供他人观看的。因此，身份探索因为印象管理而变得模糊。正如克里斯汀·罗森（Christine Rosen，2007）所指出的，"德尔菲神谕的指引是认识你自己。今天，在线上社交网络的世界中，神谕的建议可能是展示你自己。"

线上的自我呈现可以通过多种方式表现出来——有些人试图创造一个与线下特征尽可能相似的自我，有些人则展示出他们更理想的自我的版本（可能是他们想成为的那个人），有些人利用这个机会尝试不同的身份（Bessière et al., 2007; Dryer & Litmaer, 2007; Koles & Nagy, 2016; Pilecki, 2017; Trub, 2016）。每种情况都有不同的含义，家庭中不同成员的情况可能也不同。比如，以理想化的方式呈现自我的数字表现可能产生积极和消极的影响，这取决于个体能够在多大程度上体现这个理想的自我，和/或它在多大程度上导致进一步的疏离或孤立。在一项针对青少年博主的民族志研究中，霍德金森（Hodkinson，2007）指出，对一些人来说，数字档案提供了一个可以通过尝试不同身份的空间，而不用忠于一个身份，而对另一些人来说，通过网络社区的支持，它促进了一种更坚实、更完整的身份感。通过讨论一位青少年来访者，纳索（Naso，2011）同样描述了在“第二人生”平台（在这个平台上一个人的化身与他人的化身互动）上培养有意义的人际关系，如何使先前缺失的同情和共情得以发展。

最后，对一些人来说，线上互动的距离和匿名性可能有助于表达和探索自我的某些部分，这些部分可能是感到羞耻的，是在家庭中不被接受的（de Varela, 2015; Koles & Nagy, 2016; Trub, 2016; Trub, Revenson & Salbod, 2014）。线上空间可以让人感到更安全，从而减少因被拒绝而产生的社交焦虑感，使人能够更多地暴露信息，增强人际信任。利用网络空间来克服表达自己的焦虑可能对那些害羞或内向的家庭成员（Amichai-Hamburger et al., 2002; Dunaetz et al., 2015）、认同自己属于边缘群体的人（Hodkinson, 2007; Pilecki, 2017），以及在确定自主和亲密需要上有困难的家庭成员（Jenkins-Guarnieri et al., 2012; Morey et al., 2013; Nitzburg & Farber, 2013; Trub et al., 2014; Trub, 2016），特别有帮助。

所有这些对内蒂来说都是真实的，使线上互动成为一个她可以被不同地看待的地方，感到更能掌控自己的故事，然后把它带进她的家庭治疗中。与此类似，一些家庭成员可能会使用基于短信的互动来表达自己，而他们在面谈或电话中无法做到这一点（Trub & Barbot, in press; Reid & Reid, 2007）。对于内蒂来说也是如此，她使用储存在云端的受密码保护的数字日记来安全地表达她对丈夫行为的害怕和恐惧，这些她是无法大声说出来的。之后，她会决定她想要分享哪些条目，用电子邮件发给我获取这些材料的链接，这样她就可以表达她的感受，而不需要用言语说出来。数字日记也代表了一种她对控制性的丈夫的颠覆行为，内蒂利用科技安全而私密地呈现了她自己害怕被丈夫报复而不敢暴露的部分。

在对年幼孩子的家庭治疗中，进入孩子的内心世界，以理解孩子的视角让自己沉浸其中，可能也包括用科技了解他们的生活。了解孩子的游戏角色可以让治疗师接触到孩子在不受外部和内部环境的限制和挑战的情况下他可以成为什么样的人的幻想（Koles & Nagy, 2016）。马尔伯格（Malberg, 2011）描述了在治疗早期阶段，他如何与青少年来访者密切地参与游戏，以促进信任和乐趣的发展。他在治疗中对游戏的使用，也是修通创伤体验和发展个人能动性的一部分，这最终会带来疗愈和心理上的成长。邀请成年人的数字自体加入的重要性同样重要，帮助家庭成员理解它拥有的对彼此的意义可能是现在家庭动力学的一个重要方面。

但矛盾的是，参与视频会议可能会进一步阻碍治疗师与一个人的数字自体接触的能力。即使是在以技术为媒介的治疗中，我们可能因为不太知道如何邀请它进来，和 / 或潜隐地或公开地创造一个无技术的治疗环境，不知不觉地就这么做了。共同呈现的身体通常更有助于让治疗师看到来访者的数字自体，这可能涉及在治疗过程中与一位家庭成员一起看着一个设备。与来访者和治疗师可以一起看着一块屏幕的亲身治疗不同，向治疗师展示一个人的数字自体，同时又不转移他对计算机介导治疗的注意力，从而对联结造成威胁，这是一项相当有挑战性的工作。因此，对线上治疗师来说，了解来访者所有的部分，尤其是那些存在于数字领域的部分，可能是一个更大的挑战。

结论

心理治疗也不能免受科技给人们彼此交流和联结的方式带来的大量深刻的变化的影响。对于科技对沟通、接触、亲密、自我表达和自我探索的影响的矛盾性质，家庭治疗师带着一种微妙的视角，处在一个帮助家庭探索科技在他们生活和人际关系中的作用的位置上，因此他们可能会更有意识地选择如何在家庭内外进行沟通，这可能会增进亲密，促进自主性。治疗性接触在其深度参与方面是独特的，它提供了领悟、觉察和亲密的机会，这些是家庭成员之间可能不会向彼此或他人表达的。这种接触转移到屏幕上时，家庭就会暴露在科技融入社会所固有的好处、复杂性和风险面前。治疗师随后会面临一系列源于将科技与家庭治疗混合所产生的冲突的两难困境。在本章中我们强调了其中的四个困境——采用新的交流规范、沉默、亲密以及引入数字自体。就像内蒂的案例，这些和其他困境可能被隐藏在线上治疗接触中，很容易被忽略或忽视，除非我们承认数字第三方是如何在屏幕上对所有治疗接触起作用的。治疗师可能会倾向于忽略数字第三方的存在，绕过这些困境，以忽视影响治疗过程的动力为代价，来实现一种问题解决的感觉。但很简单，这是需要理解的屏幕介导的治疗固有的一个方面。认识到融入当今科技文化的强大趋势至关重要；能够认识到它产生的这种微妙的复杂性，是理解在计算机介导的家庭治疗中起作用的许多因素的最初和必要的步骤。

参考文献

Amichai-Hamburger, Y., Wainapel, G., & Fox, S. (2002). "On the internet no one knows I'm an introvert": Extroversion, neuroticism, and internet interaction. *CyberPsychology & Behavior*, *5*(2): 125–128.

Bagnini, C. (2015). Technology-stirred projective processes in couple teletherapy.

Psychoanalysis Online, *2*: 185–193.

Balint, M. (1958). The three areas of mind. *The international Journal of Psychoanalysis*, *39*: 328–340.

Bessière, K., Seay, A.F., & Kiesler, S. (2007). The ideal elf: Identity exploration in World of Warcraft. *Cyberpsychology & Behavior*, *10*(4): 530–535.

Burka, J.B. (1996). The therapist's body in reality and fantasy: A perspective from an overweight therapist. In B. Gerson (Ed.), *The Therapist as a Person: Life Crises, Life Choices, Life Experiences and their Effects on Treatment* (pp. 255–276). Hillsdale, NJ: The Analytic Press.

Clough, B.A., & Casey, L.M. (2015). The smart therapist: A look to the future of smartphones and mHealth technologies in psychotherapy. *Professional Psychology: Research and Practice*, *46*(3): 147–153.

Day, S.X. (1999). Psychotherapy using distance technology: A comparison of face- to-face, video, and audio treatments (Doctoral dissertation, University of Illinois at Urbana–Champaign). *Digital Dissertations*.

Day, S.X., & Schneider, P. (2000). The subjective experiences of therapists in face- to-face, video, and audio sessions. In J.W. Bloom & G.R. Walz (Eds), *Cybercoun- seling and Cyberlearning: Strategies and Resources for the Millennium* (pp. 203–218). Alexandria, VA: American Counseling Association.

Day, S.X., & Schneider, P.L. (2002). Psychotherapy using distance technology: A comparison of face-to-face, video, and audio treatment. *Journal of Counseling Psychology*, *49*(4): 499–503.

de Varela, Y. (2015). Cyberspace as potential space. In J.S. Scharff (Ed.), *Psychoanalysis Online 2: Impact of Technology on Development, Training, and Therapy* (pp. 233–238). London: Karnac Books Ltd.

Dryer, J.A., & Litmaer, R.M. (2007). Cyber-sex as twilight zone between virtual reality and virtual fantasy: Creative play space or destructive addiction? *Psychoanalytic Review*, *94*(1): 39–61.

Dunaetz, D.R., Lisk, T.C., & Shin, M.M. (2015). Personality, gender, and age as predictors of media richness preference. *Advances in Multimedia*, 2015(7): 1–9.

Essig, T. (2012). Psychoanalysis lost and found in our culture of simulation and enhancement. *Psychoanalytic Inquiry*, *32*: 438–452.

Essig, T. (2015a). The "Full training illusion" and the myth of functional equivalence. *Division of Psychoanalysis, 2*.

Ferenczi, S. (1950). Silence is golden. In J.A. Suttie (Ed. & Trans.), *Further Contributions to the Theory and Technique of Psychoanalysis* (pp. 250–252). London: Hogarth Press.

Glueckauf, R.L., Fritz, S.P., Ecklund-Johnson, E.P., Liss, H.J., Dages, P., & Carney, P. (2002). Videoconferencing-based family counseling for rural teenagers with Epilepsy: Phase 1 Findings. *Rehabilitation Psychology*, *47*(1): 49–72.

Hall, J.A., & Baym, N.K. (2012). Calling and texting (too much): Mobile maintenance expectations, (over) dependence, entrapment, and friendship satisfaction. *New Media & Society*, *14*(2): 316–331.

Hanlon, J. (2001). Disembodied intimacies: Identity and relationship on the internet. *Psychoanalytic Psychology*, *18*(3): 556–562.

Hodkinson, P. (2007). Interactive online journals and individualization. *New Media & Society*, *9*(4): 625–650.

Hirsch, I., & Aron, L. (1991). Participant-observation, perspectivism and countertransference. In H. Siegel, L. Barbanel, I. Hirsch, J. Lasky, H. Silverman, & S. Warshaw (Eds) *Psychoanalytic Reflections on Current Issues* (pp. 78–95). New York: New York University Press.

Isaacs-Russell, G. (2015). *Screen Relations: The Limits of Computer-mediated Psychoanalysis and Psychotherapy*. London: Karnac Books Ltd.

Jarvenpaa, S.L., & Lang, K.R. (2005). Managing the paradoxes of mobile technology. *Information Systems Management*, *22*(4): 7–23.

Jenkins-Guarnieri, M.A., Wright, S.L., & Hudiburgh, L.M. (2012). The relationships among attachment style, personality traits, interpersonal competency, and Facebook use. *Journal of Applied Developmental Psychology*, *33*(6): 294–301.

Kaftal, E. (1980). Clinical manifestations of death imagery. *Issues in Ego Psychology*, *3*(1): 7–12.

Koles, B., & Nagy, P. (2016). Avatars as transitional objects: The impact of avatars and digital objects on adolescent gamers. *Journal of Gaming & Virtual Worlds*, *8*(3): 279–296.

Levitt, H.M. (2001). Sounds of silence in psychotherapy: The categorization of clients' pauses. *Psychotherapy Research*, *11*(3): 295–309.

Lyons-Ruth, K. (1999). The two-person unconscious: Intersubjective dialogue, enactive relational representation, and the emergence of new forms of relational organization. *Psychoanalytic Inquiry*, *19*(4): 576–617.

Malberg, N.T. (2011). From blood elf to angry young man: An atypical analysis or simply the use of a new facilitating object? *Journal of Infant, Child and Adolescent Psychotherapy*, *10*(4): 392–401.

Morey, J.N., Gentzler, A.L., Creasy, B., Oberhauser, A.M., & Westerman, D. (2013). Young adults' use of communication technology within their romantic relationships and associations with attachment style. *Computers in Human Behavior*, *29*(4): 1771–1778.

Naso, R.C. (2011). Role-playing games: Bridge or barrier to object relationships in socially-isolated teens? *Division/Review*, *1*(2): 27–30.

Nitzburg, G.C., & Farber, B.A. (2013). Putting up emotional (Facebook) walls? Attachment status and emerging adults' experiences of social networking sites. *Journal of Clinical Psychology*, *69*(11): 1183–1190.

Ogden, T.H. (1994). The analytical third: Working with intersubjective clinical facts. *Int. J. Psycho-Anal*, *75*(1): 3–20.

Pilecki, A. (2017). Screen images: Transitional and defensive internet use LGBTQ adolescents and adults. In J.S. Scharff (Ed.), *Psychoanalysis Online 3* (pp. 153–168). London: Karnac Books Ltd.

Przybylski, A.K., & Weinstein, N. (2012). Can you connect with me now? How the presence of mobile communication technology influences face-to-face conversation quality. *Journal of Social and Personal Relationships*, *30*(3): 237–246.

Rees, C.S., & Stone, S. (2005). Therapeutic alliance in face-to-face versus videoconferenced psychotherapy. *Professional Psychology: Research and Practice*, *36*(6): 649–653.

Reid, D.J., & Reid, F.J.M. (2007). Text or talk? Social anxiety, loneliness, and divergent preferences for cell phone use. *CyberPsychology & Behavior*, *10*(3): 424–435.

Reik, T. (1926). The psychological meaning of silence. *Psychoanalytic Review*, *55*(2): 172–186.

Ribak, R. (2009). Remote control, umbilical cord and beyond: The mobile phone as a transitional object. *British Journal of Developmental Psychology*, *27*(1): 183–196.

Richardson, L. (2011). "*Can you see what I am saying?*"*: An action-research, mixed methods evaluation of telepsychology in rural Western Australia* (Doctoral dissertation, Murdoch University).

Rosen, C. (2007). Virtual friendship and the new narcissism. *The New Atlantis* (17): 15–31.

Sabbadini, A. (1991). Listening to silence. *British Journal of Psychotherapy*, *7*(4): 406–415.

Schneider, P.L. (2001). A comparison of outcome variables in psychotherapy: Distance technology versus face-to-face.

Sharpley, C.F., Munro, D.M., & Elly, M.J. (2005). Silence and rapport during initial interviews. *Counselling Psychology Quarterly*, *18*(2): 149–159.

Simpson, S. (2001). The provision of a psychology service to Shetland via teleconferencing: Patient/therapist satisfaction and ability to develop a therapeutic alliance. *Journal of Telemedicine and Telecare*, *7*(1): 34–36.

Simpson, S. (2009). Psychotherapy via videoconferencing: A review. *British Journal of Guidance & Counselling*, *37*(3): 271–286.

Simpson, S.G., & Reid, C.L. (2014). Therapeutic alliance in videoconferencing psychotherapy: A review. *Australian Journal of Rural Health*, *22*(6): 280–299.

Stone, L. (2014). Continuous Partial Attention.

Trub, L. (2016). A portrait of the self in the digital age: Attachment, splitting, and self-concealment in online and offline self-presentation. *Psychoanalytic Psychology*, *34*(1): 78–86.

Trub, L., & Barbot, B. (2016). The paradox of phone attachment: Development and validation of the Young Adult Attachment to Phone Scale (YAPS). *Computers in Human Behavior*, *64*, 663–672.

Trub, L. & Barbot, B. (in press) Texting – Great Escape or Path to Self-Expression? Development and Validation of the Messaging Motivations Questionnaire. *Measurement and Evaluation in Counseling and Development.*

Trub, L., & Magaldi, D. (2017). Left to our own devices. *Psychoanalytic Perspectives*, *14*(2): 219–236.

Trub, L., Revenson, T.A., & Salbod, S. (2014). Getting close from far away: Mediators of the association between attachment and blogging behavior. *Computers in Human Behavior*, *41*: 245–252.

Turkle, S. (2006). 10 Always-on/always-on-you: The tethered self. In J. Katz (Ed.) *Handbook of Mobile Communication Studies* (pp. 121–128). Cambridge, MA: MIT Press.

Turkle, S. (2011). *Alone Together: Why We Expect More from Technology and Less from Ourselves*. New York, NY: Basic Books.

Turkle, S. (2015). *Reclaiming Conversation: The Power of Talk in a Digital Age*. New York: Penguin Press.

Twenge, J.M. (2017). Have smartphones destroyed a generation. *The Atlantic*.

Van der Kolk, B.A. (2015). *The Body Keeps the Score: Brain, Mind, and Body in the Healing of Trauma*. New York: Penguin Books.

Weinberg, H. (2014). *The Paradox of Internet Groups: Alone in the Presence of Others*. New York: Karnac Books.

Winnicott, D.W. (1953). Transitional objects and transitional phenomena: A study of the first not-me possession. *Int. J. Psycho-Anal.*, *34*: 89–97.

Zilberstein, K. (2013). Technology, relationships and culture: Clinical and theoretical implications. *Clinical Social Work Journal*, *43*(2): 151–158.

第十二章

线上伴侣和家庭治疗的实际操作注意事项

阿尔农·罗尔尼克，肖莎娜·赫尔曼

伴侣治疗和视频的使用存在一些具体问题。以下是给从业者的一些建议。

座位安排：伴侣应该使用同一台计算机和摄像头还是使用各自的计算机？

大多数方法都认为座位安排非常重要：一方面，我们希望伴侣双方能相互交谈。另一方面，我们希望这对伴侣，作为一个整体，也能面对治疗师。显然，伴侣和家庭治疗的思想流派决定了线上的座位安排。

意向关系疗法非常强调分享和积极倾听，所以伴侣应该真正地面对对方。因此，根据这种方法，治疗师应该考虑使用两台不同的计算机。戈特曼的方法强调对面部表情的评估，作为一种感知互动的情绪方面的方法。苏·约翰逊（Sue Johnson）的情绪聚焦疗法（Emotional Focus Therapy，EFT）强调一起在治疗师面前，但仍然可以彼此交谈。因此，这对伴侣应该使用一台计算机和摄像头。然而，这可能会降低治疗师注意每一方的面部表情的能力。

一般来说，视频治疗能让治疗师以非常细致的方式观察伴侣的面部。每一方也都能细致地看到治疗师的面部。因此，坐得靠近摄像头具有独特的优势。然而，正如通用实际指导中提到的，这样坐会妨碍对身体表达的感知。

艾琳·巴德尔（Ellyn Bader）和彼得·皮尔森（Peter Pearson）认为，伴侣双方选择的坐法可能会给治疗师提供一些关于他们的亲密程度的信息。所以，线上治疗师应该等一下，看看这对伴侣会选择什么样的座位安排。

这些都是重要的考虑，治疗师应该根据具体情况和治疗阶段来选择自己的偏好。

治疗师指的是谁?

在亲身治疗的设置中，所有人都在同一个房间里，治疗师指的是谁很清楚。治疗师的头和身体要么对着其中一方，要么对着另一方。使用视频时，治疗师应该意识到伴侣双方无法感知他在向着谁，所以治疗师应该找到方法表明这一点，有时只需要简单地提一下他想要对其讲话的人的名字。

设置

因为伴侣是坐在自己的房子里进行视频治疗的，所以明确进行治疗的特定环境非常重要。保持同一个地方的一致性也很重要。治疗师应该注意进行视频治疗的空间安排。有时空间中的特定物品可能对伴侣是有意义的。即使宠物的出现也是有意义的。对于不使用自己的私人治疗室进行视频治疗的治疗师来说，情况同样如此。

伴侣和家庭治疗应该从面对面开始，然后继续视频会议，还是只通过视频会议就足够有效？

在接受来访者的过程中，评估很重要，强烈建议进行亲身的会面，但是如果不可能，那么应该安排第一次见面，让伴侣双方坐在一起，能够呈现在一个屏幕上，因为目的是评估伴侣之间的问题和他们的和睦情况。在接下来的会面中，每一方使用不同的计算机可能会有优势。

不建议一方和治疗师坐在一起，另一方坐在一个遥远的地方使用视频会议，因为这可能被看作治疗师和那一方的联合。

个体会面

长期以来，关于伴侣治疗师是否应该单独地和伴侣一方见面一直存在争议。根据戈特曼的方法，摄入性会谈包含个体会面，在这些会谈中保持隐私性很重要。伴侣另一方或其他家庭成员不应在会谈地点附近，对于线上会面来说应该阐明这一点。其他方法不鼓励伴侣治疗中的个体会谈。

冲突情境

在治疗中，特别是在冲突的情况下，治疗师应该积极干预，并确保每一方都有分别讲话的机会是非常重要的。巴德尔和彼得森（Peterson）强调，治疗师需要在伴侣治疗中发挥领导作用，拒绝让治疗以愤怒和敌意开始。在同一个物理空间中时，治疗师可以使用一些暗示（比如用他的椅子靠近一方，就像苏·约翰逊所建议的，或轻轻地触碰另一方）。这在视频治疗中是无法做到的。治疗师和来访者可以提前就治疗师可以使用的某些提示（视觉的或听觉的）达成一致。甚至在某些人们分开坐的情况下，当一名家庭成员说话时，治疗师可以将某些家庭成员设置为静音。

现实冲突和危机情境

治疗可以在伴侣的住所进行，这一事实为伴侣展示现实生活情境和危机提供了机会，甚至比在治疗师的治疗室中展示得更多，并允许治疗师在看到这些现实生活的情境时进行干预。然而，在极端情况下（例如，当涉及暴力或实际的威胁时），治疗师应该提前准备好，让这对伴侣的某个邻居介入。

情绪爆发

情绪爆发是伴侣治疗的评估和治疗的重要因素。通常情况下，伴侣治疗师会使用言语和非言语线索来评估情绪爆发。戈特曼的方法是为每一方使用技术工具，如脉搏血氧计。在视频治疗中，这些技术手段可以更容易地使用和实施。例如，在视频治疗中，人们可以在被测量的同时，在屏幕上分享结果，设置可以在屏幕上实时看到结果（脉搏、心率），这在面对面的治疗中是做不到的。

然而，我们应该考虑到，从远处控制这种情绪爆发可能是困难的，因为不存在有助于阻止情况升级，甚至一方付诸行动的物理上的接近性。

克服这个问题的一个方法是确保治疗师和来访者都知道来访者附近（地理区域）的社区资源，尤其是在危机情境下。另一种方法是教授一些策略，比如放松技术或冥想，来应对这些情况。

每次治疗的节奏

在亲身的治疗中，沉默是一种常见技术，而且治疗师有许多其他非言语的可能性。在视频治疗中，模糊或缓慢的言语、言语的延迟或沉默会被理解为技术问题，因此，保持一定的节奏和避免过多的沉默是重要的，过多的沉默有时会被理解为技术上的问题。

治疗过程的录制

在许多伴侣治疗流派中，录制伴侣治疗过程是很常见的，事实上这是培训伴侣治疗师和接受反馈和督导的组成部分。录制在评估和治疗中的使用是戈特曼理论的重要因素之一。视频录制可以帮助治疗师评估这对伴侣，在某些情况下，可以在治疗过程中用来教授这对伴侣新的技能。在线上录制各次治疗比在治疗室的设置下简单和容易得多。

在远程治疗中使用计算机和摄像头的方便性可以帮助伴侣和治疗师在家中的危机情境下做出干预。如果这对伴侣在这样的情境下使用摄像头，并实时地与治疗师分享，治疗师可以立即干预，而不必在治疗室内展示或讨论这些情境。

异地关系

现代异地关系的盛行强调了线上远程治疗的必要性，因为这是处于这种关系中的伴侣用来交流的主要手段之一。在这些情况下，线上治疗是伴侣治疗的唯一方法，因为伴侣不住在同一个地方。

家庭治疗

在通过视频会议帮助家庭治疗中的儿童时，治疗师应该记住，儿童在参与治疗时需要治疗师真正的实体存在。让孩子保持长时间的注意力集中也很困难，尤其是在线上。这些都是在治疗涉及儿童之前需要考虑的问题，当然，每个儿童都是不同的。

第三部分

线上团体治疗

海姆·温伯格主编

第十三章

引 言

海姆·温伯格

我们是“社会性动物”，天生就有社交互动的能力。这就是为什么使用团体来帮助人们是很自然的原因之一。团体心理治疗多年来一直是一种重要的治疗方法，其悠久的历史可以追溯到弗洛伊德关于团体心理学的著述。在第二次世界大战期间，许多遭受“炮弹休克”的士兵对心理支持和治疗的巨大需求导致了对团体治疗的更多关注。比昂（Bion）和福克斯（Foulkes）在英国发展了他们的团体理论方法，而在大洋的另一边，库尔特·列文（Kurt Lewin）将他的力量场的概念应用于团体，这导致了美国国家训练实验室（National Training Laboratories，NTL）的敏感性团体（T-groups）的发展。在 20 世纪 70 年代，会心团体（encounter groups）在美国如野火般迅速传播，满足了一个异化的社会对联结的需要。欧文·亚隆是团体治疗的倡导者之一，他的《团体心理治疗：理论与实践》一书为大多数心理治疗师所熟知。

在过去几十年中，团体研究的重点已经从强调过程研究转向了对结局研究的检验。研究证实了团体治疗的治疗效果至少与个体治疗相当。许多研究发现，就整体而言，团体治疗似乎是有效的（Burlingame et al., 2003），并且在许多问题上与个体治疗一样有效（Barlow, 2011; Bernard et al., 2008;

Burlingame et al., 2004; Oei, Raylu, & Casey, 2010)。然而，奇怪的是，尽管它具有循证有效性，过去的几十年里，在大多数西方国家，对团体治疗的兴趣都似乎在衰退，越来越少的治疗师使用它，尤其是在他们的私人诊所中。

出现这种情况的一个原因是召集足够多的人开始一个团体方面的困难。在私人诊所中，你需要一个相对较大的来访者人群来招募一个团体。找到所有小组成员都能够聚在一起的时间和空间并不容易，而且当治疗师访谈完最后一个候选人时，第一个受访谈的人（他是治疗师几个月前见过的）已经脱落了。因为这些实际的考虑，许多团体没有开始。即使治疗师克服了所有这些技术上的困难，团体开始了，仍然有一些可能会妨碍参加者来治疗的限制：交通阻塞、生病、出差等。团体的不稳定会降低安全感，并导致挫败感、拒绝和较少参与团体过程。

正如本书中不止一次地强调的那样，互联网可以让人们更容易获得治疗，所以它可能有助于克服上面的一些问题。更大的候选人人群（不仅来自治疗师所在的地理区域）和更大的参与连续性和稳定性（较少缺席）可以保证更顺利的团体过程。然而，尽管远程治疗早在 20 世纪 50 年代就已经存在（主要是通过电话，参见本书个体治疗部分引言中的综述），但远程团体治疗的使用很少被试验过。也许其中一个原因是，在团体电话治疗中，识别说话的人并不容易。温伯格（Weinberg，2001）在 21 世纪初就已经指出了在互联网上（线上论坛）团体动力学的重要性。使用视频会议的线上团体治疗最近才开始，可能是由于更好的视频连接的应用的发展。对于视频程序来说，找到适合多名参与者的技术解决方案需要花费一些时间。据我们所知，这是第一本深入回顾互联网在团体治疗中的应用的书。

尽管技术解决方案已经存在，但远程管理一个团体的参与者并不是一件轻而易举的事。正如本书导论中所强调的那样，去实体的互动带来了许多困难，但还有许多其他困难。例如，团体参与者无法识别每名成员在看谁。尤其重要的是无法定位团体带领者的目光。听到所有团体成员在同一时间说话也是有问题的。这是一门需要学习的艺术。

这部分不仅对团体治疗师很重要，对那些和分散在全球各地的家庭一起工作的家庭治疗师也很重要，这些家庭的祖父母、父母和成年子女都生活在不同的地方。它可能对组织顾问也有意义，因为对于成员在不同的大洲工作的团队，线上团队会议已经成为组织中的一种规范。很多时候，过程方面在这些会面中被忽略了。由于过程在团体治疗中非常重要，我们建议组织顾问也阅读这部分。

让我们以一个案例片段开始。

在一个治疗团体中，一名团体成员带着她的猫参加了其中的一次治疗。她没有征求团体带领者或其他成员的同意，表现得好像把宠物带进团体是很自然和公认的规范。团体成员中没有人对猫的存在发表评论，直到团体带领者询问她是否愿意就违反边界说些什么。她根本不认为这是违反边界的行为，反而对团体带领者对此进行讨论感到很生气。大多数团体成员都认为治疗师对这个可爱的生物的存在小题大做了，并声称它没有导致任何干扰和分心，也没有干扰团体过程。

我认为大多数熟悉团体治疗、边界和团体协议的重要性的读者，会发现这个成员的行为很奇怪，会将这个团体的漠不关心解释为一种明显的阻抗。但是，假如我告诉你，这是一个使用 Zoom 应用程序进行视频会议的线上团体，这只猫的存在是治疗中被发现的，当它跳上桌子并开始走来走去，美丽的毛茸茸的尾巴出现在镜头前面时，那又如何？那仍然是一种违反边界的行为吗？那仍然是一种团体阻抗吗？

这个简短的例子表明，尽管使用视频的线上团体看起来与亲身的团体——所有的参与者和治疗师都在同一个房间中——非常相似，但显然我们是以不同的方式与他们建立联系的，至少在某些方面。重要的问题是，线上团体（特别是使用视频会议的团体）与所有参与者和带领者都在同一个房间的团体有什么不同。这个问题对团体治疗理论是有意义的：团体治疗师是否应该以不同于在他的治疗室中带领团体的方式来带领这些团体？本书这个部分的目的就是探讨这些异同点，并呈现线上治疗团体不同的线上应用。

到目前为止，线上团体治疗要么是通过文字［例如使用谷歌群组或电子邮件清单论坛（Listserv forums）］，要么是通过视频（使用 Zoom 或 Skype 等应用程序）的形式进行。文字格式允许同步群组（在聊天室中，所有群组成员同时在线）或异步群组（在论坛中，没有时间限制，人们只要有时间就可以发送和阅读消息）的存在。线上论坛有自己的动力，这在温伯格的书《在虚拟他者存在的情况下孤身一人》（*Alone in the Presence of Virtual Others*，2014）中有详细的描述。他认为论坛是伪装成小团体的大团体，并指出只有发生在基于文字的交流中才会出现大量的投射。他假设存在影响人们线上行为的假设和信念（互联网潜意识），并强调了在这种没有边际的虚拟团体中团体带领者存在的重要性（一个几乎在每本关于线上治疗的书中都会提到的话题）。他还主张，在这些线上团体中的亲密与面对面的亲密不同，并将其称为电子亲密。

由于通过计算机进行的视频交流的质量在 2010 年前后显著提高，视频会议作为团体治疗（以及一般的线上治疗）的选择变得越来越受欢迎和普遍，可能因为它变得越来越接近“现实”。事实上，它是面对面的，只是不是亲身的。然而，尽管关于使用视频的线上个体治疗的文章（和一些研究）

开始出现，我还没有看到关于使用视频的线上团体的文章。本书这个部分的目的之一就是填补这个空白，尽管并不局限于在团体中使用视频。

这个部分包括对默林·莱兹克兹的访谈，他曾与亚隆共同编写了《团体心理治疗：理论和实践》（第五版；2005）。在这次访谈中，我和默林·莱兹克兹讨论了许多稍后在我的章节中进行总结的内容。值得一提的是莱兹克兹讨论的关于凝聚力的问题，以及它在 Zoom 团体中的影响。凝聚力是亚隆的治疗因子之一，研究发现它与团体治疗的积极效果相关。在某种程度上，它取代了与个体治疗效果相关的治疗联盟因子。强调这一概念，思考线上团体如何变得有凝聚力，并建议线上团体带领者如何加强这一因子，可能对团体的成功至关重要。

在这次访谈中提出的许多话题在海姆·温伯格的章节中得到了进一步探讨。去实体的团体的问题通常占据了关于线上治疗的作者的注意力。我都知道人们的物理存在可以调节彼此的情绪（根据人际神经生物学方法），这种调节是否能在线上发生是不确定的。然而，温伯格提出了一些加强线上团体治疗师存在的影响的方法，来补偿身体的缺席。他还请读者注意，我们在多大程度上忽略了在线上团体中发生在背景中的重要事件（参见本引言开篇的猫的例子）。最后，但同样重要的是，他关注以下事实，即治疗师没有像亲身团体一样在控制设置，并好奇这对团体的动力管理意味着什么。

这个部分的另一章是由劳尔和拉腊·魏因贝格撰写的。他们描述了两个不同的线上团体。第一个是为期 3 年的使用互联网论坛的长程治疗团体。由于这个团体是从之前的亲身团体发展而来的，所以很容易与面对面的和基于线上文本的团体进行比较。第二个团体使用线上视频游戏治疗被诊断为孤独症谱系障碍的儿童和青少年，这个游戏帮助这些孩子学习如何与他人合作。

这一部分还包含线上团体的实践注意事项，正如本书的其他部分一样。

那么，线上团体治疗的底线是什么呢？让我们用另一个案例片段来总结一下。

在一个线上团体中，一名成员谈论了一件令人痛苦的事情，但请求团体不用担心他，或让他再多说一些，因为他很好。团体成员在尊重这位成员的要求，与关心他，感到他也许是在否认他确实需要他们的帮助之间左右为难。团体感觉卡住了，这名成员感觉到了这一点。最后，他告诉带领者："你在线上无法看到，但我在盯着你，希望你能找到摆脱僵局的办法。"这帮助了团体带领者进行干预，帮助团体讨论他们的困境。

总结：线上团体带来了一些挑战，但也存在创造性方法来克服这些挑战……

参考文献

Barlow, S.H. (2011). Evidence bases for group practice. In R.K. Conyne (Ed.), *The Oxford Handbook of Group Counseling* (pp. 207–230). Oxford: Oxford University Press.

Bernard, H., Burlingame, G., Flores, P., Greene, L., Joyce, A., Kobos, J.C., et al. (2008). Clinical practice guidelines for group psychotherapy. *International Journal of Group Psychotherapy, 58*: 455–542.

Burlingame, G., Fuhriman, A., & Mosier, J. (2003). The differential effectiveness of group psychotherapy: A meta-analytical perspective. *Group Dynamics: Theory, Research and Practice*, *7*: 3–12.

Burlingame, G.M., MacKenzie, K.R., & Strauss, B. (2004). Small group treatment: Evidence for effectiveness and mechanisms of change. In M.J. Lambert (Ed.), *Bergin & Garfield's*

Handbook of Psychotherapy and Behavior Change, 5th edn (pp. 647–696). New Jersey: Wiley.

Oei, T.P., & Dingle, G. (2008). The effectiveness of group cognitive behaviour therapy for unipolar depressive disorders. *Journal of Affective Disorders*, *107*: 5–21.

Oei, T.P., Raylu N., & Casey L.M. (2010). Effectiveness of group and individual formats of a combined motivational interviewing and cognitive behavioral treatment program for problem gambling: a randomized controlled trial. *Behavioral Cognitive Psychotherapy*, *38*(2): 233–238.

Weinberg, H. (2001). Group process and group phenomena on the Internet. *International Journal of Group Psychotherapy*, *51*(3): 361–379.

Weinberg, H. (2014). *The Paradox of Internet Groups: Alone in the Presence of Virtual Others*. London: Karnac.

第十四章

与默林·莱兹克兹的访谈

M代表默林·莱兹克兹；H代表海姆·温伯格。

H：如果你问我，在做了许多线上团体、读了很多文献以及与很多同道交谈之后，得出了什么结论，一个结论就是尽管它类似于面对面团体，但并不完全相同。困难在于——因为它们太相似了——大多数治疗师都忽略了细小的差异，或者看起来细小的差异，我认为这是错误的。

M：我们知道，如果你用团体作为干预的设置，过程维度就会有点消失在背景中。但是如果你更多地将团体作为一种治疗的动因，过程变量就会更多地进入前景。

H：这句话很棒。它确实对我帮助很大，因为转移到线上治疗的一个困难是设置改变了。你所说的让我明白了，是的，可能是有问题，但问题是我们关注的是过程还是设置。就此能多说一点吗，因为我认为这一点是根本性的，非常重要。

M：当然。你可能知道我非常关注做一名循证从业者这个概念。在现在我们讨论的工作中，关于使用互联网作为一种工具来提供面对面的团体治疗，重要的是同样的事情——在互联网上更重要——所以，关注凝聚力是非常重要的。相比于面对面的团体，我们还不知道Zoom团体是如何影响凝聚力的。在某些方面，互联网也有一些优势，因为来访者可能更愿意冒险，特别是当他们用短信做出回应时。存在一种阈下空间……我们是面对面的，但这和我们真的在同一个房间里有一点不同。因为你只能看见我的脸。你不知道我还在做其他什么事情。我所有能看到的也只是你的脸……所以，我们不得不更加关注没有被明显地传达的东西。把团体作为一种动因——回到我之前所说的——这是为什么团体治疗很困难的部分原因，我的意思是在许多人那里，团体被当作提供干预的设置。这没问题，如果你想要的是一个心理教育团体，或支持团体，或学习如何应对化疗。我认为它们也有很大的效用和价值。但是如果你把团体看作一个团体本身、旨在促进自我觉察的团体过程、人际学习、自我理解的载体，那么关注过程就变得非常重要。我说的“过程”的意思是本质上“为什么这件事情会在这个时间点以这种方式发生”。对我来说，这是我记住发生了什么、谁对谁在说什么、说了什么、谁没有讲话的一种简单的方法。有什么没有被说出来。尤其是为什么会在这个时间点以这种方式发生。这与我们所知道的预测团体治疗更好的效果的两个关键因素有什么关系：凝聚力的发展和共情的表现。

H：所有这些过程和此时此地的元素在线上和面对面之间没有什么不同。

M：我斗胆猜测它们至少是一样的，另外……

H：你能就这个“另外”多说一些吗？

M：当我在我的医院里带领一个团体时，我深植于一种特殊的社会和文化环境中。在我的工作中我是否感到被支持，我是否感到我的工作受到重视，我的工作是否被尊重，我是否在一个人们在提供医疗服务时富有同情心的环境中——这些都会影响我。在一个让我感到不公平或对社会正义缺乏关注的环境中工作——这也会影响我。当你在带领一个互联网团体——一个 Zoom 团体——的时候，你对围绕这种动力学的所有其他力量都是开放的。人们处于不同的地方。你可能会有来自不同国家的团体成员。所以，一些更大的力量可能使它更复杂。

H：所以这是一个“另外”……通常我们会加入文化和社会因素，甚至社会潜意识因素，当你带领一个成员来自许多文化和世界各地的团体时，这一点更明显。

M：没错。我认为，我们越是能够让一个 Zoom 团体像面对面团体，并利用额外的属性，我们就会使它越有效。所以：准备，筛选，概念化——所有这些都非常、非常有效。

H：我同意。回到你之前提到的治疗性因子，我认为关于文本团体——论坛——已经有足够的证据表明它存在逐渐发展的凝聚力……但我认为你是对的，关于 Zoom 或视频会议团体，还没有足够的研究和证据。我说得对吗？

M：我认为是这样的。我的意思是这是你的工作；你比任何人都更了解这一点。我还没有发现很多关于（线上）面对面团体的东西。我发现的大部分工作都是关于更传统的互联网团体的。你是说现在面对面、使用 Zoom 作为平台的团体还不多。

H：是的，不多。这就是为什么在这本书中，我们希望更多地关注视频会议，无论是伴侣、家庭还是个体治疗——我们希望它能完善和补充文献。

M：是的，我认为这很重要。还有一个变量可以讨论，就是……很多 20 多岁和 30 多岁的寻求治疗的人，要比 40 多岁和 50 多岁的人对互联网感到更舒服。还有一个代际现象。我们可能觉得是参与的障碍的东西将不会成为另一代人参与的障碍。

H：你可能是对的。也许年轻一代的人做起来更容易。甚至可能从中获益更多。但我们也来谈谈年轻一代的劣势。这难道不意味着——我在扮演魔鬼代言人——通过提供线上治疗，我们支持一种随叫随到、快速解决问题的文化，而不是延迟满足？你怎么看，对此你会说什么？

M：我认为这些是很好的问题。我认为，关于提供互联网团体治疗所带来的意想不到的结果，有伦理上的考虑。例如，你如何处理危机？你如何处理一个人变得极度痛苦的情景？他们在 600 千米以外。为了安全必须建立什么样的协议。我不了解但很好奇的是……我们知道很多人都过着一种超现实的生活。一种虚拟的生活，而不是真实的生活。所以，Zoom 团体是把人们的距离拉近——我们希望如此——还是在培养这种“我不必离开我的房子，我可以坐在我的椅子上接触世界”的想法。而且，一方面，我的意思是，我看到许多人都有社交焦虑和抑郁症，另一方面，这是他们接触治疗的一种方式，否则他们可能无法获得治疗，但这是不是在无意中强化了这样一种想法，即他们实际上可以真正控制自己的暴露，而完全不暴露在外面的世界中。

H：你指出了我在《互联网悖论》（*The Internet Paradox*）一书中所写的内容——这是一个悖论。谢里·特克（Sherry Turkle）在她的书《一起孤独》（*Alone Together*）中也提到了这一点……所以这是一个悖论，也许，正如你一开始所说的，这意味着在治疗中我们需要比平时更注意边界的问题。并非常清晰地维持设置。就像你提到的协议。增加一个关于线上伦理、规范或规则的部分。以及确定在危机时我们应该做什么。

我想和你讨论的另一件事情是：一个主要的问题是在去实体的环境中会发生什么。有种东西不见了，那就是身体。你能说些什么吗？你有什么想法？

M：这要求 Zoom 团体的带领者要额外地小心和谦逊。因为你所做的眼见为实的推断将更加有限。因为你只能看到一部分。如果你坐在一个房间中……一个有经验的团体治疗师可以很快地扫描整个房间。我认为扫描一台有八张面孔的计算机是一种不同的技能。

H：所以你失去了一些东西……我认为目光接触也丢失了。这是另一个悖论：虽然相比于你在（线下）团体里看一个人，你可以更近地看他——你可以更多地关注面部表情，但实际上你无法进行目光接触。

M：而且如果你把注意力集中在一个人身上，与此同时你对其他人的视野就会变得模糊。我可以想象。我知道，当你在同一个房间中时，获取团体中发生的一切是很困难的。还有身体姿势……对身体姿势的作用我还没有达到应有的敏感度，但我很喜欢，例如帕特·奥格登在美国团体治疗协会（American Group Psychotherapy Association，AGPA）上关于感觉运动视角的报告。

H：所以，你实际上是在说，你可能会因为关注一个人而失去一些东西，失去对团体作为整体的关注。

M：是的。我想是这样的。我认为我们所做的每一件事都会给予我们一些东西，也会拿走一些东西。所以这里的问题是要意识到它给予了我们什么，也要注意到它拿走了什么。它给予的是获得性。它给予的是与更大的团体力量的联结。它拿走的是真正地检查某个人对其正在感受什么的整体表达能力。你能看到我的脸，但看不到我的手。而且这里只有你和我。如果屏幕上还有其他八个人，情况会变得复杂得多。

H：你说得对。非常有趣，我有一个来自美国的治疗师的过程培训团体，在一次会谈上他们说他们看不到整个身体。然后他们做了什么呢，他们展示了腿和鞋子，以让整个身体的画面变得完整。

M：这是一个具体的活现。这仍然不可能以一种持续的方式进行。但是如果没有互联网，这些人就不会和你在一起。所以，我们必须再次审视它带来了什么，以及它阻碍了什么。

H：所以，说到具体的和非具体的区别，问题不仅仅是看不见整个身体，而是准确地感知发生了什么的能力。某种程度上存在某种脱节，我认为，因为……通过计算机的媒介。你同意吗？

M：我同意。当我通过 Zoom 进行教学时，我确实会有这样的感觉。当你在技术上、互联网上、无线连接上出现了变化，后勤问题可能会分散注意力。

H：我同意这会分散注意力，但也许我们也可以利用它。例如，当出现中断，当交流中断时，你会怎么做？很多时候，你会责怪对方："你的网络不够好。"所以你可以利用它，说："好吧，你有什么感觉？"有些人甚至会因此受到刺激。这在一对一的治疗中更常见，但你也可以在团体中利用它。

M：海姆，这阐明了如果你活在此时此地的过程中，你可以如何利用发生的每一件事情。在我的医院团体中，曾经有一次响起了火警警报。那个声音非常响，所以引发了一场关于"我们安全吗"的讨论。我们能够信任默林对"我们是安全的"的判定吗？在晚上的这个时间，我们从来没有听到过火警。它意味着什么？所以，它引发了关于权威、信任和安全的问题。这都是我们工作的潜在的材料。而且互联网将会开辟一些新的途径。我认为，一个经验丰富、对科技感到舒适的团体治疗师，可能能够处理好这个过程，就像在通常情境或情况下处理带领团体的过程一样。

H：是的，这又是一个很棒的说法。也许这又让我们回到了你之前说过的，只要你关注过程，没有忽略那些与常规的面对面团体不完全相同的事情，你就可以更深入，甚至在线上你也能很好地工作。在我的线上团体的书面协议中，因为是由团体成员控制他们家中的环境，所以我要求他们待在一个私密的房间里，房门关着，不受打扰，没有分心的事情，不能查看电子邮件或手机。这不言而喻，但在常规的协议中我们没有这么做，因为那时是我负责团体的房间。在一次治疗中，突然桌子上出现了一只猫。一开始我们只看到它的尾巴，然后是它的身体。你会对它做什么？因为在你的治疗室中不会有猫。很少有人会带着猫来治疗。所以我必须要谈论它。实际上这并不完全符合协议。我们需要注意这样的事情。大多数治疗都直接忽略了它们。

M：我们知道，许多治疗师在他们的面对面团体中也忽略了过程的重要元素。而且没有做到他们需要做到的共情性调谐。所以，这个人的猫进入了这个团体——这意味着什么？这个人做了决定，这只猫……如果我关了门，猫就会让我抓狂，挠门要进来，我就会分心。或者，如果我带着猫进来，我会感到舒服，并且能够承担更大的风险，因为我和我的宠物在一起。或者这个人用猫来制造一点障碍，让自己不孤单，他们可以以二对一的方式面对其他人。理解这件事有许多方式，有时猫就是只是猫。

H：所以你的意思是，我们只是需要去探索，而不是忽略。有些治疗师即使在面对面的团体中，在同一个房间中，也不会去探索，他们在线上时可能更容易忽略，因为它在背景中，我们考虑得不够充分。

M：我敢打赌，每个团体治疗师都有过他的团体成员睡着了经历。尤其是在晚上的团体中。你是怎么处理的？你会忽略它吗？作为团体带领者，你会把它说出来吗？作为团体带领者，你会不会询问为什么（团体中）没有人提出来呢？最近我的团体中就发生了这样的事——这也说明了我们工作的主体间性。因为这是一个年轻的父亲，他来到团体中，然后睡着了。你可以看到他挣扎着想要保持清醒。因此……没有人提出这件事，直到我说：你知道的，为什么没有人提出这件事？然后他道歉了。有人对他说：你睡着了，这很没礼貌。另一个人说：我们需要理解为什么，睡着了不是（他）平时的行为。他说前一天半夜他不得不带他女儿去看急诊。他有点纠结，他没怎么睡，但他还是决定来参加团体。所以，是批评他睡着了呢，还是表扬他付出额外的努力来参加团体了呢。所以，这是一种对“我们需要从尽可能多的方面去理解每件事”的有益的阐述。在 Zoom 团体里更是如此，因为你们会在十个房间里进行。

H：所以我从两个方面来理解你说的。一方面是，同样，事情也会发生在非互联网团体中。有些人甚至在非互联网团体中也会忽略它们。另一个方面是，在线上团体中我们可能需要更加警惕，因为太容易忽略某些东西。好像它是背景的一部分……也许你愿意试着讨论更多？

M：对我来说，我想到的问题是在伦理领域的：你如何保证隐私？你如何保证保密性？你如何确保没有人在录像？我知道你和某个变得极度痛苦或想自杀的人签了协议，协议的条款是什么？如果某个人在大洋彼岸。另一件事情是，从司法管辖权的角度来看，你有执照这么做吗？如果你在马萨诸塞州，你带领的一个 Zoom 团体中的某个成员来自你没有执照的州，我会说你可能面临法律诉讼……这有危险性。

H：是的，所有这些都应该考虑到，也许还应该写在协议里。让我问一个问题：说到团体，其中一件事情是，我们把椅子围成一个圆圈这件事有着某种深刻的神秘意义：子宫，容器，随便你怎么称呼它。此刻，我们在 Zoom 上，我们看到的不是一个圆圈，我们看到的是一些方块，你认为这会有什么影响吗？

M：这是一个很好的问题。同样，我认为我们需要理解这些种类的团体中的凝聚力。是否有更好或更差的特定布局？我确定你提到的协议对促进凝聚力是有帮助的。相比于面对面的团体，我会认为协议在这种团体中更重要。我相信你也有这样的经验：在面对面的团体中，人们会签署协议，而忘记协议中的内容。他们会说“这重要吗？”这是个好问题。当你带领一个团体时，有个成员没来。你会把椅子留着还是撤走？

H：这一点很重要。我会把椅子留着，那个人的存在就在那里。事实上，在线上我没有想过要这么做。我不知道该怎么做。

M：对我来说，这不是什么问题，因为如果有人没来，我就会把椅子撤走。就在上周，我的团体花了一些时间研究我和我的协同治疗师的关系。她是一名住院医师，人们说“我们注意到你们从来不彼此挨着坐”。所以我们讨论了这样一个事实，即我们试图在团体中看到彼此，这是促进我们交流的一种方式。这引起了团体成员的极大兴趣。所以我可以想象，当你在带领一个网络团体时，你是自己一个人在带领。

H：通常如此。但我和我的以色列的协同带领者，为我的新加坡和以色列的学生带领了一个过程团体，当时出现的情况是，我们感到我们在感知另一位协同带领者在哪里时失去了一些东西。通常情况下，当你经常和一个协同带领者一起工作时，你们会感觉到彼此，你只需要看着对方来提醒他……你知道我在说什么。我们在线上失去了这些。

M：我来问你这个问题：我知道这是你做的和你喜欢的工作。你认为每个人，每个团体治疗师，都应该期望他们应该或能够做这种团体工作吗？还是有些人对此更擅长，而有些人应该坚持面对面的团体？

H：这是一个很好的问题，我还没有想过。首先，我认为你确实需要一些特定的培训来完成从一个圆圈到屏幕的转换。就像从个体治疗到团体治疗的转换，你需要特定的培训。我认为你需要增加一些关于线上团体的培训。我的意思是，理解各种困难，意识到所有那些不那么微小的事情，诸如此类。当然，我不认为每个人都应该，我也不认每个人都可以。你需要对线上交流感到舒服，因为福克斯称为“动力管理”的一些东西，在线就是轻松地解决技术问题。当你听到回声或类似的声音时，你不知道该做什么，这就比较困难。所以，首先你需要对技术方面的事情感到舒服。而且要在环境中感到舒服，不仅对技术，而且对线上环境感到舒服。有些人不喜欢线上交流。这是我能马上想到的一件事。你怎么看？

M：我认为做这种工作的人需要这种技术上的安全感。因为团体需要你的全神贯注。如果你的注意力因为担心技术问题而分散，你就无法在房间中在场，这是你需要做到的。我认为带领一个 Zoom 团体，你需要比在面对面的团体中更加在场，因为我想象……这是一个假设，在面对面的团体中，我会经常说：“你知道，我注意到今晚早些时候，你脸上有些痛苦的表情，当时我们没有机会讨论它，但我现在想回到这个话题。”我不知道在一个 Zoom 团体中这样做的难易程度。我想我会错过更多线索。

H：我认为你谈到了一个主要问题，就是在场的问题：在场意味着什么？以及如何在线上在场。对我来说，这是线上治疗的关键问题，无论是个体还是团体治疗。在场意味着什么？我们如何在线上让我们的在场变得清晰明确。我认为你说过这一点，我只是重复你所说的：我们需要更多的强调，我们需要付出更多的努力，我们需要找到一种比在同一个房间中的团体更好的保持在场的方法。你同意我说的吗？

M：是的，我认为在线上对团体带领者的要求会比面对面的团体更高，因为有更多无法直接触及的东西。

H：是的。我想我们已经讨论了大部分重要的议题。

第十五章

线上团体治疗

寻求一种新理论？

海姆·温伯格

新的想法——新的概念

当团体分析的创始人福克斯（团体分析可能是欧洲、以色列、英国和澳大利亚最常见的团体治疗方式）开始与团体工作时，他理解从长沙发转移到圆圈［from the couch to the circle；约翰·施拉伯伯斯基（John Schlapobersky）于2016年出版的关于团体的书的标题］，不仅是技术上的转变，还涉及理论的转变，要使用新的概念。舒尔茨（Scholz，2011）写道："和弗洛伊德类似，福克斯的创新首先是方法论上的：他改变了设置——从长沙发转变为圆圈，从自由联想的规则转变为自由讨论的规则。福克斯非常清楚：改变设置需要改变理论。他必须把在他的团体中潜意识材料被交流和被理解的事实整合进他的理论思考中（p.268）。"从长沙发转移到屏幕，或从圆圈转移到屏幕，如果是团体，在设置和技术上都涉及很大的变化。那么，这样的改变不需要理论上的变化吗？

事实上，大多数团体治疗理论家在创立自己的学派时都面临着同样的困境。创造一种新理论的问题涉及使用新概念的困境。通常，发明一种新理论意味着创造新的术语，以明确我们不是在谈论和旧理论一样的理论和概念。大多数精神动力学团体理论家都犯了一个错误，因为他们将移情和阻抗这些概念也用于团体治疗，从而使读者感到困惑，以为我们在讨论与个体治疗相同的现象。有些人，像鲁坦（Rutan）、斯通（Stone）和谢伊（Shay），确实强调了团体有可能出现多重移情，以及除了我们在个体治疗中看到的垂直移情外，还表现出水平移情，然而，他们仍然使用同样的移情概念。福克斯自己也纠结于这个困境，最终他区分了对治疗师的大移情（Transference，英文首字母大写）和对其他成员的小移情（transference，英文首字母小写）。事实上，只有福克斯和亚隆似乎在考虑这个重要的问题，因为福克斯使用了镜映（mirroring）、共鸣（resonance）和交换（exchange）这些新的术语来描述团体中改变的主要机制，而亚隆使用了凝聚力（cohesion）和普遍性（universality）这些概念来描述团体中的一些治疗性因子。亚隆的凝聚力概念被证明特别地富有成效，因为研究表明，在团体中治疗联盟被团体凝聚力所取代，因此，在个体治疗中与治疗师的联盟与积极的结果高度相关（Safran & Segal, 1990），在团体中，团体凝聚力是与这些结果高度相关的因子（Yalom & Leszsz, 2005）。

那么，我们应该用哪些新概念来描述线上关系和团体呢？正如本书导论中提到的，电子亲密是一个线上的、不同于我们在面对面互动中遇到的通常的亲密现象的例子。亲密通常与爱、亲近、自我暴露、支持、联结、依恋和性有关。它可以定义为涉及分享个人和私密的东西的一种交换（Prager, 1995）。转移到线上的互动带来了体验和实现亲密的新方式，因为身体的接近消失了，隐私存在问题。通过了解大团体（Large Groups）的动力，线上的概念和与面对面互动的差别可以得到更好的理解。在精神动力学的过程取向的大团体（30 ~ 40 人以上）中，参加者无法坐在一个小圆圈中，人们失去了亲密联结和看到彼此的脸的能力，通常的治疗性小团体的亲密性质也失去了（参见 Weinberg & Schneider, 2003; Weinberg & Weishut, 2012）。然而，人们仍然可以感到与大团体及其成员是有联结的，尽管不一定是和某个特定的成员。这种亲密更多地建立在汇合和归属感的基础上，而不是那种“深入我心你会看到”的流行版本的亲密。温伯格（Weinberg，2014）在诸如谷歌群组这样的互联网论坛上识别了大团体过程，并将这些论坛描述为伪装成小团体的大团体，因此，假设在线上建立的亲密与在大团体中建立的亲密有相似之处是顺理成章的。

温伯格（Weinberg，2014）关于线上亲密（电子亲密）的结论是：

> “精神分析是关于如果两个人同意不发生性关系，他们能对彼此说什么（Bersani & Phillips, 2008, p. 1）。”精神分析 / 心理治疗的设置允许的亲密，完全不同于不受治疗规则约束的两个人所建立的亲密。电子亲密是指如果人们同意不拥有身体，他们能对彼此说什么。这不是一种非个人的亲密，而是一种不同的亲密。事实上，它挑战了独立的西方文化规范，因为永远在线联结被感受为一种更加合作的自我。（p.147）

如果是这样，我们可以假设，当我们通过互联网论坛进行团体治疗（只使用文本）时，我们面对并应该考虑大团体现象，诸如在网络空间中的迷失感，对身份和个人主体性的某些威胁（Turquet, 1975），人们感到的是电子亲密，而不是亲密。

想知道是否需要关于线上团体治疗的新理论，我们不仅要使用新的概念，还要指出在线上团体中什么是有效的，并探索它是否与面对面团体一样。亚隆著名的治疗性因子（Yalom，1970），增强每个心理治疗团体中的改变，可能在线上团体中不会都起作用。事实上，温伯格和劳夫曼（Weinberg & Raufman, 2014）在温伯格关于互联网论坛的动力一书中总结了来自研究和个人经验的证据，即互联网论坛可以变得有凝聚力，以及普遍性是网络空间的一个共同因素。研究还发现，疏泄、灌输希望、传递信息和利他主义在互联网支持团体中也是有帮助的。然而，对原生家庭的矫正性重现可能并不适用于所有人。此外，他们还发现了另外两个常见于大团体的因子，如社会代表和存在于互联网上的权利斗争。

与互联网论坛相比，没有理由相信这些治疗性因子在使用视频的线上团体中不起作用，然而，团体可能需要更多的时间来形成归属感和凝聚力，因此线上改变可能需要更多的时间。另一方面，就像发生在基于文本的论坛中一样，在线上普遍性和存在性因子得到了加强。超越人类时空的局限，克服物理存在的限制以创造一种去实体的互动，以及允许一种跨越边界的体验，这种可能性是非常强大的。如果我们把团体看作一个社会的缩影（Yalom & Leszsz, 2005），在线上则有更大的机会聚集来自不同文化的人，因此，多样性是突出的，很多时候团体会成为一个具体的社会代表，一个温伯格和维斯哈特（Weinberg & Weishut，2012）所识别的大团体中的典型因子。

对作为一个整体的团体的移情是区分个体治疗与团体设置的重要因素之一。在面对面团体中，除了对治疗师（团体的情况下就是团体带领者）常规的移情和反移情外，人们还会体验到彼此之间的水平移情（前面提到的福克斯的小移情），以及对整个团体的移情（和治疗师的反移情）。这个元素在线上会出现吗？如前所述，在基于文本的论坛和视频团体设置中，我们失去了面对面团体的圆圈的形式，这可能导致对作为一个整体的团体的体验更为困难，我们可能只能完全依靠我们的想象。然而实际上，作为一个整体的团体是另一个抽象的概念，我们总是用我们的想象将团体感知为一个实体。温伯格（Weinberg，2016）将线上团体作为一个“在泄漏的容器中蓬勃发展的不可能的团体”的例子，因为网络空间是一个巨大、无边际、无界限的容器，它会对安全感、私密性和保密性造成威胁。他宣称这些团体的成功是由于团体带领者的安全在场，在他的头脑中抱持着反思空间，以及团体成员在他们的头脑中幻想着一个看不见的团体。在线上这么做可能需要更多的时间，可能会变得更复杂，但仍然是可能的。

设置和动力管理

在本书的导论中，我们提到过面对面治疗和线上治疗之间一个被忽视的区别，即在线上治疗中，治疗师失去了对设置的控制。我们阐述了尽管这看上去是一个微小的变化，但由于设置对治疗过程的影响，它对治疗的影响是巨大的。在团体治疗中，这种变化具有特定的意义和重要性。

福克斯关注“动力管理”的重要性。带领者负责团体设置的管理，并在适当的情况下，将带入这些边界内的“外部材料”翻译为与“此时此地”交流的动力性流动相关的材料。这就是为什么福克斯（Foulkes，1975，第六章）将这一任务称为“动力管理”，它包括关注团体边界内外的活动，始终是为了让团体更好地理解它的体验。这个概念传递的信息是，管理团体、照顾其环境甚至物理设置，具有深刻的动力学意义。管理性功能为团体提供了一种安全感和连续性，并增强了交流的动力性流动。治疗师倾向于不去关注他们的躯体动作对来访者的影响，因为他们通常关注心理过程。然而，诸如将团体座位安排成一个圆圈、有足够舒适的椅子（所有椅子都类似）、椅子之间有足够（但不要太大）的空间，对于健康的团体功能是至关重要的。从象征性意义上来说，团体分析师就像一个为团体创造抱持环境的母亲的形象。

在面对面的小团体中，团体带领者的抱持功能与蓝领工人的工作类似。带领者为营造舒服的环境提供基本条件。为了能够对他们的心理问题进行工作，团体成员应该不用担心物理环境。团体带领者如何在互联网（包括论坛和视频设置）上实现这一功能？在最简单的形式中，抱持是通过能够快速回应技术问题和解决技术困难实现的。我们需要记住，许多参加虚拟交流的成年人，当他们进入这个陌生的国度并表现得像不懂规范和语言的移民时，仍然会感到焦虑，他们依赖他们孩子的能力和技能在这片可怕的土地上探索。当然，出生在互联网时代的年轻的参加者可能不需要这位带领者的技术帮助。

通过互联网进行团体治疗给这种动力管理带来了严峻的挑战。如果我们在不共时的论坛（如谷歌群组，或像 WhatsApp[①] 这样的文本应用程序）中通过文本消息带领团体，我们就无法创建这种物理的抱持环境。那些基于文本的互联网团体，更像一个无边际、不安全、未知的新环境，尤其是对那些缺乏技术经验的人来说。然而，有时候，仅仅是团体治疗师能够处理技术困难，或者甚至只是帮成员订阅论坛，就会让成员感到有人在照顾他们。当我们转移到团体视频设置时，这需要更多技术技能，治疗师的技术帮助同样重要。这并不意味着团体治疗师应该是一名技术专家，但他应该比一般的团体成员在克服技术困难方面更有经验。在某种程度上，团体治疗师应该通过

① 一款用于智能手机之间通信的应用程序。——译者注

发展适合的线上管理功能来弥补对设置的控制的丧失。

除了这些考虑之外，前面还提到线上团体失去了人们围成一圈坐的传统形式。在面对面的团体中，当团体治疗师把椅子围成一个圆圈（至少在私人执业的环境中），这种封闭的圆圈形式，加上古老的子宫的联想，传递了一个完美的母性容器的潜意识意义。大多数团体治疗理论都珍视获得这种安全且足够好的容器，以修通深层的潜意识心理的团体过程。从物理现实转移到网络空间将这个容器拆散了。在基于文本的团体中，根本没有明显的圆圈。在视频会议团体（例如使用 Zoom 应用程序），团体成员显示在屏幕上的方框中，彼此左右、上下相邻，没有特定的顺序。实际上，在所有的屏幕上我们的顺序甚至都是不同的，因为每台计算机会生成不同的团体组成。

团体成员可以决定他们从什么地方连接到团体会谈这个事实，允许他们来控制背景，而且实际上他们可以以任何他们选择的方式来“装点”会议室。有些人从他们的办公室连接到团体，有些人从他们的家里。有时他们潜意识地在背景中选择一幅具有潜意识意义的照片，有时他们会刻意地提前思考背景和“编排”他们的环境，以留下特定的印象。带领者应该注意那些装饰，并在适当的时候探索它们的意义。在我的一个团体中，一位女性经常选择从身后挂着一幅一位将军骑在马上的巨大照片的房间里进行连接。过了一段时间，团体成员们提到了这张照片，其中一位说这张照片给他留下了深刻的印象。“确实，这正是我想要营造的印象。”这位女性回答说。

在引言中提到的另一个话题是许多越过界限或者甚至违反界限的行为，当来访者在他们的治疗室中时治疗师不会忽视，而在线上发生时，就变得视而不见和被忽视了。在视频团体治疗中，屏幕上有很多人，这种忽略会更明显，团体通常会加入关于越过界限的沉默。幸运的是，当团体治疗师确实注意到“在背景中”发生的事情，他们可以召集团体一起修通它，而不必承担独自处理事件的负担。下面的团体案例片段就是一个属于这种情况的很好的例子。

在一个使用视频会议的线上团体中，其中一个参加者西玛——她没有参加上一次治疗——坐在一辆汽车（可能是一辆出租车）的后排座位上，用她的手机和团体连接。团体成员想知道她发生了什么导致上次没有参与，但没有人提到她坐在一辆另一个人开的车里。过了一会儿，当带领者看到团体继续忽视这一情况时，他大声地询问他是不是唯一一个注意到西玛在车里用手机上网的人，大家对此有什么感受。

一个成员诺拉说，她感到不安全，她担心保密问题。西玛回答说没问题，因为她不认识司机，所以她可以想说什么就说什么。这一回应激怒了一些团体成员，他们认为她没有考虑他们的隐私。另一名成员菲欧娜担心，当西玛的注意力放在马路上时，她将无法在情绪上和团体建立联结。另外，赫拉表达了她对西玛的同情，说她很高兴西玛不愿意错过这次团体治疗，并努力和团体联结，尽管她不在家里。西玛被这个共情性回应感动了，承认自己什么都想要：乘车去参加一个重要的商务会议，同时又不错过团体。她询问团体他们认为她应该怎么做。诺拉说她仍然觉得不安全，希望西玛离开这次团体治疗，下次再来，从家里连接。大卫同意她的说法，说西玛违反了他们进入团体时所有人制定的规则和协议。

经过长时间的讨论，团体带领者决定应该做一个决定：他建议西玛离开团体，并欢迎她参加下次团体治疗，并讨论这件事。西玛怒不可遏，大声说这个团体和带领者以一种非人的方式表现得像个机器，她不再想待在那里了。她断开了手机的连接，然后消失了。在治疗接下来的时间里，团体继续处理他们的感受，在表达对西玛和对团体带领者（他们的观点是他应该更早地干预）的愤怒的成员，和害怕如果偏离了某些团体规范就会被拒绝的成员之间转换。团体带领者鼓励他们表达自己的感受，说允许不同的观点和态度是多么重要，安全是关于讨论困难问题的自由，一点不亚于设定边界。

在下一次团体治疗中西玛像往常一样出现了，她在她的家里，这让所有人（包括团体带领者）都松了一口气。在他们表达了他们的宽慰并想继续前进后，团体带领者建议讨论上次治疗中发生的戏剧性事件。在一些对话之后，西玛为上次治疗向所有人表达了感谢，说她对发生的事情以及她强烈的情绪反应想了很多。她回忆起她被原生家庭和同伴的拒绝。曾经在生活中也感到被拒绝的其他成员和她一起分享了感受。这两次治疗成了团体的转折点，加强了成员表达差异的能力，并在开放上感到了安全。

为了处理团体成员决定大部分的团体设置的事实，以及为了重新获得对“动力管理”的一些掌控，团体治疗师应该提前指导成员如何创建他们应该负责的合适的环境。这应该部分地在准备性访谈中完成。毋庸置疑的是，尽管有些团体成员生活在千里之外，但团体治疗师绝不应该放弃对团体候选人的筛选和准备性访谈，就像面对面治疗的标准做法一样，虽然它不得不在线上完成。在预先评估的访谈中，团体治疗师检查成员是否适合一般的团体治疗，尤其是是否适合特定的团体，为候选人参加团体治疗做准备，教育他关于团体成员为了保持安全感和保密而应该遵守的规则。团体协议（也应该以文件的形式发送给候选人）应该包括一个关于线上“礼仪”的特定段落，目的是为了适应治疗师不再控制团体成员的环境这一事实。下面的一段话来自我的使用视频设置的线上团体："团体成员同意同时连接视频和音频，除非偶尔有其他安排时。安排一个安静的房间，有充分的隐私，不受打扰。包括在整个过程中不接打电话、收发邮件或收发短信。专注于团体互动。每次治疗都从同一个地方连接，除非你要外出，并提前告知我们这个变化。"

正如本书导论中所说，在线上治疗中，我们需要克服媒介障碍，找到在场的方法，尽管介导的交流会造成连接中断和分心。这需要团体治疗师特别的注意力以保持治疗中的连接，并关注所有的团体成员。然而，有时这些技术障碍掩盖了亲密关系中的其他困难，我们很容易陷入因为成员彼此之间在情绪上保持联系和连接的困难而"指责"网络方式的陷阱。

下面是另一个团体案例片段。

在卡琳参加了作者在某个专业会议上带领的高强度工作坊之后，她加入了由作者带领的一个线上过程团体。在那次工作坊中，带领者的能力给她留下了深刻的印象，她觉得带领者非常理解她。她感到他给了她特别的关注，和她很合拍。然而，在她加入了这个每周一次的线上团体几个月后，她感到非常失望。她感受不到她在面对面的高强度的工作坊时的特别，她认为她没有像她所期望的那样吸引带领者的注意。她说了一些关于她在团体中失去了他的关注的话，但这个话题并没有被进一步探讨。

几周后，她给团体带领者写了一封电子邮件，告诉他她正在考虑离开团体。她将其归咎于这是一个线上团体，她无法建立她过去在面对面团体中建立的联结。她写道，线上形式不是很适合她。她补充说，由于不能在同一时间处于同一物理空间，对她来说，这造成了对团体过程的障碍。

团体带领者建议她把这个问题带到团体中讨论，坚持面对面团体的惯例，所有在团体外讨论的与团体过程有关的事情都应该带回团体内讨论，特别是有人考虑结束团体治疗时。她同意了，在接下来的线上团体治疗中她告诉团体，她认为线上形式不适合她。和往常一样，对于这样的宣布，人们的反应不一，有的人表示难过和悲伤，有的人表示恼火。他们没有建议进一步探究她的动机。最后，团体带领者问，这是否意味着他们同意她的观点，线上方式不允许“真正的”联结。这一干预使讨论更深入，一位成员表示，也许还有其他问题妨碍了她联结的能力。团体带领者提醒她，她对没有得到他足够的关注是多么失望，并想知道这是否比她允许自己想象或体验更有意义。

当对话开始从卡琳和带领者之间转移开后，尼娜说道：“卡琳，我能看到你和海姆（团体治疗师）之间的联结此刻对你来说是很重要的，我希望你拥有它。我愿意尽我所能帮你拥有它。”卡琳泪流满面，被这样的奉献深深地打动。她想起了在她的原生家庭中，她最小的妹妹总是会得到父亲的全部关注，她痛苦地渴望他也能关注她。这个团体中的“妹妹”并没有扮演她预期的角色，让她很震惊。所有的成员都被尼娜的慷慨感动了。当团体带领者询问尼娜是否能够反思她的动机时，尼娜理解，卡琳也是她过去的“妹妹”，事实上，就在那个时候，尼娜的父亲正在与晚期癌症做斗争，尼娜非常希望她的妹妹能够得到父亲对她与他的关系的认可。尼娜有机会意识到妹妹渴望得到父亲认可的痛苦的影响。

在这个案例片段中，我们可以看到，团体是多么容易接受成员的关于“真正的”线上联结是不可能的观点是唯一正确的，而忽略了重要的、对其他障碍的探索。当我们记得这样做时，结果可能是重新联结，并且非常令人满意。

去实体化的团体

创造一个抱持的环境（Winnicott, 1960）是团体治疗师的主要任务之一。团体成员需要安全地感到被一个母性容器所抱持（Rutan, Stone & Shay, 2014）。维持团体的外部边界是一种抱持团体和使团体成员感到被保护的方式，而且我们已经讨论过在线上这么做的困难。另一种抱持团体的方式是通过带领者的注视。就像母亲的镜映，用放光的眼睛看着婴儿，让他感到被接纳、有价值，甚至被欣赏，团体治疗师看着每一个团体成员，保持他的注视，鼓励成员说话，或让他们感到因为他们所说的而被欣赏。这种注视对于满足团体成员镜映的需要至关重要，正如科胡特（Kohut，1970）在个体治疗中提醒我们的那样。当然，团体成员也可以通过相互注视来获得认可和满足他们镜映移情的需要。这种重要的注视在线上团体中显然是缺乏的。即使团体治疗师试图在视频会议中刻意地看着某个特定的成员，这位成员也无法感知到这一点。

注视只是身体在一般性治疗，尤其是团体治疗中重要存在的一个方面。人际神经生物学视角使临床治疗师能够理解大脑功能的人际关系的方面，特别是社会性大脑的发展模式（Badenoch, 2008; Cozolino, 2006）。这已经成功地应用于团体治疗［参见苏珊·甘特（Susan Gantt）和保罗·考克斯（Paul Cox）编辑的《国际团体治疗杂志》（*International Journal of Group Psychotherapy*）关于这一主题的特刊；2010］。身体、边缘系统和新皮层之间的整合是健康的必要条件。正如西格尔所写的："转化性体验汇集信息的分享和人际关系中的能量流动，来积极地促使在突触联系上被卡住的大脑以新的方式放电——这些方式现在朝着整合的方向被塑造（2010, p.484）。"在人际神经生物学方法中，非常强调团体治疗师的身体和情绪存在对不同团体成员的情绪调节的影响（有时是团体成员对彼此施加的调节）。在网络空间中，这一切似乎都丧失了，问题是是否有任何东西可以替代它。我的回答是团体治疗师有其他方法变得在场并补偿"身体的丧失"。

团体治疗师的在场

克服"媒介障碍"的方法之一是更强烈地使用治疗师的自我（与面对面的团体相比）。大多数情况下，这可以通过团体治疗师一定程度的自我暴露来实现。传统的精神分析方法不鼓励对（团体）治疗师的生活和历史的个人细节的暴露，并建议治疗师保持一种空白屏幕的状态，主要是为了允许投射和纯粹的移情的发展。亚隆和莱兹克兹（Yalom & Leszsz，2005）区分了两种类型的自我暴露，一种是关于治疗师的个人生活（来自彼时彼地的信息），另一种是关于治疗师在团体中的感受（它实际上强调此时此地）。他们建议团体治疗师应该实践第二种类型的透明度（transparency），而且他们宣称，明智地使用自己的治疗师会增加团体的治疗性力量。这样的透明度可以成为团体成员相互暴露他们的感受的榜样。当然，这种自我暴露的使用应该小心地执行，始终牢记最终目标是团体成员的利益，而不是为了团体治疗师的情绪缓解。在线上，这种透明度可以成为一种非常有帮助的工具，向团体成员展示如何克服屏幕带来的困难。这对于强调治疗师的调谐和共情的主体间性取向的自我心理学家来说，可能比保守的治疗师更容易。虽然这一建议也适用于线上个体治疗，但尤其适用于团体治疗，因为与个体心理治疗不同，在团体设置中，治疗师并不是来访者移情投射的唯一对象（Durkin & Glatzer, 1997）。

科恩和舍默尔（Cohen & Schermer，2001）对在团体中使用透明度提供了一些指导意见："治疗师的自我暴露很可能是整个治疗过程中的一个有效元素，只要：（1）团体的发展水平已经使成员做好准备去包容这种暴露，而不会造成'对系统的冲击'（Rachman, 1990），（2）暴露的行为被认为是自发的，与团体正在进行的漫谈的内容是恰当的，（3）治疗师的暴露清楚地，即使是含蓄地，给予成员的行为合理性，治疗师的暴露对成员的行为是'回应性的'（Bacal, 1998）。"简而言之，我建议，只有在团体发展到其高级阶段时，团体治疗师才可以暴露对团体成员的积极的态度（参见 Berman & Weinberg，1998）。

团体治疗师为自己在与某些团体成员交谈时所犯的错误承担责任，这样的干预非常有力和有助于建立联结。当治疗师注意到团体成员的一些微妙的不满表情（比如，在线上视频会议中，因为近距离的姿势，面部表情更容易被注意到）、反思其干预、与成员确认并承认错误时，这通常会对成员和整个团体产生强烈的影响。对于许多团体成员来说，它创造了一种矫正性体验，与从不承认他们的错误的父母形成了对比。显然，许多人依然携带着童年时父母对他们冷漠的态度所导致的伤疤，抱着他们的父母会向他们寻求原谅的幻想。当团体治疗师注意到线上的伤害并承认错误时，这会尤其地令人印象深刻，因为它克服了"屏幕障碍"，帮助团体成员感到他们也可以保持敏感和同情，尽管存在着线上联结的局限性。

下面是一个例子。

在一个使用视频会议的线上团体中，团体成员希拉请求团体的反馈，说她通常对自己生活很满意，开心而随意，不知道自己是不是在否认什么。一些团体成员说他们很难相信她总是很满足。在总结了他们的回应后，团体带领者对希拉建议，她受限的情绪范围在团体成员看来是肤浅的。带领者注意到一些成员线上的面部表情似乎很震惊或很恼火（但希拉没有）。在一番反思之后，他转回希拉，说他想纠正之前的干预，因为这可能会被理解为希拉是肤浅的，这不是治疗师的本意。他告诉希拉，当她只表达喜悦而从不表达愤怒、不满或任何负面的情绪时，这让作为团体带领者的他很难靠近希拉，从而纠正了自己错误。她对这一干预产生了强烈的情绪反应，后来大家明白了，她的父母完全不允许任何强烈的情绪反应，也从不承认他们犯了错误。

在这个例子中，带领者的干预结合了之前建议的两个元素：承认错误和透明度。线上的成分同时加强了这种干预对希拉和其他团体成员的力量。

总结

线上团体对团体治疗师来说提出了特殊的挑战，这个挑战比线上个体治疗更大，主要是因为涉及许多因素，包括不同的成员和作为一个整体的团体的动力。保持在场、专注和调谐的困境加剧了，以及团体治疗师不能控制设置，因此给“动力管理”造成了障碍，使得团体的带领更具挑战性。然而，如果对障碍有足够的觉察，尽量不要忽视细微的背景事件和装饰，并找到保持联结的方法，团体就能够健康发展，会和面对面团体一样成功，尽管有时节奏会慢一些。如果我们想在线上进行团体治疗，我们需要了解本章中指出的相似和不同之处。我们可能需要新的概念，特定的培训可能是必要的（只有在带领面对面团体有足够的经验之后）。至于是否需要新理论的问题，线上团体治疗可能与面对面团体治疗不一样——但也没有那么大的差别。

参考文献

Bacal, H. (1998). Notes on optimal responsiveness in the group process. In H. Harwood & M. Pines, (Eds) *Self Experiences in Group: Intersubjective and Self Psychological Pathways to Human Understanding* (pp. 175–180). London and Philadelphia: Jessica Kingsley and Taylor & Francis.

Badenoch, B. (2008). *Being a Brain-wise Therapist: A Practical Guide to Interpersonal Neurobiology*. New York: Norton.

Berman, A., & Weinberg, H. (1998). The advanced stage therapy group. *International Journal of Group Psychotherapy*, *48*(4): 499–518.

Bersani, L., & Phillips, A. (2008). *Intimacies*. Chicago: The University of Chicago Press.

Cohen, B.D., & Schermer, V.L. (2001). Therapist self disclosure in group psychotherapy from an intersubjective and self psychological standpoint. *Group*, *25*(1–2).

Cozolino, L. (2006). *The Neuroscience of Human Relationships: Attachment and the Developing Social Brain*. New York: Norton.

Durkin, H.E., & Glatzer, H.T. (1997). Transference neurosis in group psychotherapy: The concept and the reality. *International Journal of Group Psychotherapy*, *47*: 183–199.

Foulkes, S.H. (1964). *Therapeutic Group Analysis*. London: George Allen and Unwin.

Gantt, S., & Cox, P. (2010) Introduction to the special issue: Neurobiology and building interpersonal systems: Groups, couples, and beyond. *International Journal of Group Psychotherapy*, *60*(4): 455–460.

Kohut, H. (1971). *The Analysis of the Self: A Systematic Approach to the Psychoanalytic Treatment of Narcissistic Personality Disorders*. New York: International Universities Press.

Prager, K.J. (1995). *The Psychology of Intimacy*. New York: The Guilford Press.

Rachman, A.W. (1990). Judicious self-disclosure in group analysis. *Group*, *14*(3): 132–144.

Rutan, S.J., Stone, N.W., & Shay, J.J. (2014). *Psychodynamic Group Psychotherapy*, 5th edition. New York: Guilford Press.

Safran, J.D., & Segal, Z.V. (1990). *Interpersonal Process in Cognitive Therapy*. New York: Basic Books.

Schlapobersky, J.R. (2016) *From the Couch to the Circle: Group-analytic Psychotherapy in Practice*. London: Routledge.

Scholz, R. (2011). The foundation matrix and the social unconscious. In E. Hopper & H. Weinberg (Eds) *The Social Unconscious in Persons, Groups and Societies, Volume 1: Mainly Theory* (pp. 265–285). London: Karnac.

Siegel, D.J. (2010). Commentary on "integrating interpersonal neurobiology with group psychotherapy": Reflections on mind, brain, and relationships in group psychotherapy. *International Journal of Group Psychotherapy*, *60*(4): 483–485.

Turquet, P. (1975). Threats to identity in the large group. In L. Kreeger (Ed.), *The Large Group: Dynamics and Therapy* (pp. 87–144). London: Karnac.

Weinberg, H. (2014). *The Paradox of Internet Groups: Alone in the Presence of Virtual Others*. London: Karnac.

Weinberg, H. (2016). Impossible groups that flourish in leaking containers: Challenging group analytic theory. *Group Analysis*, *49*(4): 330–349.

Weinberg, H., & Schneider, S. (2003). Introduction: Background, structure and dynamics of the large group. In S. Schneider & H. Weinberg (Eds) *The Large Group Revisited: The Herd, Primal Horde, Crowds and Masses*. London: Jessica Kingsley.

Weinberg, H., & Weishut, D.J.N. (2012). The large group: Dynamics, social implications and therapeutic value. In J.L. Kleinberg, (ed.) *The Wiley-Blackwell Handbook of Group Psychotherapy* (pp. 457–479). New York: Wiley-Blackwell.

Winnicott, D.W. (1960). The theory of parent- child relationship. *International Journal of Psychoanalysis*, *4*: 585–595.

Yalom, I.D. (1970). *The Theory and Practice of Group Psychotherapy*, 1st edition. New York: Basic Books.

Yalom, I.D., & Leszsz, M. (2005). *The Theory & Practice of Group Psychotherapy*, 5th edition. New York: Basic Books.

第十六章

通过技术之镜的转化

劳尔·魏因贝格·格里洛，拉腊·魏因贝格·隆巴尔多

引言

近几十年来，技术发展取得了突破性进展，给我们的思想以及我们理解团体形式和社会生活的方式带来了重大的变化。

地球村的想法（McLuhan, 1967），以及解释图腾社会文化起源的精神分析阅读（Freud, 1913），让我们对这些微观和宏观的社会学变化有了一个构想。根据这一理论，当今社会就像一个地球村，这些小原始团体的组织图腾被现代科技所取代。

屏幕上的生活（Turkle, 1995）是我们当代世界的一个重要组成部分，处于两个截然相反的极端：每一个新的社会文化进步产生的恐惧，导致我们想象一个高度联结但又孤独的世界；以及一种混合虚拟－面对面功能的形式。这种功能，尤其是对于今天的年轻人来说，可以以一种非本地化和全球的矩阵关系以及在我们的整个文明的发展过程中获得前所未有的数字化能力，使虚拟和面对面空间同时连接。

在线上团体心理治疗领域，我们可以依靠这种巨大的被描述的潜力，但我们也必须考虑到精神病理学在使用和赋予这些技术的意义中可能产生的

影响。

我们将线上团体心理治疗定义为一种心理程序，它考虑的是与面对面团体心理治疗一样的目标，并使用不同的线上交流设备，作为连接团体的手段。

在本章中，我们将讨论线上和面对面团体心理治疗的异同。我们将阐述一些关于技术和心理设备的初步的理论想法，以及线上心理治疗的基础及其基本组成部分。我们将研究在虚拟、面对面和混合的环境中可能的应用，以及它们如何适应团体参与者的精神病理学特征。

最后，我们将报告两项研究：一项是一个以技术为媒介的心理治疗团体为期 3 年的工作，另一项是一个关于在被诊断为孤独症谱系障碍的儿童和青少年团体治疗中使用电子游戏的案例。

心理设备和技术

我们认为，以技术为媒介的团体方法的发展和系统化可以从根本上改变公共和私营精神卫生系统中存在的需求和供给之间的不匹配。

这些新的虚拟空间，合成“网络空间”，是通过信息和通信技术（Information and Communication Technologies，ICT）使网络连接成为可能而建立起来的。根据它们在心理健康领域的不同应用，它们可以分为以下几类（Vaimberg, 2005）。

1. 在初级保健中，作为心理健康促进和预防的手段。

2. 在二级和三级预防中，作为心理健康问题的干预手段。

3. 作为一种改善公共系统和精神卫生管理的工具。

4. 作为一种培训心理健康人员的工具。

与技术的关系可以理解为心理器官表征的一个假体。在自恋性关系类型中，他者（图 16.1 中的深灰色部分）只作为自己的一部分而存在（他者包含在自己之中）。在支持性关系类型中，自体的一部分产生了一个延伸部分与他者相遇，他者被体验为自体之外的东西。在技术假体关系类型中，黑色节段作为自体的延伸部分代表着技术，它调解着与他者的关系，在一般意义上影响着感觉知觉器官。这是一种客体间的关系，影响主体间性并受其影响（图 16.1）。

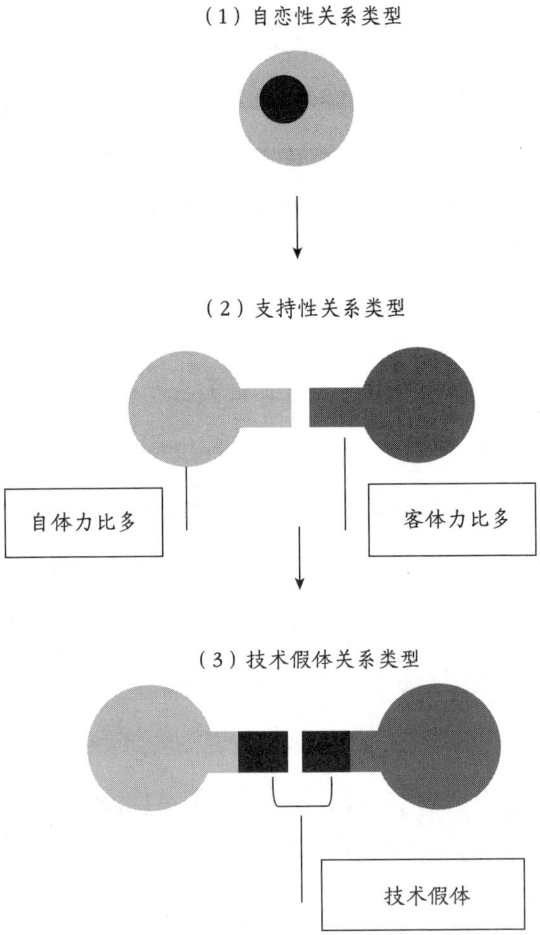

图 16.1 自恋性、支持性和技术假体关系

第三种关系模型——技术假体类型，可以很好地代表一个正常人的虚拟环境矩阵，这种不同技术假体的相互连接，允许自体与虚拟他者的数字化和交流。

有些人会因为互联网连接的数量和质量而产生心理困扰和社交衰退症状。这些成瘾的关系往往与其他病理障碍，尤其是社会隔离，相吻合。

那喀索斯神话和技术之镜

那喀索斯神话代表了爱自己和爱他人之间永恒的困境。心理生活开始于一种融合体验，这种体验导致了两个人只有一个身体和心理的幻想。当母子关系是“足够好的”时（Winnicott, 1979），在幼儿的心理结构化的过程中，在他自己的身体和外部身体（即母亲的身体）的第一个表征之间，一种逐渐的分化就会得到发展。

在以技术为中介的关系中，如果人格结构具有自恋的特征，则更有可能无法建立主体间的交流，因为他者只是他自己的一个反映，或者自体只是他者的一个反映，即一种回声。

这一概念化可以解释一系列的网络交流的病理障碍。通过没有看到他者的形象，以及影响交流的身体元素（尤其是触觉和嗅觉），自恋性关系就会加强。此外，由书面交流（在时间上是异步的）所建立的距离，产生了在空间上的错位，这有利于他者的辨别。我们面对的是一面“技术之境”，它将反射出与那喀索斯池塘不一样的影像。在通过视频会议进行线上交流的情况下，除了能看到团体成员之外，一个人自己的图像也会反映在屏幕上，这可能会影响线上团体交流的特征。

“技术之镜”是由各种技术产品通过电子网络相互连接而形成的，能够识别、记忆和超文本化。多个文本和图像可以同时出现在屏幕上，允许参与者制作自己的版本或对超文本进行主动和个人的解释。技术之镜的丰富性和贫乏性以及虚拟镜像与面对面镜像之间的连接特征，会强化自恋性定位或促进主体间性建构。

线上心理治疗基础

技术－社会结构和病理性结构

如果在虚拟交流的技术和社会特征与一个人的精神病理结构特征或和特定技术社会设备相连接的团体特征之间有适当的调整，线上干预会更有效。

与网络相连接的个体的人格结构会产生不同的主观体验，个体会带着这些体验在虚拟环境中感知自己及与他人的关系。这些主观体验决定了在虚拟和面对面、线上－线下环境之间在界面中移动的不同方式。例如，在神经症来访者的团体中（参见后文的案例 1），偏执性的来访者在虚拟空间中难以进行有效的沟通，干预的不可擦除性和不可改变性被发现是具有威胁性的，他们发现在面对面的空间中更容易交流。相反的情况发生在有恐惧症特征的来访者身上，他们通常在虚拟空间中会更自由地表达自己，而在直接接触时会变得焦虑。

在另一个例子中，在一组被诊断为孤独症谱系障碍的来访者中（参见后文的案例 2），他们通过一个虚拟现实平台自己进行工作，与同伴的关系困难在线上空间得到缓解，能够更容易地得到帮助。虚拟空间中的接触比面对面空间中的接触更具体、更受到保护。例如，在一次治疗的虚拟游戏中，一位成员失去了线上活动的线索，没有回应同伴的请求。治疗团队可以在考虑孩子的性格的同时，利用他们在游戏中经验，解决他们对孤立和交流的需要。这给了他们有帮助的距离，通过一个他们喜欢的游戏来间接地处理个人议题。

虚拟和面对面的关系

只要可能，我们更喜欢将虚拟和面对面的框架混合使用，因为它们会增加好处，降低风险。我们可以考虑每种环境的优缺点（参见表 16.1）。

线上交流的特点的使用

计算机屏幕作为一个过渡空间，导致了由连接着的参与者的人格特征以及线上连接着的团体的人格特征所决定的各种各样的投射。我们可以开发以下线上交流的一般方面。

1. 沉浸。用精神分析的术语来说，虚拟空间可以被看作内在心理空间的一种延伸。它可以被体验为自体和他者之间的过渡空间，部分是自体，部分是他者。这个功能可以让我们有置身于屏幕内的体验。

2. 去抑制效应，屏幕效应。当一个人将行动与现实世界和身份分开时，他会感到不那么脆弱，对他所采取的行动的后果的责任感也会下降。在某种特定的场景中，一个人及其角色之间存在着一种操作性分离。

3. 非特定空间。地球村在网络空间的延伸是最大的潜在特征之一。这可以将有地域限制或残疾的人联系起来。在以技术为媒介的团体心理治疗中，这种交流特征尤其有利于团体的凝聚力。

4. 无限的时间。在所有类型的线上交流中，信息和回应之间都有从几秒到几分钟或几天的延迟，这个时间与面对面的交流有着实际的差别。这个时间间隔为反思和延迟提供了空间，这可能是有帮助的。编辑文本、图像和

表 16.1　虚拟、面对面和混合环境的优缺点

	面对面环境	虚拟环境	交替虚拟和面对面环境
优点	同步和多感官感知促进交流的强度和质量。 共享的情绪体验以及集体现象成为可能。	时间和空间界限不存在，有利于会谈。 拥有很大的记忆能力。 “去抑制”效应或“屏幕效应”允许人们识别他们的恐惧或冲突。 信息和对它的回应之间的时间延迟可能有益于反思、观点和感受的表达以及探索自己的可能性。	在面对面治疗之间由线上会议创造的持续不断的虚拟空间，允许互动超越面对面治疗的时间–空间，促进团体凝聚力和治疗联盟。 由于虚拟和面对面环境之间的永久的轮换，一个细化和反思的空间被创造出来。 因为线上/线下交流的混合方式，心理碎片化★体验得到缓解。
缺点	对于某些精神病理结构，例如边缘性，直接的呈现会促进过分强烈和有威胁性的移情。 面对面会谈在日程安排、缺席和更改地点方面存在明显的困难。	虚拟交流结构允许对所说内容的意义做出错误的解释，包括大量的投射。 由虚拟论坛所创造的永久存在的体验，会引起偏执性的防御机制、控制体验或融合幻想的出现。 在虚拟论坛中，解释或包容被动和沉默变得更困难。 “去抑制”或“屏幕效应”允许暴力或反常的部分的表达。	存在面对面和虚拟体验之间分裂的可能。 那些在虚拟空间中没有积极参与的成员可能在面对面治疗中感到被疏离。

★ 我们认为存在着 3 种自体的组织或矩阵：整合的（神经症性综合征），碎片化的（边缘性综合征），融合的（精神病性综合征）。就心理碎片化而言，我们把它理解为一种状态，在这种状态中，自体似乎分裂为不同的碎片。在这些碎片之间分裂的深度和广度将决定一种或大或小的识别自体不同组成部分的倾向。在边缘性障碍中，这种心理碎片化会造成身份改变的症候群，但在神经症中，它会允许痛苦的缓解以及分部分地解决问题的可能性，之后在它们的内部以某种程度的转化重新将它们整合。

声音的可能性可以改变现实事件的故事时间次序。

5. 自体的碎片化。在像论坛这样使用异步文本交流的模式中，投射恐惧或问题是可能的，但是以碎片化的方式进行的。这种碎片化可能意味着自体的新的保护性或增加的防御性方面，或压抑的解除以及内心世界的攻击性、破坏性和瓦解性部分的表达。

线上心理治疗师的作用

线上心理治疗师应该遵守职业守则，特别注意与网络保密相关的伦理问题，并保证必要的专业认证。鉴于交流动力学和线上产生的心理治疗过程的特殊特征，特定的理论技术培训是必需的，包括线上治疗的特征和线上治疗师的作用。

不同的环境及其应用

在线上心理治疗团体的研究中，我们将描述三个基本方面：形式、相互联系和同步性。在这些团体中，我们可以使用不同的形式：文本、超文本、线上虚拟现实平台、集体创作平台和视频会议。[1] 所有这些形式都可以在单用户或多用户格式或多组网络结构中使用，也可以在同步、异步或混合模式中使用。

在我们 15 年的经验中，我们见证了交流方式从文本性和异步到移动图像和同步的演变，在过去，多用户视频会议交流只能在短时间内使用，而且存在一定的技术困难。我们已经学会了根据人们的精神病理障碍和被治疗团体的特定特征来区分不同的技术 – 社会代价的应用。

从表 16.2 可以看出，由于缺乏非言语语言，线上交流的文本和超文本形式常常在信息解释的领域不断地造成困难，这意味着精神病理障碍的严重程度会增加。相比之下，使用前语言资源的环境，如集体创作平台，会促进病理障碍上的交流过程，在这些交流过程中深层次的退行状态会发生。

表 16.2 虚拟形式类型及其对不同精神病理结构的适应

形式	神经症	人格障碍	精神病
文本	XX	XX	X
超文本	XX	XX	X
视频会议	XX	XX	—
虚拟现实	X 特定症状 XX	X	XX
集体创作平台	X	XX	XX

注：XX= 适应较好；X= 适应不良

在神经症性病理障碍中，由于过渡空间和创造性能力较大的发展，文本交流有助于隐藏内容的揭示。视频会议在个体和家庭干预方面非常有帮助，但在小团体和中型团体的方法上仍存在着技术缺陷。最后，虚拟现实平台可用于治疗特定聚焦的症状，如某些恐惧障碍，并对不同的儿童和青少年团体非常有帮助。

案例研究

在这部分我们将描述在线上心理治疗团体中进行的两项研究。第一个研究持续了 3 年，包含一个与面对面的神经症性来访者心理治疗团体相结合的虚拟团体。体验是通过一个异步文本线上论坛进行的，结合一个每月一次、每次 4 小时的面对面会谈。第二个案例片段是在一个使用虚拟现实平台的、被诊断为孤独症谱系障碍的青少年来访者团体中进行的。

案例 1：周五团体

周五团体以每周 2 小时的面对面会谈的经典形式工作了几年。大约 15 年前，由于日常和工作生活所带来的新动力，团体缺勤的情况增加了，这影响了团体任务的完成。在其中一次治疗中，因为团体治疗开始时我迟到了，他们开始向我的手机发送短信。这个偶然的事件促发了我们可以在线上治疗的想法。

这个想法最初被当作一个玩笑，但慢慢地，它开始得到成员一致的认可，团体提出是否可能为成员设立一个封闭的文本论坛。每个人都对这个计划充满热情，其中一个成员（计算机工程师）愿意建立这个平台，我们决定修改结构，除了线上论坛，将面对面会谈改为每月一次、每次 4 小时，并探索新的线上空间是如何工作的。最后我们建立了一个异步文本论坛，每周 7 天、每天 24 小时开放，包括节假日。

一开始，进入一个未知和创新领域的感觉激发了巨大的热情，一种新的交流方式正被创造出来。渐渐地，大家开始体验到由论坛带来的新的可能性和困难。面对面会谈到来时，这个月大量的工作已经被完成了，这导致会谈以快速而强烈的形式开始。在线上论坛中，梦以集体的方式被分析，在一个月内，甚至在周末出现了冲突性情境，有时候会产生讨论和误解，一种非常高速的信息流转。新的领导角色正在出现，一些与面对面空间的领导角色一致，但另一些则是真正新的领导角色。我们发现，有些成员会更多参与某一种环境，而另一些成员则以类似的方式处理两种环境。对这个话题的阐述导致了关于物理和虚拟环境在每个成员身上产生的主观体验的有趣发现。例如，书面文字的记录对某些成员来说非常令人不安，可能是因为说过的话永久存在，而且无法修改或删除这些信息；另一些成员则强烈地体验到虚拟缺席的影响，对沉默的时间或对某些发送的信息延迟回应反应强烈。虚拟存在有时会产生理想化相遇的感受，这与可以永远持续的永久紧密结合的幻想有关。这种体验持续了 5 年，这项研究进行了 3 年，团体完成任务之后又进行了 2 年。

一个使用文本的线上心理治疗团体的宏观和微观过程研究

团体动力学的许多经典的社会心理学原理都可以应用于对这些线上团体的理解和改进，比如与领导力、交流模式、凝聚力、潜意识和团体心智、重要体验和集体创造性有关的议题（Weinberg, 2014）。然而，“网络空间”的特殊心理特征决定了线上团体的动力也可能是非常不同的（Suler, 2000）。我们指出了文本和超文本交流所提供的特征、更平等的交流可能性，以及改变或隐藏参与者身份的机会。

这个团体由 8 名参与者组成，其中一半是男性，一半是女性，都被诊断为神经症。这项研究成果生成了一篇博士论文（Vaimberg, 2010）。

研究设计

在本研究中，我们采用了基于系统观察的混合方法设计；在初始观察阶段收集的定性数据被转化为定量数据，然后进行定性解释。

心理治疗团体生成的材料，来自一个文本性和异步线上论坛，以数字方式进行自我记录；这个论坛提供了共计 3 年，每周 7 天，每天 24 小时的服务。包含大约 500 页文字材料，合计大概 300 000 字。

一种间接观察工具的发明

在理论框架和生成文本的基础上，我们特别阐述了一种间接观察的非标准工具。数据分析得出以下主题的标准：出席程度，与他人的关系，情绪性，思考能力，积极性和现实性。基于每一种标准，我们创建了一个分类系统（见表 16.3）。

表 16.3　对 PSICAT.G 工具的描述——研究维度

维度 A. 出席程度	从过度出席体验到抛弃：一端代表对他人彻底的控制，中间代表平衡的关系距离，另一端代表他人不存在或极度孤独的感受。
维度 B. 与他人的关系	从对他人过度认同到自我孤立：一端是与他人的融合，过渡到自爱和爱他人之间的平衡，到抑郁的认同感受和自我专注的另一个极端。
维度 C. 情绪性	从过度情绪性到述情障碍：从情感高涨和情绪不稳的体验，过渡到情绪平衡状态，以情绪冷漠、述情障碍或心身疾病结束。
维度 E. 思考能力	从过度理性到非理性行为：一端是抽象化和合理化倾向的能力，过渡到在思考和行动之间的平衡，以冲动性愤怒和暴力性情境或自杀行为结束。
维度 F. 积极性	从轻躁狂性的积极性到抑郁性悲观：从极度乐观或欣快，过渡到平衡地评估自我和与他人的关系的积极和消极方面，以对生活不满、缺乏快感和冷漠结束。
维度 G. 现实性	从极端现实主义到现实解体：从对现实的适应，到在现实和幻想之间调节，最后达到沉浸在幻想、谵妄或幻觉的世界中。

该工具是以评定量表的形式构建的，每一个维度都要进行等级评定。每一个维度的中心位置，代表描述心理平衡状态的类别。从中心逐渐往两端的位置，代表过度或缺陷的心理状态。

结果显示，一开始团体在中心位置和极端位置之间循环移动，在团体的生命周期中制造危机。随着过程的演进，团体过程和个体过程都呈现出集中化和平衡的趋势。

结果解释

我们对结果进行了定性解释，以发现不同的宏观和微观治疗性过程。治疗性宏观过程（历经很长的时间段）表现出明显的分期发展趋势，部分地受到以下背景特征的制约：（1）框架，（2）团体任务目标，（3）团体外的现实特征。治疗性微观过程则从对简短和连续的团体文本序列的分析中进行收集。

治疗性宏观过程

治疗性宏观过程被理解为对在长时间的团体互动序列中观察到的治疗性转化的研究，例如一个月或团体动力学的各个阶段。有几个作者描述了心理治疗团体所经历的各个阶段（Lewin, Tuckman, Pichon Rivière）。我们描述了五个阶段（Vaimberg, 2012），与线上心理治疗存在一些相似和不同的地方。[2] 在这些宏观过程中，我们分析了不同的交流性领导角色，以及团体的情绪状态和主体间状态的发展。

根据每个人的属性和所建立的不同的关系，我们还分析了每个成员在网络中所处的位置。

治疗性微观过程

治疗性微观过程研究在短序列或团体互动的隐藏模式中观察到的治疗性转化时刻。对这些微观过程的系统研究，使我们能够更清楚地看到影响主观性转化产生的团体互动现象和情绪体验交汇的一些短暂现象。

案例 1 结论

线上心理治疗团体的好处和风险

在面对面团体治疗之间创建一个连续的虚拟空间，允许团体互动扩展到面对面治疗的时间－空间之外，很明显地促进了团体的凝聚力。从虚拟和面对面的环境之间的永久的转换，围绕着两种空间产生了一个细化的空间，促进了主体间关系的区分和稳定的过程。

论坛的交流结构——通过书面语言——有时会造成对所说内容的错误解释，并有可能将这些解释锚定在虚拟空间中。我们发现被动性和沉默在论坛中更难以解释。

关于线上团体心理治疗的好处和风险，我们可以得出结论，虚拟和面对面的治疗环境的波动提供了一系列超过了我们观察到的风险的好处，它会提供新的治疗可能性，降低它们各自的风险，以及产生需要发展新的解决方案的新问题。

团体动力的特征

与网络连接的个体的人格结构特征，决定了在虚拟环境中不同的主观体验，以及在虚拟和面对面、线上和线下环境中不同的行为方式。

作为线上交流的特征之一而呈现的心理碎片化体验，被在线上－线下使用的交流系统的混合方式所减弱。尽管如此，我们还是收集到了足够的定性数据来肯定这种心理碎片化特征的存在。我们还观察到，这种现象在不同的参与者中的发生率对治疗过程产生了有利的影响或产生了新的困难，而且优势不同的倾向与每个受试者先前的人格结构有关。例如，因为明显地使用投射性认同机制，一个团体参与者经常与他的面对面团体同伴经历困惑和冲突的情境。在网络文本团体中，他能够通过隐喻和叙事来发展书面创作的能力，这些隐喻和叙事涉及他的内心世界和同伴的内心世界的体验。线上设备提供的时间和空间距离对他的主体间团体体验具有有益的影响。

网络空间是在内部和外部之间的过渡（过渡性空间）中构成的一种特殊空间，有连接在网络中的电子设备所组成的物理支持，它使在某一时刻连接到网络的人们之间的主体间体验成为可能。

对于团体宏观过程，通过对中央类型 / 极端类型的详细研究，我们可以发现具有周期性特征的团体宏观过程的存在，每个团体阶段都具有特定的特征。

最后，我们认为，随着团体动力在新问题和冲突中逐步推进，团体过程的总体特征是不断演进的危机。[3] 团体过程像螺旋一样工作，每个阶段都在处理类似的问题，但是在更深的层次上。

治疗性转化机制的分析

当考虑到转化时刻或个体或团体的领悟时，我们发现线上团体心理治疗存在特定的治疗性过程和微观过程。我们发现了 74 个治疗性转化的时刻，我们通过解释允许这些转化发生的微观过程对它们进行了研究。这些研究显示出在不同的研究维度上类别集中化的特征。

最后，我们想强调的是，我们认为线上团体心理治疗在发展团体心理治疗过程方面所提供的可能性得到了充分的证明。我们在这项研究中使用了专门的软件，并发现它有助于探索治疗性过程和微观过程。它能够支持临床研究和深化治疗性过程评估的方法。

案例 2：患有孤独症谱系障碍的儿童和青少年的团体方法中的视频游戏

在下面的案例中，我们讨论了在患有孤独症谱系障碍的儿童的团体治疗中虚拟现实平台的使用。团体包含四名年龄在 11 ~ 14 岁的儿童，以及两名治疗师：一名心理学家，一名在使用视频游戏方面有经验的教育工作者。

团体主要使用《我的世界》①视频游戏开展工作（见图 16.2），在开始治疗前所有参与者都了解这个游戏。这是一个线上建设游戏，在一个虚构的星球上可以进行集体建设。根据维姆博格（Vaimberg，2012）的观点，个体与自己竞争的单独游戏可以让年轻人在绝对自恋的退缩状态中与计算机保持联

① 英文名称为 Minecraft，是一款沙盒类电子游戏，该游戏以玩家在一个充满着方块的三维空间中自由地创造和破坏不同种类的方块为主题。——译者注

系。线上游戏鼓励与他人的虚拟交流。人们自发地选择电子游戏的类型取决于连接到网络的个体的不同需求。

图 16.2　《我的世界》视频游戏截屏

游戏的选择在某种程度上是由团体参与者的兴趣决定的。有虚拟的支持来实现以下基本特征是非常重要的：（1）促进参与者之间的互动；（2）允许团体参与者自由地决定他们的行动，有一个开放的故事；（3）有一个需要执行的任务，在性质上是创造性或集合合作的，鼓励建立共同的目标。

从这个角度来看，虚拟现实是作为一种过渡性空间来呈现的，允许来自实际现实的表征和情绪的转移，并影响精神现实。然后，屏幕被建构为一个用于上演参与者内部世界的情境的地方，发生在他们之间的互动以及出现在屏幕的虚拟空间中的情境可以之后在面对面空间中被详细地阐述。

孤独症谱系障碍和虚拟现实团体的总目标

首先，我们创造了一个团体参与的空间，在这个空间中我们可以就与病理相关的关系和交流障碍进行工作。我们使用一个游戏和反思的混合空间，针对这种类型的病理障碍面对面是必要的，在同一次治疗中同时使用面对面会谈和虚拟空间。

其次，我们试图利用屏幕的过渡空间，作为一个在面对面团体世界和虚拟现实世界之间旅行的地方，面对面团体的世界有着这些病理障碍造成的所有局限性，在虚拟现实世界中则可以探索和阐释儿童的幻想、幽灵、困难和能力。屏幕不仅仅构成了一个表征空间，也是一个没有身体接触和直接凝视他人的受保护的环境。

最后，创造一个游戏的空间是非常重要的，在这个空间中，团体活动可以与享受快乐的时刻联系起来。这项活动通常是独自在家进行的，但这次不一样。我们目睹过一些被诊断为孤独症谱系障碍的儿童，他们不仅以一种孤独和虐待的方式玩视频游戏，而且会产生一种受限或强迫性的兴趣，由于其强度和持久性而变得异常。

治疗结构

每次治疗持续时间为 1.5 小时，每周一次，由五个基本阶段组成，在整个团体过程中，这些阶段的持续时间和重要性各不相同。

在第一阶段（面对面），我们与团体成员讨论了每次的治疗结构，记录了重要的时刻，并提醒来访者上一次治疗是在哪个节点上结束的。

在第二阶段（线上），我们玩了一个短视频游戏，作为活动的热身。游戏是由治疗团队选择的，以为接下来的治疗营造一种气氛。游戏最初是合作性的，以愉快的主题促进团体凝聚力和参与者的友好态度。随着团体的进展，竞争性游戏会被加入进来，以产生更强烈的感觉和情绪，并引发一些正在被处理的个体或关系冲突。

在第三阶段（面对面），就热身中发生的事情进行简短的对话，然后我们开始为《我的世界》空间设定团体目标，在必要时可以达成一些协议。这个空间在团体开始以及某些创造性项目开始时，需要治疗团队更多的干预。

在第四阶段（虚拟现实），活动是与《我的世界》一起进行的，主要是基于合作建设项目，时间可以从一次治疗到两个月。在这个空间中，团体成员和治疗师－教育工作者一起参与这个游戏。不过，在游戏过程中，治疗师－心理学家是一个参与性观察者。团体可以从游戏的“简单模式”中的简单搭建进展到更困难的游戏水平，例如在“生存模式”下难以获取建筑资源。

在第五阶段，团体详细阐述治疗中发生了什么。一开始，孩子们很难参与，因为他们还沉浸在游戏中，为活动结束感到沮丧。渐渐地，他们变得更愿意谈论发生了什么，并结束治疗。

团体特定目标

我们制定了特定的个体和团体目标。个体目标主要是对团体中参与者的角色的观察和干预，以及他们在特定活动情景下的情绪反应。

对于团体目标，我们建立了团体的身份认同和归属感，并调整任务以适应每个个体的需要、局限性和特点。

治疗师的角色

在这个团体中，我们区分了治疗团队中促进虚拟现实和面对面现实之间转换的两个角色。第一个是治疗师－心理学家角色，带领反思空间（第一、第三和第五治疗阶段）。当游戏开始时，治疗师－心理学家待在游戏活动之外，观察和解释参与者的言语互动、身体姿势和情绪状态。

第二个是治疗师－教育工作者角色：在反思阶段向团体提供关于游戏中

发生了什么的信息。他指导游戏时间（第二和第四阶段），参与其中，并提出或生成与治疗师－心理学家达成一致的具体情景。

值得注意的是，治疗师之间的必要的协作丰富了这两个空间。因此，例如，当团体暂时无法向其中一名成员告别时——这名成员缺席了几次治疗，之后住院了一段时间——治疗团队提出了以下建议。

治疗师－心理学家讨论了这种情况，尽管成员们试图回避讨论，一些人对伙伴的缺席感到非常遗憾，另一些人无法察觉团体动力中的这种变化。我们决定使用游戏来创造一种情景，即参与者必须在一个恐惧城堡中为每名团体成员建造一个房间。团体决定一起为缺席的孩子建造一个房间。在建造集体建筑的过程中，治疗师－心理学家对参与者的态度进行了点评，并用语言描述了这些态度对团体中缺席的孩子和在场的孩子意味着什么。在之后的阶段，团体评估了他们试图修复同伴缺席留下的空白的努力。

总结

最后，我们可以说，生活和心理治疗目前正在虚拟和面对面的环境中发展。我们需要原创的理论和技术来理解和干预新形势的心理功能，它们出现在所有年龄段和精神病理障碍中。

由技术和新的心智结构所介导的交流已经发展成了一个宇宙，它激发了我们对主体间现象的不同理解，并发展出新的心理治疗干预方法论。在呈报的两个案例中，我们相信我们已经在神经症来访者和被诊断为孤独症谱系障碍的儿童的线上团体治疗领域取得了进展。还有大量继续探讨的可能性。

注释

1. 超文本：从书面文字、语音文件、图像文件和它们之间的超链接中创建的环境。虚拟现实平台：允许来自对一种环境的人工模拟的交互体验。集体创作平台：允许通过文字、图像和声音在小、中和大团体中开展创造性线上工作。
2.（1）形成：对允许启动理想化过程的融合性和偏执的焦虑的阐述。（2）理想化的团体凝聚力：作为一个整体的团体意识。对认同、依赖和反依赖现象的实验。对权威关系的被动和顺从的实验。（3）真实的团体凝聚力：在内心冲突和主体间冲突的团体中的体验，辨别和分化能力的扩展。亚团体的建立和排斥体验的阐述。（4）团体成熟：核心冲突的深化。精神和主体间的转化的努力。潜能的发展和对局限性的接纳。（5）团体的结束：对哀悼、分离和告别的体验、结束和将来计划的阐述。
3. 例如，在团体形成阶段，如果我们分析维度 B："从对他人的过度认同到自我的孤立"。连续的去中心化、孤立或过度认同状态的危机被观察到，会演变为以爱自己和爱他人之间的平衡为中心的主体间状态。随后，新的危机再次出现，尽管在团体的每个阶段会以不同的方式呈现。

参考文献

Freud, S. (1913). *Tótem y tabú y otras obras*, en vol. XIII, O.C. Buenos Aires: Amorrortu editores.

Freud, S. (1914). *Introducción al narcisismo*, en vol. XIV, O.C. Buenos Aires: Amorrortu editores.

McLuhan, M. (1967). *The Medium is the Message*. UK: Penguin Books.

Suler, J.R. (2000). Psychotherapy in cyberspace: A 5-Dimensional Model of Online and Computer-Mediated Psychotherapy. *CyberPsychology & Behavior*, *3*(2).

Turkle, S. (1995). *Life on the Screen: Identity in the Age of the Internet*. New York: Simon and Schuster.

Vaimberg, R. (2005). Psicoanálisis y Sociedad de la información. *Intercambios*, *14*: 63–71.

Vaimberg, R. (2010). *Psicoterapias tecnológicamente mediadas (PTM). Estudio de procesos y microprocesos terapéuticos a partir de participación online*. Tesis doctoral, Facultad de Psicología, Universidad de Barcelona.

Vaimberg, R. (2012). *Psicoterapia de Grupo. Psicoterapia de Grupo online*. Barcelona:

Octaedro.

Vaimberg, R. (2015). *Psicoterapia de grupo y psicodrama. Teoría y Técnica*. Barcelona: Octaedro.

Weinberg, H. (2014). *The Paradox of Internet Groups: Alone in the Presence of Others*. London: Karnac.

Winnicott, D.W. (1971). *Playing and Reality*. London: Tavistock Publications.

第十七章

线上团体治疗的实际操作注意事项

海姆·温伯格

筛选和准备团体成员

在治疗团体中，我们强烈建议与每个团体成员进行线上的团体前会面，就像我们在面对面团体中所做的那样。这次会面是为了筛选、准备以及与团体成员建立联结。你也可以同时利用这次会面来解释技术问题和线上礼仪（即使有一份书面协议）。

团体协议

正如在一般操作注意事项中建议的那样，不要忘记在团体协议中加入线上礼仪相关的条款。这部分中提到的大多数附加条款可以与个体治疗保持一致，除了以下项目：

把注意力集中在会谈上。

应该替换为：

把注意力集中在团体互动上。

团体外接触

在治疗性团体中，我们建议团体成员不要在团体外有社交往来。在线上，团体外的接触也可以通过电子邮件进行，因此要记住提醒成员不要建立团体外关系，即使是线上的。

保密

注意不要彼此发送团体成员的电子邮件地址或电话号码。

技术指导

记住，你的技术专长能够成为团体成员的抱持性环境，因此要熟练掌握学习用于团体会面的应用程序。团体开始前将应用程序（如 Zoom）的使用的技术说明发送给成员，学习如何解决简单的技术问题（如音频没有连接）。

对基于文本的交流（电子邮件、论坛、谷歌群组）的具体说明

1. 要意识到基于文本的交流容易受到大量的投射的影响。
2. 互联网文本团体是一个伪装成小团体的大团体。要为大团体动力也要为小团体动力做好准备。
3. 亲密被电子亲密（Weinberg, 2014）所取代。电子亲密很少建立在我–你之间的自我暴露的基础上。

对视频会议团体（Zoom）的具体说明

1. 记住，在线上团体中，团体带领者无法掌控设置，要对团体成员进行有关恰当环境的指导。
2. 不要忽略那些似乎是背景的一部分的事件和刺激（一只猫出现在屏幕上？），并在团体过程中将它们囊括进来。
3. 技术困难和沟通失败是动力的一部分。将它们纳入探索。
4. 在使用 Zoom 时：对于团体，画廊视图比演讲者视图更好，因为你可以在屏幕上看到所有团体成员。
5. 在使用 Zoom 时：指导团体成员如何隐藏他们自己的视频，或在屏幕上自己的面孔出现的地方用东西遮挡一下，以防他们被自己的影像分散注意力。
6. 在使用 Zoom 时：在团体会面时不鼓励使用聊天功能，因为它会分散成员的注意力，而且如果交流是私密的，就会成为一种团体外的

交流。

7. 不建议使用智能手机联网，因为你无法在屏幕上看到所有团体成员。请使用平板计算机或笔记本式计算机。
8. 告知团体成员不要在车上联网，即时他们没有在开车，因为你不能保证保密和隐私，而且这位成员也无法集中注意力。

团体带领者的在场

线上视频团体最主要的障碍是如何创造一种存在。想办法增加你的存在。恰当、与此时此地（对成员的感受）相关的自我暴露是一种可能的方式。从非言语交流中识别成员的情绪状态是另一种可能的方式。承认并承担错误的责任是非常有力的。

团体带领者的中心地位

注意，网络团体的带领者往往更倾向于处于中心地位。尽你最大的努力避免“星形的”交流结构（当你处于交流的中心时），记住要鼓励团体成员的互动。

线上团体的培训

就像我们从个体转移到团体时需要培训一样，我们从面对面团体转移到线上团体时也需要特定的培训。两者并不总是一样的。

有时限团体的最佳模式

以 2 ~ 3 天的密集面对面团体体验（马拉松团体）开始，接着是每周一次 90 分钟的团体，最后以再一次 2 ~ 3 天的密集团体结束。

当某些成员在同一个房间时

一个成员在线上，其他成员在同一个房间中，这种特定的设置是不推荐的（至少不是一个永久解决方案）。这很容易造成竞争和嫉妒的动力，因为线上的成员需要付出更多的努力保持联结，或者需要团体带领者更多的关注使他成为团体的一部分。

第四部分

线上组织咨询

拉科菲特·柯莱特-卡拉瓦尼和阿尔农·罗尔尼克主编

第十八章

引 言

拉科菲特·柯莱特–卡拉瓦尼，阿尔农·罗尔尼克

亚历克斯既沮丧又困惑。这帮人到底怎么了？10分钟前，他对自己成功主持会议的方式感到满意，特别是对新分配的任务的处理。在他的团队中有来自三种不同文化的人，分布在世界各地的五个地方，这是个困难。他的老板说得很清楚，他不能容忍项目再拖延了，因为客户直接向总经理投诉了。

在过去的两个月里，项目团队的工作还不错。他手下的人技术熟练，经验丰富，而且他为他招募的两个有前途的“新人”指派了一位督导。他们每周都会开非常有效的视频会议。这与他们过去使用的音频会议相比是一个巨大的进步，尽管有时有两个地点会出现互联网故障。尽管如此，他还是能看到每个人，他感到更有掌控感。大家都说看到彼此的脸并相互认识的感觉很棒。

会议主要用于汇报项目的计划与执行。他们分享数据。如果有问题，他们会进行讨论。这并不是说他们有什么大问题，只是有些时候，比如当其他团队成员抱怨“某个人”没有按时提交报告时，某个人会沉默——而且每个人都知道那个人是谁。还有一次，三个荷兰的团队成员

非常想知道为什么他们发给每个人的项目数据表很少从其他人那里得到所需的技术输入。这发展为一个小冲突，但亚历克斯阻止了这个冲突，他说从现在开始他会负责，以确保其他人也填写那些输入。所以没有“戏剧性事件”。至少在此之前他都是这么认为的。也许他不应该在家里主持会议，因为唯一安静的房间就是那个网络连接很慢的房间。上传数据表格需要一些时间，当他重新分配任务和强调时间紧迫时，他看不到所有人的脸。两位团队领导开始问他问题。在某个时刻，他们中的一位开始争论谁应该得到第三个任务，而另一位变得很安静，看起来很疏远。争论的团队领导（和另外两名参与者）所面临的技术问题，无益于沟通的进行。

过去他可以用他的表情传达这样的信息“这必须完成，没有什么好商量的”，或者把手放在说话的人的肩膀上，实际上他是在说：“我在这里。我支持你。”现在不行了。因此，他提前结束了会议，他说这么混乱无法再继续了，他下周再见他们。当然，没有咖啡角可以让他进行“会后聊天”，感受大家对会议的看法，以及他们的感受。也许是时候开个同一地点的会议了。

好吧……至少缩短会议时间让他有更多的时间完成明天的报告。

在这个场景下出现的前几个问题可能是：

- 什么“进入”了会议，并让它以令人沮丧的方式结束？
- 哪些部分受到纯粹的管理的影响？哪些是技术的部分？其他因素呢？
- 哪些是预期到和处理过的？我们应该如何处理意外情况？

我们可能会发现，组织、管理和技术因素与文化和其他多样性混合在一起，导致会议成了那个样子。

尽管如此，最重要的是，每一个会议都是关于人、他们的关系和沟通的。萧伯纳（Bernard Shaw）曾经说过："沟通唯一最大的问题在于，人们想当然地认为已经沟通了。"我们可以假定萧伯纳指的是他在20世纪上半叶所了解的普遍现象：人们在同一个物理空间中相互交流。没有技术媒介。很少与来自不同的文化的人交流。

克里斯·阿吉里斯（Chris Argyris）——组织发展（organizational development，O.D.）理论和实践的创始人之一，写了很多关于人们在沟通过程中面临的挑战的文章。根据阿吉里斯（1990，p.87）的看法，理解一个人的主观心智模式和假设的一个策略是认识到一个人的"推理阶梯"——一种常见的心理路径。这个阶梯有不同的阶段，每一个阶段都会对一个人感知和解释另一个人的意图和行为的方式产生影响。事实上，它阐明了沟通过程是多么容易产生误解。显然，当在过程中加入了作为媒介的技术、丰富的多样性、组织环境等元素时，它会变得更加具有挑战性。

线上组织咨询这部分的文章是由具有多年应对这些挑战经验的同行撰写的。

这部分的目的是：

1. 通过分享经验和提出理论来分析所涉及的过程，探索组织视频会议的性质；
2. 为有效的视频会议提供指导原则。

这部分包含两个理论性章节，每个章节是从不同的理论角度和不同的领导角色视角来撰写的。第二十章呈现了一种管理的视角，第二十一章阐述了外部顾问的立场。我们相信不同视角可以加深读者对现象的理解，更好地运用指导原则。

本部分的引言介绍了一些概念，旨在起到组织各章节内容的框架的作用。

根据我们的经验，我们将影响组织视频会议的四个关键情境进行分组，并通过两个章节进行处理。

1. 带来很多多样性的广泛虚拟情境。
2. 使远程沟通成为可能并以各种方式影响它的技术情境。
3. 视频会议情境，媒介特征及其矛盾的性质。
4. 组织情境。

虚拟情境

今天的商业是动态、全球化、不断变化和快节奏的。《纽约时报》专家托马斯·弗里德曼（Thomas Friedman，2016）谈到了不断增长 / 加速的变化速度：改进和完善技术的步伐加快（例如摩尔定律[1]）以及同样令人惊叹的全球化，把世界变成了一个小村庄。弗里德曼关注的是这些变化如何影响外部世界，而我们更关注我们的内心世界和人际世界。

因此，在过去的 20 年中，工作方式的主要变化之一就是虚拟团体的发展（Hassell & Cotton, 2017）。

虚拟团队建立在地理上分散的工作小组中相互协作的个体的基础之上（Lauring, 2013）。哈塞尔和科顿（Hassell & Cotton，2017）引用了最近的一项调查，该调查发现 46% 的组织使用了虚拟团队（Minton-Eversole, 2012），而且这些团队预计还会增加（Dobson, 2011, p. 3）。

虽然虚拟团队有望提高组织的灵活性和资源利用率，但也存在挑战。

胡多巴、鲁、华生－曼海姆和维恩（Chudoba, Lu, Watson-Manheim & Wynn，2013）认为，在消除一些协作障碍的同时，技术也暴露了一种假定的结构，作为一种模式，它不再适用但会继续留存在头脑中（Hammer & Champy, 1993），并开启了工作环境中凝聚力不足的可能性。正如斯科特和蒂默曼（Scott & Timmerman，1999）指出的，"正是为（员工）提供了他们渴望的自由和灵活性的那些技术，同时使他们进一步远离组织的关键方面（p.241）。"华生－曼海姆等人（Watson-Manheim et al.，2002）将这些障碍称为不连续性。他们认为，不连续性引起了对潜在的过程问题和由隐藏的边界产生的潜在问题的关注。从有关虚拟的文献中，他们识别了 6 种不连续性——地理、时间、文化、工作实践、组织和技术——它们捕捉到了虚拟团队环境的独特方面。

除了不连续性以外，虚拟团队倾向于关注任务方面，而较少关注社会情感方面（Powell, Piccoli, & Ives, 2004 in Hassell & Cotton, 2017）。这种关注导致缺乏计划外的互动、关系、团体凝聚力和信任机会，而这些在虚拟团队中发展得都不如传统团队（Hassell & Cotton, 2017）。

因此，商业组织中的理性任务导向对具有社会情感方面的工作提出了挑战，但社会情感方面是关系和有效沟通的基石。这些讨论的机会主要是在特定的组织发展计划的过程中，例如团队建设、领导力研讨会等。在这样的过程会议中，经常能听到参与者说："这里发生的事情很棒，很重要，但回到办公室就是另外一回事了。"他们实际上说的是，在日常工作中发展社会情感交流并不容易，即使在需要的时候也是如此。

考虑到商业环境，对团队凝聚力和信任的需要更加重要。德勤

（Deloitte，2017）的一份报告指出，当今工作环境的快节奏和对速度的要求迫使员工更快速地工作。因此，员工必须更加有效地合作来完成工作。

在第二十章中，詹森和丹尼斯详细地阐述了这些观点，并建议将格式塔方法作为有效沟通的框架。

在第二十一章中，努阿拉·登特从咨询的角度和我们分享了与来自不同空间、文化和时区的团队一起工作所面临的挑战。登特用系统心理动力学的方法来解释各种不同的团体中的现象。以这种方法工作的咨询师试图探寻表面以外的东西，以触及团体和组织中潜在的动力。

阿迪泽斯——在组织领域的一个知名人物——发展了一种非常结构化的被称为“组织疗法”的方法，旨在改善面临挑战时团队的合作。纪律和规则使沟通更流畅、更清晰。这项工作在同一个房间和视频会议中都可以完成，两者都有各自的优点。他接受了关于本书这个部分的采访。

总的来说，通过比较处于同一位置的团队和虚拟团队之间的组织沟通，会同时出现以下两个有趣的观点。

- 虚拟沟通的起点基于参与者固有地带入会议中的各种不连续性，造成了具有挑战性的障碍。
- 快速的节奏、来自员工的合作和复杂的工作性质，需要我们能够获得的最清晰和流畅的沟通。在理想的情况下，当所有团队成员对手头的任务有相同的理解时，快速合作并取得有品质的结果才会更容易。

换句话说，一方面我们有固有的沟通障碍，另一方面我们有相互、流畅的沟通过程的关键需要。我们迫切需要在不连续性的情境中的连续性。

技术情境

郭、丹布拉、特纳和张（Guo, D'ambra, Turner & Zhang，2009）认为我们应该区分各种技术渠道，并了解它们的不同性质。以计算机为媒介的技术在传递社会情境线索的程度上有着相当大的不同（Straus & McGrath, 1994）。社会情境线索在减少模糊性方面发挥着至关重要的作用，它反过来又对引导亲密程度和团队会议的质量产生重要的社交影响（Martin & Tom, 2003）。因此，当我们讨论虚拟团队时，我们必须意识到虚拟团队可能在不同类型的沟通技术的情境下运作，而且实施的沟通技术类型可能对团队互动有着重要影响。

根据媒介丰富性理论（Daft & Lengel, 1986; Daft, Lengel & Trevino, 1987）和社交在场理论（Short, Williams & Christie 1976），媒介的不同在于一个团队处理以下情况的程度。

- 克服时间、地点、持久性、分布和距离等各种传播限制。
- 传递人类沟通的社会、象征性和非言语线索。
- 传递不明确的信息。

（Rice，1993）

研究人员得出结论，社会情境线索对于团队成员调节互动、表达有依据的行动、监测来自他人的反馈以及创造拥有共同基础和相互理解的感觉非常重要（Guo et al., 2009）。

除了社会情境线索之外，丰富的信息还包括非言语、即刻的反馈，它们可以减少沟通中的模糊性和不确定性（Pearroja et al., 2013）。

实证证据表明，言语和非言语线索有助于调节对话的流动，促进说话的轮流转换，提供即刻的反馈和传递微妙的含义，这些都对团队合作非常重要（Montoya-Weiss, Massey & Song, 2001 in Pearroja et al., 2013）。

无论团队使用何种媒介，布朗、普勒和罗杰斯（Brown, Poole & Rodgers，2004）认为，“参与者对新技术的接受程度是有效合作的另一个因素（p.130）”。他们认为，诸如感知到的易用性、对技术的掌控和计算机焦虑等因素在参与者中变化很大，并且会影响团队的动力。因此，技术本身在虚拟工作中会受到信任或不信任。

在第二十章中，詹森和丹尼斯认为，技术会放大嵌入人类思考方式中的探索方式。反过来，以技术为媒介的人际互动使我们更容易做出更快的判断和自动行为。

登特在第二十一章中增加了一个视角，不仅仅将技术理解为一种媒介，而是它本身就是一个主体。她指的是比昂的基本假设，认为参与者可能会以战斗/逃跑的心态、依赖的心态或任何其他基本假设与技术发生关系。例如，技术因为人们无法谈论关系问题而被“指责”。

视频会议

作为媒介的视频会议的特征是什么？它如何影响会议的进程和结果？

同步视频会议系统允许被地理距离分开的团队成员通过音频和视频通信功能以一种近似面对面互动的方式进行互动（Guo et al., 2009）。

自从 2003 年苹果公司、微软公司和罗技公司开始销售网络摄像头以来，网络摄像头得到了广泛的应用。2005 年，第一个高清视频会议系统问世（Olson et al., 2014）。

我们选择在组织中添加视频会议这一特定的内容，是因为我们相信，明智地使用视频会议的组织将具有更好的表现、更高的效率。此外，作为组织行为心理学观点的一部分，我们认为视觉上的面对面相遇能够增加团队的协调和合作。

我们的假设部分地基于福布斯（和 Zoom）关于视频会议特征及其在工作场所的影响的报告，参见“福布斯观察和 Zoom 全球”2017 年所做的调研。

尽管视频聊天是一种与面对面交流最相似的方式，但它仍然缺乏目光和肢体动作等非言语线索（Fullwood, 2007 in Shin et al., 2017）。例如，对非言语行为的研究经常讨论目光接触的重要性，它可以释放有助于对话平稳流畅的轮流讲话的意图信号（Duncan, 1972 in Shin et al., 2017），以及传递亲密感（Mehrabian, 1969 in Shin et al., 2017）。

在这部分的三个章节中，这些视频会议的特征及其对会议进程的影响都得到了广泛的讨论。

我们还要指出影响参与者和发生的过程的另外几个要点，正如我们在工作中体验到的。

对话的流畅性和自发程度是视频会议中出现的一个其他情景的主题。

- 在大多数情况下，屏幕默认显示参与者自己的头像，而不是我们与他人会面时的自然模式。经常看到自己会增加自我意识（有时也会尴尬），这可能会导致一种受限的行为或增强的行为。
- 到目前为止，某个时间只能有一个人说话，因为同时说话听上去就像一种噪声。因此，谈话除非由轮流 / 举手发言来调节，否则试着说话就会“冒冲突的风险”。
- 当技术故障发生时，如网络中断、图像卡住等，参与者往往会担心他们可能没有被听到或看到，在说话前可能会考虑得多一些。

这些情况可能会导致一些人对自发地“跳入”谈话有些犹豫。与此同时，正是这些情况迫使人们更好地计划和控制自己的行为。因此，对于由英语不是母语的发言者以及冲动的参与者进行的以任务为导向的会议，这种有掌控的节奏常常是有效的。

另一个需要考虑的方面是参与者分布的方式。我们将在讨论组织环境时讨论这个问题，但现在我们假定每个参与者分别坐在一个单独的地点。我们相信，随着全球化趋势、技术不断进步等，这将成为最常见的模式。

- 由于参与者就在屏幕前面，这为访问互联网提供的任何东西提供了方便。这是一个巨大的优势——如果需要讨论任何材料，但也会不断地诱惑参与者进行多任务处理和分散注意力。
- 坐在家里 / 办公室等地方，一方面是方便的（因为所有已知的原因），但同时也可能是不方便的，因为它迫使参与者对合适的物理和技术条件负责。

作为一种具有先天矛盾性质的媒介，最后我们需要在更广泛的意义上考虑视频会议。

参与者可能会感到被排斥和失去连接，因为他们的存在很遥远，但看见面部表情的靠近具有一种连接和包容的性质。

参与者可能会觉得很容易“隐藏”，并在摄像头区域以外或在屏幕上（电子邮件等）做一些其他事情。事实上，仔细观察每个人的面部会很容易发现什么时候参与者的注意力转移了。

他们可能觉得屏幕是了解他人的障碍。然而，在参与者的头像上看到的背景通常是家庭 / 办公室的一部分，可以作为催化剂来进行更私人的闲聊，并为建立关系铺平道路。

从管理方面来看，矛盾也发挥了作用。例如，屏幕上的画面并没有反映出传统的地位标志，例如，大家都聚集在老板的办公室里，或老板坐在会议室桌子的前方。管理者不能完全保证恰当的会议条件，因为这取决于各种因素（如网络连接、参与者的设备等）。平面的屏幕实际上回应的是精简高效的组织和当前组织最小的等级结构。与此同时，管理者可以控制每个参与者的“静音”按钮，这是一个非常强大的管理工具。负责会议室的人（大都是管理者）是能够录制会议过程的人，因此能够控制信息、信息的维护和共享选项。

在一个常规的视频会议中，人们的注意力和精力都集中在一个任务上。如果他们确实感到我们刚刚描述的一些东西，大多数情况是不会讨论它们的，因为它们被认为与结果无关或不重要。通常情况下，对管理者 / 同事 / 某种情景的矛盾情绪被激起，但参与者无法清楚地表达真正的原因。但是，矛盾的表现存在于会议之中。

组织情境

我们将使用杜伦、哈克和范阿肯（Doolen, Hacker & Van Aken，2003）对组织情境的定义，即“存在于上级组织中的管理过程、组织文化和组织系统（p.287）”。

我们指的是两个方面：组织文化，以及作为代表分散地点参会的视频会议显示方式。我们把我们最后在屏幕上看到的画面看作管理过程和组织系统共同的结果。

纽伦和默罕默德（Nguyen & Mohamed，2011）引入了沙因（Schein）对组织文化的定义，它由两个层面的概念组成：可见特征和不可见特征。可见层面的意思是外部建筑、服饰、行为方式、规则、故事、神话和仪式。不可见层面的意思是共同价值观、行为规范、信仰和假设。组织文化除了能够整合员工的日常活动以实现计划好的目标外，还可以帮助组织很好地适应外部环境以快速地做出适当的反应（Nguyen & Mohamed, 2011）。

在第二十一章中，登特在一个案例研究中描述了她是如何注意到“双重信息处理的，同时以数码和电子形式储存文件；说的是对技术缺乏信任或信心（p. 249）”。事实上，组织对技术的假设是明显的，会影响团队合作，也会反映在咨询过程中。“他们需要技术来支持他们作为一个团队的工作，但是组织提供的技术系统在能力上是有限的，因此会影响团队一起工作的能力（p. 248）。”

阿迪泽斯在第十九章中指出，纪律是有效工作的关键。他注意到，与同一地点的会议相比，技术是如何迫使参与者每次只能一个人发言的。

我们可以看到，在一个成熟的组织中，视频会议看起来是多么的不同，你很容易看到每个人都打开摄像头，准时连接，坐在一个安静的地方，这与一个非正式的初创公司不同——管理者不会强迫你“打开摄像头”，迟到不会被处理，而且会议可以在咖啡馆里进行。

我们前面提到参与者的位置分布是一个影响因素。当参与者坐在一起时，组织情境本身会作用于组织的动力并产生影响。

登特描述得很好：

> 在我所处的位置，管理者和团队领导在场，参与者似乎不太能够

“玩”……当人们和其他人一起排队做报告时，这似乎更难做到。或者，这可能与研究人员在同一地点有关。

（pp. 248–249）

阿迪泽斯补充了一个视角并认为，作为一名顾问，当他独自一人坐着并出现在人们集中在一起的不同会议室的大屏幕上时，他更容易建立权威。

我想强调另外一个方面。就目前而言，当我们看到一个常见的视频会议屏幕时，我们经常看见同一地点的团队成员坐在一起，因此屏幕上的每个图像代表一个地点 / 办公室。由于媒介的缘故，实际上所创建的是组织分布的视觉生动反映。

我们正在打交道的是什么样的组织并不重要，这个图像总是有某种意义，而不仅仅只是一个地点。它可能是总部与外地办事处之间的权力关系、不同地点完成的项目的分布以及团队中某些文化的少数/多数地位等的反映。管理者坐在哪里？有多少人和他坐在一起？如果某些人单独坐着，他们的感受和行为如何？

一个坐在一起的小组会产生影响会议流程、内容及其他的动力。几个坐在不同房间的小组显然会产生多种动力。由于各个小组相互作用，我们只能想象会产生“团体作为一个整体”的行为和结果的各种各样的小组间的动力。因此，当在那种设置下使用视频会议时，它会构建团队的行为，也会在视觉上阐明某些组织元素。

回到引言开篇提到的管理者亚历克斯，我们相信无论谁定期主持视频会议，组织都将从培训中受益良多。这并不是简单的对同一地点会议的“复制 - 粘贴”。它是一种有其特殊特征的重要管理实践。

在本部分的末尾，我们将总结一些实践注意事项。

注释

1. 摩尔定律（Moore Law）是英特尔联合创始人戈登·摩尔（Gordon Moore）的一个观察结果，即一个芯片上的晶体管数量每年会翻一番，而成本会减半。摩尔定律的延伸含义是，随着集成电路上的晶体管变得更高效，计算机、在计算机上运行的机器会随着时间的推移变得更小、计算能力会变得更快。

参考文献

Argyris, C. (1990). *Overcoming Organizational Defenses: Facilitating Organizational Learning*. Needham Heights, MA: Allyn & Bacon.

Brown, H.G., Poole, M.S., and Rodgers, T.L. (2004). Interpersonal traits, complementarity, and trust in virtual collaboration. *Journal of Management Information Systems*, *20*(4): 115–137.

Chudoba, K.M., Lu, M., Watson-Manheim, M.B., and Wynn, E. (2005). How virtual are we? Measuring virtuality and understanding its impact in a global organization. *Information Systems Journal*, *15*(4): 279–306.

Daft, R.L., and Lengel R.H. (1986). Organizational information requirements, media richness and structural design. Management Science, *32*(5): pp. 554–571.

Daft, R.L., Lengel, R. H., and Trevino, L. K. (1987). Message equivocality, media selection, and manager performance: Implications for information systems. *Management Information Systems Quarterly*, *11*(3): 355–366.

Deloitte (2017). The digital workplace: Think, share, do. Transform your employee experience.

Dobson, S. (2011). Virtual teams expected to Grow: Survey. *Canadian HR Reporter*.

Doolen, Toni L., Hacker, Marla E., & Van Aken, Eileen M. (2003). The impact of organizational context on work team effectiveness: A study of production team. *IEEE Transactions on Engineering Management*, *50*(3): 285–296.

Driskell, J.E., and Radtke, P.H. (2003). Virtual teams: Effects of technological mediation on team performance. *Group Dynamics: Theory, Research, and Practice*, *7*(4): 297–323.

Forbes Insights (2017). *The Connected Culture: Unleashing the Power of Video in Everyday Collaboration*.

Friedman, T.L. (2016). *Thank You for Being Late: An Optimist's Guide to Thriving in the Age of Accelerations*. New York: Farrar, Straus and Giroux.

Guo, Z., D'ambra, J., Turner, T., and Zhang, H. (2009). Improving the effectiveness of virtual teams: A comparison of video-conferencing and face-to-face communication in China. *IEEE Transactions on Professional Communication*, *52*(1): 1–16.

Hammer, M., and Champy, J. (1993) *Reengineering the Corporation*. New York: Harper Business.

Hassell, M.D., and Cotton, J.L. (2017). Some things are better left unseen: Toward more effective communication and team performance in video-mediated interactions. *Computers in Human Behavior*, *73*: 200–208.

Kirkman, B.L., Cordery, J.L., Mathieu, J., Rosen, B., and Kukenberger, M. (2013). Global organizational communities of practice: The effects of nationality diversity, psychological safety, and media richness on community performance. *Human Relations*, *66*(3): 333–362.

Klitmuller, A., and Lauring, J. (2013). When global virtual teams share knowledge: Media richness, cultural difference and language commonality. *Journal of World Business*, *48*: 398–406.

Lauring, J. (2013). International Diversity Management: Global Ideals and Local Responses. *British Journal of Management*, *24*(2): 211–224.

Martin, T., and Tom, P. (2003). Social cues and impression formation in CMC. *Journal of Communication*, *53*(4): 676–693.

Minton-Eversole, T. (2012). Virtual teams used most by global organizations, survey says. *Society for Human Resource Management*.

Nguyen, H.N. and Mohamed, S. (2011). Leadership behaviors, organizational culture and knowledge management practices: An empirical investigation. *Journal of Management Development*, *30*(2): 206–221.

Olson, J.D., Appunn, F.D., McAllister, C.A., Walters, K.K., and Grinnell, L. (2014). Webcams and virtual teams: An impact model. *Team Performance Management*, *20*(3/4): 148–177.

Pearroja, V., Orengo, V., Zornoza, A., and Hernandez, A. (2013). The effects of virtuality level on task-related collaborative behaviors: The mediating role of team trust. *Computers in Human Behavior*, *29*: 967–974.

Rice, R.E. (1993). Media appropriateness: Using social presence theory to compare traditional and new organizational media. *Human Communication Research*, *19*(4): 451–484.

Scott, C., & Timmerman, C. (1999). Communication technology use and multiple workplace identifications among organizational teleworkers with varied degrees of virtuality. *IEEE Transactions on Professional Communication*, *42*(4): 240–260.

Shin, S.Y., Liu, W., Jang, J., and Bente, G. (2017). The benefits of distance and mediation: How people react to conflicts in video chat vs. ftf. *Computers in Human Behavior*, *73*: 1–8.

Short, J., Williams, E., and Christie, B. (1976). *The Social Psychology of Telecommunications*. New York: Wiley.

Straus, S.G., and McGrath, J.E. (1994). Does the medium matter? The interaction of task type and technology on group performance and member reactions. *Journal of Applied Psychology*, *79*(1): 87–97.

Watson-Manheim M.B., Crowston, K., and Chudoba, K.M. (2002). Discontinuities and Continuities: A New Way to Understand Virtual Work. *Information, Technology, and People*, *15*(3): 191–209.

第十九章

与伊查克·卡尔德隆·阿迪泽斯的访谈

A代表伊查克·卡尔德隆·阿迪泽斯；Ra代表拉科菲特·柯莱特－卡拉瓦尼；Ro代表阿尔农·罗尔尼克。

Ra：我们非常感谢你抽出时间接受这次访谈。你开创的方法以及你与组织和政府所做的工作非常有名。

我们想和你讨论一下虚拟世界在你的工作中的实施。你对虚拟沟通的当前和未来趋势有何看法？它将对咨询领域产生什么影响？

A：在我们讨论虚拟沟通之前，我将从你所说的“咨询领域”开始。我希望我创造了一个新的领域，不是咨询，而是“组织治疗”。咨询通常遵循医学的类比，你来找我，我给你开一个处方，你负责执行我的建议。在治疗中，我们能够让来访者解决他自己的问题，我们给他处理问题的工具，并应对他正与之抗争的环境。你的工作是最终将来访者从外界的帮助中解放出来。

在家庭治疗中，我们治疗的不是个体，我们治疗的是互动。对公司来说也是如此。当互动卡住时，能量不能正确地通过渠道轻易地流动，你就会碰到破坏性的冲突，这会妨碍公司应对环境。

我开发了一种方法，这种方法告诉我让谁同时进入房间，这样我就可以改变组织的文化、互动、表现和行为。当我们讨论虚拟变化管理时，这种区别非常重要。

我需要谁在房间里取决于问题是什么。为了解决这个问题谁是必须的？谁掌握权力或能够对这个问题施加影响，谁在妨碍解决这个问题？有时就像在家庭治疗中，那个人是岳母。如果你只是治疗丈夫和妻子，那你就是在浪费时间。你需要岳母在治疗室里。

这个团体可以包含二至三十个人。如果是三十个人，我无法虚拟地进行。房间里人太多了，我无法看清楚每个人的脸。我需要看见他们的脸，它们会告诉我什么时候我触碰到了某根神经。我非常密切地观察肢体语言，因为在我的方法中，我非常严谨地工作：谁在什么时候说话，说什么，按照什么顺序。

我的治疗是非常系统化的，因此，被邀请的参与者在寻找解决方案的过程中是共同前进的。我可以在最多七个人的情况下进行 Zoom 治疗。我带领三十个人的核心团队。最小的核心团队会是：首席执行官，销售主管，人力资源主管，财务主管和运营主管。这是因为在任何组织中都有四个主要的子系统：客户界面子系统（即销售和营销），财务子系统，人力资源子系统和运营子系统。现在我有了代表子系统的核心团队。所有的问题都是由整合不良造成的。所以，当营销速度超过了生产速度时，这就是一个问题。当生产速度超过财务能力时，这就是一个问题。如果整合不良是所有问题的根源，那么解决方案就是整合。他们必须共同前进。没有人掉队。

但我不会以 Zoom 开始治疗，因为当我使用 Zoom 时，没有任何个人关系能够让我掌控他们。当主题变得具有爆炸性时，他们会忽略摄像头，忽略我。我首先必须树立我亲身的威信。除非我感到我建立了足够的权威，否则我不会进行 Zoom 治疗。

在我们有了第一份解决方法草案（一个阐释）之后，与核心团队一起，我们必须纳入其他可能破坏这四个人达成的解决方案的人。我们回到三十个人的情况："问题是什么？解决方案如何实施？它为什么会奏效？它为什么没用？"这样，这三十个人将适应这四至七个人的方案，我们的任务就完成了。

Ra：所以，你是说你首先与他们面对面会面，然后进行 Zoom 会议，然后，当那三十个人都在房间里时，再次面对面会面。

A：没错。我从先和四至七个人面对面会面开始。我不需要所有三十个人来接受我的规则。

Ro：像许多心理治疗师一样，你把自己看作组织的治疗师，你建议第一次会面应该是面对面的，以确保建立纪律。任何心理治疗师第一次面对面见面都是为了创造亲密感，而你谈论的是纪律，不是亲密感。我说得对吗？

A：是的，你说得对。

Ra：我想问你关于相互信任和尊重的问题，它们是你方法论中的核心要素。一旦你确立了自己位置和支持，而且你和你的客户在 Zoom 上会面了二、三、六次。使用这个平台与面对面的会面有什么不同（或没有什么不同）？

A：没有不同。因为相互信任和尊重在我的方法论中并不是目的。它不是一种态度。它是一种行为。通过给予你建立纪律的工具，我控制你的行为。所以，当你遵守这些规则时，相互信任和尊重的行为自己就会出现。

这里就有一个例子。你和我，拉科菲特，正在经历异常严重的情绪冲突。当你说话的时候，谁是这个世界上唯一知道你说完了的人？你，对吗？我们都会犯的一个典型的错误是，当你停止说话时，我就会开始说话，因为我假定你已经说完了。不一定。因为当你停止谈论一个情绪化的话题时，你会反复回想，看看你说的是不是你想说的。那么当你停止说话时，你在听谁？听你自己。所以，如果我在说话，你是听不见的。事实上，我是在干扰你倾听自己。我在惹你生气。

所以，“阿迪泽斯规则”是当你说完话时，你要转向你的右边（人们坐成半圆形）。你必须意识到你说完了。任何想要下一个说话的人必须举手。如果他们在你说话时举手，惩罚！为什么？因为他们在打扰你说话。

然后，你必须称呼这个人的名字，而不是姓，不是昵称，是名字。你必须称呼名字，因为当你称呼姓时，那太正式了，会制造距离感。我试图打破例行公事，创造一个团队。

一开始人们说话时间很长，因为他们不知道其他人是否在听。到第三回时他们说得非常短。人们说：“我同意，等等……下一个。”你知道发生了什么吗？尊重。发生了什么？倾听！一个奇迹！倾听！倾听彼此。倾听。如果你遵守规则，尊重就会产生，信任也会随之产生。

Ra：实际上，我们谈论的是一种非常结构化的方法，有很多规则。我的问题是：平台会在某种程度上影响你的工作方式吗？例如，如果你想让我现在做俯卧撑（惩罚），你是在描述你在房间中和人们一起做的许多动作。当你通过视频会议和他们一起工作，会发生什么？有哪些相似的地方？有哪些不同的地方？

A：我说话的时间可能不会超过整个治疗过程的30%。大部分时间是他们在说话，而我只是在观察。我在观察他们是否违反了规则。我只讲授工具、规则，分配和监督工具的使用，这样我就可以解放客户。只要他们走在正确的方向上，我就让他们自己走。

Ra：这在面对面会面和视频会面中都会出现吗？

A：绝对是的。在面对面会面中，他们坐成马蹄形，我自己坐在圈中第一个人的后面一点点，因为我试图阻止他们看着我。就像在 Zoom 上一样。我既不在那里，又在那里。

Ra：所以，他们坐在房间里（在 Zoom 上看着你），而你是唯一一个不在房间里的人。你是这个意思吗？

A：如果他们都坐在同一个房间里，我需要能够将摄像头对准正在说话的人。如果我们身处不同的国家时，那就容易得多。为什么？因为说话的人会自动出现在屏幕上。当他们都在一个房间里时，我能看到整个团队。我可以指向我要看到的人。在 Zoom 上，我可以看见谁在说话，我可以指挥技术。

Ra：所以，实际上你说的是，这项技术可以让你观察和看到每个说话的人，这是非常有用的，因为在咨询工作中，这些线索，如肢体语言，是非常微妙的，视频给了你很多信息。你可以做你的工作。

A：是的，而且我会录制每一次会面，并把录像给他们，因此他们可以自己看。所以这是技术能够让你做的。当你面对面开会时，你不能录像——有时你可以，但那是非常具有侵入性的。

Ra：实际上，在 Zoom 上我们也可以看到我们自己，在面对面会面中肯定不是这样的，我们只能看到其他人。这也是一个非常关键的因素。很多时候，研究也表明，我受到了我一直在看着自己这种情况的影响。我非常注意自己。这个因素也会影响你吗？或者你认为它会影响你的客户吗？

A：奇怪的是，人们如此投入讨论，以至于忘了摄像头，甚至忘了我在观看。

Ra：除了视频会议可以让你在虚拟环境中工作，这样你就不用出差了，成本也降低了，你还能发现其他好处吗？或者，如果可以，你会只面对面地工作吗？

A：虚拟具有面对面所不具备的优点。亲身在那里，靠近他们，他们可能会试图打破规则。“你是我们中的一员，我们一起吃了午饭，我们一起去吃晚饭吧。”你会被拉拢。当我参加一个 Zoom 会议时，这对我的权威来说有一个非常有趣的优势。我在大屏幕上从很远的地方说话，就像从天上说话一样……我拥有更大的权威，所以 Zoom 帮助我保持距离。

Ra：它既帮助你保持距离，又能帮助你建立你想要的面对面的关系，然后在 Zoom 上维持这些关系？

A：是的。

Ro：既然我们谈论的是通过视频会议进行的会面，我想提一下肖哈姆·阿迪泽斯（Shoham Adizes）和尼尔·本·拉维（Nir Ben Lavi）根据你的方法撰写的《赋予会议权利》(*Empowering Meeting*）这本书。在这本书中，他们也提到了虚拟会议。

A：很棒的书。我知道他们提到过，例如，为了遵守根据座位次序的发言规则，我们要求参与者（他们坐在不同的地方，彼此分开）在纸上画一个写有名字的“马蹄形”，所以每个人都可以想象他们坐在同一个房间里。这样，谁在什么时候说话的顺序就像在同一个物理房间中一样。

Ra：严格的方法和规则是为了调节人们坐在同一个房间中时自发的（常常是不受控制的）交流。从我的经验来看，单独坐在屏幕前参加视频会议，会自动创造出不同的条件，所以，这不仅仅是我们推动面对面会面的方式的“复制 / 粘贴”。

A：在视频会议中更容易管理讨论，因为参与者不能像在面对面会面中那样自发地说话。他们一个接一个地说话，根据“马蹄形”轮流说话。以这样的方式讨论能够更快、更容易地进行。

Ra：此外，你在书中区分了两种会议：问题解决会议和执行会议。我可以认为执行会议更适合使用视频会议吗？

A：是的，因为它们是以自上而下的方式运行的，并且需要命令和控制环境。问题解决会议需要一个学习环境，因为他们的目标是找到解决方案，人们必须畅所欲言。会议的目的也是为了获得合作，所以所有这些都需要一种没有等级的沟通。

Ra：是的，整个问题解决的会议都是为了创造更流畅和灵活的互动。考虑到一些不那么自发的沟通选项，这是一个管理上的挑战。

A：这就是我强烈建议从面对面会议开始的原因，为会议做准备。

Ro：有趣的是，我们彼此私下里互不了解，但快要结束时，我认为我们对你的感觉多了一些，我真的非常感谢你。

第二十章

一起来，现在

组织工作中的视频会议

伊万·詹森，唐娜·丹尼斯

我们一起工作，我们总是这样，在内部、外部，或在组织之间，无论旧的还是新的。这就是组织和组织机构存在的理由。然而，数千年前，合作作为一种生存手段通常受到家庭、群体、部落或氏族的限制或约束，所有这些都以同时的身体和认知的接近性为特征。现在我们生活在不同的时代，快速地拓展了职业或商业边界，从一个人创业，到家庭作坊或乡村工业，跨越了城市、地区、大陆，或世界。在21世纪创造或制造任何东西，无论是物质的还是非物质的，几乎不可避免地需要一些跨界合作的元素。因为组织的规模、分散程度、复杂性和动力学（Stacey, 2010; Lojeski, 2010），当不断增加和经常变化的利益相关方直接或间接地参与进来，这是具有挑战性的。

为了应对和实现或维持在这种环境下的效力和效率，更不用说幸福了，我们需要跨越这些界限进行合作，例如，在单位、部分、学科、职能、国家或民族文化以及客户、供应商和自由职业者之间。一个前提是产生、分享和理解不断增长的大量信息的意义的能力；依赖快速发展的技术使之成为可能。

对于所有这些变化和复杂性，人们很容易忽略这样一个事实：尽管技术近来以惊人的速度在发展，但几千年来，基本的人类互动和交流从根本上并没有改变。[1] 人类有着“懒惰的大脑”（Haselager, Dijk, & Rooij, 2008; Gazzaniga, Ivry, & Mangun, 2009），它们通常是基于从个人或文化中发展出的试探法或范畴来驱动行为的。因此，在我们的进化过程中，对于重要的交流－关系活动，我们天生就偏好在同一地点。

> 我们的大脑喜欢在混乱的数据中建立秩序，在信息之间建立联系，这样我们的生活才更有意义。周围有秩序让我们感觉更舒服，在对称的环境中我们感觉更好，在那里我们可以看到所有的事物是如何联系在一起的。
>
> （Rock, 2006, p.4）

人们是各不相同的，而且这些差异很重要。每一个交流－关系的努力都是为了将我的头脑中的认知、情感或意向性的元素投射到你的头脑中。我们声称这个过程原则上在虚拟工作中和同一地点的工作中是类似的。然而，在虚拟工作中，被阻断或不完整地获取动力信息——反馈、对话、讨论等——绝对会放大人际空间的动力复杂性的后果，因此会造成不确定性或无效。

我们将虚拟工作定义为当分散的贡献者一起工作以实现一个共同目标时所发生的工作，没有人能够有意义地（比如，在时间、资源、创新和质量方面）、单独地实现目标。因此，我们所定义的真正的合作总是涉及相互依靠，一种在个人自主性和集体的纪律之间时常不稳定的平衡，强调顺畅的沟通和关系的必要性。在此值得强调的是，虚拟工作的理由是利用多样性——在胜任力、经验、能力和可用性方面——否则这种多样性是无法实现的。然而，多样性通常也是许多可能影响虚拟工作的问题的根源。以此作为我们的出发点，我们将主要描述使协作成为可能、复杂化或抑制协作的交流－关系的动力。基于降低的旅行时间和旅行成本，太容易把虚拟工作作为许多问题的解决方案，但它往往会导致与预期的节省不相称的费用。不过，我们确信，当参与者认识到在组织工作中使用视频会议固有的缺陷时，富有成效的虚拟工作确实是可能的（Seibdrat, Hoegl, & Hogler, 2007）。

本章以理论和作者30年来在传统和分散的组织中担任个人和团体的管理者、顾问和教师的经验为基础。它提供了一种认知方法来理解组织内虚拟工作的关键工具－视频会议。本章分为三个部分。

1. 理解与虚拟工作相关的协作的认知性质。
2. 介绍用于虚拟工作的沟通－关系的动力的领导者工具箱的格式塔范式。
3. 把所有内容整合在一起，总结出一份清单，以帮助领导者和使用视频会议的团队进行集中反思。

舞台现在已经准备好了。请想象一下，你被任命为一个虚拟开发项目的项目经理，其中有六个项目成员，他们代表不同的专业和文化，住在地理上分散的地方。你知道合作依赖于沟通和协调，但挑战是什么，你将如何在这种情况下使用视频会议？

虚拟工作和虚拟组织中协作的认知性质

自20世纪后期以来，虚拟组织和分布式工作已经变得很常见，而且随着越来越多的人为了一个共同的目标而合作，这种趋势似乎还在继续，尽管他们在地点、时间和知识上存在分歧（Zemlianski & Amant, 2008; Lojeski, 2010）。

- 如果感知的距离、组织关系或其他因素阻止或显著减少了面对面的互动，位置上的分散可能只有几百米远或更少（Lojeski & Reilly, 2010; Nemiro, Beyerlein & Bradley, 2008）。
- **时间上的分散**包括以下两种因素。
  1. 与时区有关的因素。例如，如果一个在西欧的人与一个在新西兰的人合作，他们之间的时差是 12 小时，这使得在正常工作时间内安排沟通几乎是不可能的。阿拉伯海湾和西欧的时差是 3 小时，但由于周五是海湾的假日，每周重叠的工作时间只有 20 小时。
  2. 我们所说的**项目时间**。由于分散的协作者通常并行地处理不同的任务，因此他们可能处于任务生命周期的不同位置，这很容易成为一个干扰因素。因为时间是有限的，虚拟工作者通常会参与更多的项目，因此，除非进行恰当的管理，每个项目的注意力和精力之间也往往存在激烈的竞争（Cummings & Haas, 2012）。
- **知识上的分散**可能是由个体的认知差异造成的，而专业和文化、国家 / 种族多样性以及沟通的管理方法（包括沟通渠道的选择和使用）会加剧这种分散。

人类协作是如此普遍，以至于我们常常不会去思考这个概念的意义。然而，在本章的情境下，更精确的理解是重要的。我们认为，当三个或以上的人一起工作以实现一个共同目标时，协作就发生了，对此他们相互承担责任。因此，协作与每个参与者（“操作者”）根据预先设定的计划独立地生成自己的产出的合作明显不同。协作的关键问题是各方之间的相互依靠，在这种情况下，共同的目标可能获得了相互准确的理解，但不一定是我们在此过程中可能遇到的挑战和障碍。合作的关键问题是预先定义个体操作者的输出之间的接口，这在涉及创新时往往是不可能的。

根据我们的经验，我们将协作分解为沟通和协调的产物，即：

$$协作 \approx 沟通 \cdot 协调$$

在极端的情况下，很容易理解如果这两个因素中的任何一个趋近或等于零，协作就不存在；也许是说了很多，但没有行动，或者做得很多，但没有沟通。换句话说，合作可以理解为沟通和协调之间的相互依存。

沟通和认知

沟通是，而且必须是一个积极的、以对话为基础的过程，涉及所有相关人员，并一直持续到对知识内容有共同的理解或意义为止（Bjørn & Ngwenyama, 2009），作为一种极端的立场，其中包括我们“同意有不同意见”。因此，沟通是一个相互依存的过程。比约恩和吴温雅玛（Bjørn & Ngwenyama，2009）认为，“我们发现，参与者表现和体验到的所有沟通失败都是在工作流程层面上的；然而解决失败可能需要在其他层面上进行反思。”当一个人试图独自一人理解世界时，认知可能已经够困难了，但随着人数的增加，认知显然会变得更加困难（Weick, 1995; Malhotra, 2000; Klitmøller & Lauring, 2013）。重要的是，沟通不同于“信息的分发”，后者可以被认为是信息的单项传输。遗憾的是，这种差异的常见例子有：“我确实给你发了短信……”“但是背景材料在服务器上……”“我却把议程信息发给你了……”“我认为我们同意……”。

协调与认知

作为协作的第二个因素，协调在协作者之间的决策和行动选择的相互依存上与沟通同时进行。在虚拟工作中，个体经常是在孤立的、在配置好的指挥链之外工作，因此在相当程度上是自主的、自我领导的。如果没有搭配好的团队成员之间频繁的日常互动，以及由此产生的无数无意义的路线修正，虚拟团队的单个成员很容易在正式的视频会议之间明显地偏离方向。这需要组织原则或机制，如一位决策经理、标准操作程序、手册或一个实践社区。不考虑实际选择什么样的组织原则，在地点、时间和知识上的分散更加依赖于组内沟通和元沟通，特别是在复杂性、显著的变化速度和任务不确定性普遍存在的情况下。确保必要的协调机制到位，是虚拟团队的"所有者"——可能通过授权——的责任。

虚拟工作与信息和沟通技术

虚拟工作已经存在了数千年，例如在罗马及其占领区的指挥官之间，以及英国驻印度总督和伦敦外交部之间。信息和沟通技术实际上是从点亮的灯塔、信号灯和电报开始的；然而，随着基于互联网的信息沟通技术的出现，虚拟工作者的流行和分布以及传输速度在上一代人中呈指数级增长。千兆宽带的可获得性、移动电话、社交媒体、云计算、大数据分析、机器学习、神经网络，以及可能即将普及的增强现实，正在以惊人的速度改变信息和沟通技术（Information and Communication Technology，ICT）领域（Mosco, 2017）。我们只是简单地将视频会议放在信息和沟通技术的"媒体丰富性"分类中（Daft & Lengel, 1984），它大致表达了各种媒体可以传输多少信息，后来扩展到包括"媒体自然性"（Kock, 2005; Smith, 2014）。

根据各代人成长时期能够获得的信息和沟通技术媒体的不同，各代人喜爱的信息和沟通技术媒体存在明显的代际差异，这也许并不奇怪。现在有一些性能良好的视频会议工具，有些打包了文档 / 文件共享、可以帮助学习的内部百科（如维基百科）来帮助学习、持续聊天、屏幕共享、将用户划分为团队或频道的选项、会议日历 / 组织者以及你可以向它寻求帮助的聊天机器人。这些软件包可以显著地提高团队的效力——也可能导致令人沮丧的信息和技术过载，让不太精通信息技术的团队成员感到绝望。也许可以考虑通过模拟游戏让“新手”接触虚拟工作（Gilson, Maynard, & Bergiel, 2013; Devine, Martin, Bott, & Grayson, 2004）。

格式塔和虚拟工作

在前文中，我们已经断言，原则上虚拟协作工作和在同一地点的协作工作之间没有区别，除非虚拟工作将不成比例地受到沟通和协调缺乏、不足或不充分的影响。如果虚拟工作和在同一地点的工作在本质上是相同的，并且这两种环境都是由不同个体及其个人认知之间偶然、复杂的相互依存组成的，那么为什么虚拟工作更具有挑战性呢？在抽象层面上，答案很简单：由于虚拟环境和可获得的沟通媒体的性质，充分觉察虚拟环境中的动力的能力下降了。为了说明这一点，想象一下，如果你被蒙上眼睛或堵住耳朵，你在一场同一地点的会议中保持充分觉察的能力如何。

然而，由于我们通常无法觉察到我们没有觉察到的东西，这一点得到了比约恩和吴温雅玛（Bjørn & Ngwenyama，2009）的见解“解决问题可能需要其他层面的反思”的支持，因此我们需要元觉察。“格式塔”[2]——我们在下面简要描述的内容的构成要素——是我们喜欢的意识和元意识“导航器”。有了这种认知和体验胜任力，我们可以更好地在不同的领域之间不断地转移我们的觉察，其中最重要的领域包括：

- 内容（或任务）觉察
- 过程觉察
- 情境觉察
- 元觉察

虽然仍有争议（Blom, 2013），但我们认为格式塔是一种范式，是四个主要部分的互补综合。在对每一部分的描述的末尾，我们都添加了一个来自我们的实践的简短案例片段，来说明觉察和元觉察是如何带来帮助的。

格式塔心理学作为一种实验心理学，在 20 世纪的头几十年中蓬勃发展，试图理解在我们获取和处理有意义的感知能力背后的规律。格式塔心理学认为，心智构成了一个整体，我们倾向于以一种有规律、有秩序、尽可能简单的方式将其组织为一个“好的格式塔”（Ellis, 1997; Rock, 2006）。如今格式塔心理学已经被认知心理学及其神经生理学知识基础所吸收（Sternberg, 2016）。没有改变的是，而且非常重要，我们永远不可能觉察到一种客观现实，而只能觉察到在每一个时刻被处理过、被选择过的这个世界的形象。然而，我们可以引导我们的觉察：想一下鲁宾的花瓶，它呈现了知觉图形和背景之间的差别（Hoffman, 2000; Chabris & Simons, 2011）。我们的大脑每时每刻都在劫持我们的感知（Gazzaniga, Ivry, & Mangun, 2009），但这也适用于更好水平的认知过程，例如所谓的最初由克里斯・阿吉里斯（Chris Argyris）描述的推理阶梯（Senge, 2006）。更糟糕的是，由于技术问题，参与者有时可能会体验到认知失调，如视觉和听觉输出的各种延迟，或明显的屏幕显示像素化。

在一次视频会议中，管理者注意到团队在实现目标上没有取得进展。她因此将焦点转向了过程觉察，并注意到参与者明显不是以同样的方式看待事物的：不同的个人解释以及未能仔细地倾听同事实际表达的内容，都是团队需要暂停并思考他们所参与的过程的线索。管理者暂停了会议，要求大家把注意力集中在图形和背景之间的差别上。如果视频会议被录制下来，团队成员就可以看到他们认为不感兴趣的身体语言的例子，精力下降了，并形成了亚团体，试图说服彼此他们的观点是“正确的”。停下来思考过程是一项重要的技能，可以在管理者或带领者的帮助下习得。

场论是由库尔特·勒温（Kurt Lewin，1997）提出的。他的深刻见解是，一个人的行为（behavior, 简写为 B），这个人（person, 简写为 P），和他的环境（environment，简写为 E）是相互依存的，或者用象征性符号来表示：$B = f[P, E]$（f代表“函数”）。因此，行为总是权变的，与勒温的“生活空间”概念联系在一起，即“存在于当下”（出处同上）；“存在”意味着它吸引或支配了（心理的）能量。这个观点也可以扩展到团体，如 B 是团体行为，P 是团体成员，E 是团体环境，类似于福克斯的“团体矩阵”（Foulkes, 1964）。一个重要的分支是，一个团体不能仅仅被理解为一个被动的聚集：“整体并不是各部分的总和（Sansone, Morf & Panter, 2004）”。这也涉及因果关系的问题；在团体中，就像在个体身上一样，因果关系不能是线性或决定性的（Couldry & Hepp, 2016）。

很容易理解，亚团体可以围绕任何主题、问题、身份因素、需求等而形成，如果它比整个团队任务需要更多的（心理）能量。因此，一个亚团体可以是短暂存在的，也可以更持久，这取决于它的形成所围绕的主题。阿尕扎伦（Agazarian，2004）讨论了“功能亚团体”的主题，韦斯伯德（Weisboard & Janoff, 2010）讨论了“困难的团体”主题。我们倾向于暂时将我们所属的团体或亚团体的成员极化为“我们”，将不属于我们的极化为“他们”，这是一种普遍的人类特征（Johnson, 2014; Berreby, 2005）。与虚拟工作相关的亚团体围绕专业归属、种族、组织归属、角色、功能和地位而形成，这并不少见。虚拟领域的另一个方面是信任，应该尽早获得鼓励和讨论；它最初常常是脆弱的，需要强化和调整（Crisp & Jarvenpaa, 2013）。一个给定的虚拟领域的复杂性取决于团体成员的数量及其多样性（Jensen & Jackson, 2007），出于这个原因，团队的规模应该受到限制；似乎并没有一个确切的数量，但 5 ~ 6 名成员可能是最佳的（Lim & Klein, 2006），可能对应于同一地点的团队的大概最佳人数（HBR Guide to Making Every meeting Matter，2016）。

管理者和团队正在将两个团队合并为一个团队，这增加了团队互动的复杂性。视频会议允许新团队观察新情况，并开始重构他们的互动。管理者特别关注在团队层面发生了什么。他们都决定以利用亚团体的方式重新配置团队，尽可能避免大团体会议。通过小一点的团体会议，他们可以增加对彼此的了解，增加各自拥有的经验，以及效率。他们还就（亚）团队之间的连接和守门人功能达成了一致。

现象学是格式塔范式的最后一部分，聚焦于自我、意识和同一性以及存在如何成为体验等重要问题（Zahavi, 2014）。它存在于两个有些重叠的领域：作为一种哲学，以及作为一种方法论。后者在组织的格式塔工作中是最具代表性的，在这些组织中，一个人被理解为一个具身化、嵌入社会和文化的世界中的存在。正是由于这个原因，考虑到每时每刻都在发生的认知过程，主题与环境之间的相互依存，以及责任与选择，我们还需要现象学地关注此时此地，用胡塞尔（Husserl）的话说，即“事物本身”（Husserl, 2014）。因此，通过“归类”“存而不论”剥离类别、偏倚、偏见等，即系统的现象学还原程序，我们假定能够悬置对所有其他信念的评判，并且用这种方式检查现象，就像它们最初被赋予意识一样。

就像许多其他虚拟团队的管理者一样，这个团队的管理者要应对分布在不同时区和文化背景下的成员。她了解到，一项重要的技能是培养自己的好奇心——觉察——关于团队成员如何理解和解释正在发生的事情，不断提醒团队成员要关注实际所说或所做的，而不是他们未经反思、瞬间的想法和感受。如果足够严重的误解妨碍了团队的参与方式，使用录制的视频会议可以让团队成员和管理者重新播放会议过程。

人本存在主义成为格式塔思维的一个元素主要是受到让·保罗·萨特（Jean Paul Sartre）和西蒙·德·波伏娃（Simone de Beauvoir）的影响(萨特, 2007)。存在主义的公理是“存在先于本质”，我们“注定要自由”，所有人都对自己在生活中所做的选择负有责任，没有这些选择，生活就是荒谬的（Sartre, 2007）。人的最终责任是成为真正的自己，剥去幻想和虚荣，因为只有这样他才能对人类做出最好的贡献。

在一对一的会议中，管理者鼓励团队成员思考工作和职业目标以及他们正在做出的选择。对话的重点是他们的意图以及他们对团队成员的影响。在团体视频会议中，管理者会留意她如何强化团队成员的责任的例子——他们何时以及如何选择/做出决定，并为自己的选择负责。

整合在一起

我们已经讨论了虚拟工作和同一地点工作在原则上是相同的，虚拟工作不可避免、必然要面对任何沟通-关系的缺点。因此，尽可能接近地模拟同一地点的工作环境是很诱人的，但这将违背虚拟工作的存在理由：能够利用地理上分散的、来自不同学科的团队成员，同时避免旅行时间和成本。然而，在同一地点的工作和虚拟工作都是关于协作的——沟通和协调——在这两种环境下，通过关注基本要素——沟通和协调——来建立基础和基本规则是同样重要的。这一点与虚拟团队的领导和团队成员都密切相关。在某种抽象的层面上，它涉及根据需要建立对使命、愿景、战略和价值观的共同理解，以及不仅仅是对内容，而且对元沟通和元协调的共同理解。

到此为止，列出一长串该做和不该做的清单应该很诱人，但这可能会分散我们所倡导的熟练的、以觉察为导向的方法的注意力。领导者需要发展和磨炼元觉察，使他能够在每时每刻的此时此地在情境、内容和过程焦点之间摆动。

领导工作和领导能力在同一地点工作和虚拟工作中在很多方面并没有太大的不同。但有一个方面常常是不同的：虚拟工作的领导所领导的人，由于在地点、时间和知识上的分散和由此产生的隔离，必然在很大程度上是自我领导的。这就要求我们谦虚地认识到领导和自我领导的人之间的互补性。例如，对这一点可以在“半透明”——“可见性、觉察和责任的三角定位”（Bjørn & Ngwenyama, 2009）——以及在“学习、再学习和去学习的需要”

（Caulat, 2012）中找到灵感。虚拟团队的领导在以下方面需要特别觉察潜在的“百慕大三角”——其中的事情会神奇地消失。

- 一个精确、相互理解的目标，需要实现什么。
- 做了什么，怎么做的，以及所有相关人员的专业和个人自主性。
- 团体的需要和限制。

虚拟团队的成员更依赖于非常清楚地了解谁需要在何时以何种方式与谁交谈或互动。他们无法在饮水机旁、在食堂里、走廊上或其他会议上遇到彼此，来校准他们个人的认知。信息的传播本身也不一定能创造共同的理解。这需要对实际上是什么的觉察，而不是我们的大脑可能引导我们相信的东西。因此，虚拟团队需要有一定的元觉察；理想的情况下，元觉察要在团队中平均分布，但在任何情况下都要有团队领导。为视频会议指定一个带领者可能是明智的，他的任务是关注会议的过程，而不是会议的内容。

这里有三点需要注意。

第一，在一开始就明确地为团队设定必要的“比赛场地”或“基本规则”，这是虚拟团队的正式领导的非授权责任，记住，这至少会在一定程度上限制团队成员的自主性。这样的例子如下。

- 提前几分钟进行会议签到。
- 每次会议都澄清目标。
- 会议中不能处理多项任务，如接电话、查看邮件或在台面下发短信。
- 不说话时将麦克风调成静音，以减少 / 消除背景噪声。
- 在每次会议中每个人都要有所贡献，就算贡献很小。
- 背景材料和议程总是在每次会议之前分发。
- 如有需要，确定由谁汇集会议记录等。

- 在视频会议中，对每个发言者的定向注意应尽可能少地受到干扰。例如，正常的双声道听觉使我们能够精确地定位声音，并有助于区分不同的声音。然而，视频会议的声音是“单声道”的，因此在有背景噪声或几个参与者同时说话时，我们会失去定位个体声音的大部分能力。这种情况可能会因为我们无法从视频会议软件中获得视觉线索而恶化，如唇读、面部表情、肢体语言等，因为视频会议软件无法追踪说话的人。
- 视频会议的参与者都应该是虚拟的，没有面对面的参与者，因为面对面的参与者明显倾向于主导会议。

第二，关于正式领导及其下属之间关系的差异可能会受到文化规范的影响，诸如霍夫斯泰德提出的“权力距离”“个体性”和“不确定性规避”等指标（Hofstede, 2016），这在“全球”研究中有进一步的阐述（House, Hanges, Javidan, Dorfman, & Gupta, 2004）。有些团队成员对领导和下属关系的期望可能与你的期望不一致。例如，如果你是一个低权力距离的领导，你的团队成员来自一种或多种高权力距离或低个体性的文化，你就不能指望他会对“我们是否都同意……”这样的问题做出不同意的回答。类似，不要期望来自高不确定性规避文化的团队成员会热情地支持“让我们试一下，看看会发生什么”这种方法。不同的专业文化之间的差异同样可能带来麻烦，例如医生和信息技术专家之间在远程医疗问题上的合作。如果相关，从一开始就阐明这种可能性也许是明智的，这样，由此引起的任何后续团队功能失调都可以以非惩罚性方式来处理。虚拟人际空间中的明显的不确定性可能变得相当具有存在性，并会导致围绕那些将彼此视为“志趣相投”、筒仓思维甚至退缩的人形成亚团体（Jensen & Jackson, 2007）。如果精力和注意力更多地集中在维护或捍卫个人身份而不是团队目标上，这可能会给某些人或所有人带来相当大的压力，而且严重地损害团队工作。最终的亚团体只有一个人，也就是我，如果亚团体的压力足够大，我经常把自己局限在我的职业角色中；同样，这是一个不能促进团队合作的位置。对抗“象牙塔隔离”倾向并促进团队认同和精神发展的一种方法是定期安排简短的会议，模拟同一地点的存在，其唯一目的是关注团队的社交面貌和幸福感，而不是虚拟项目。

第三，视频会议技术和软件已经得到了显著的发展，可以利用一系列令人印象深刻的辅助功能。但只要有一个摄像头、麦克风或网络连接出现故障，整个团队就会浪费宝贵的时间，等待有人来解决问题。如果一个虚拟团队的第一次视频会议就被技术问题破坏了，那么让团队成员致力于这种工作方式将是一项艰巨的工作。因此，在上线之前，我们强烈建议你与每个团队成员安排一次单独的实际操作会议，其唯一目的是测试每一台设备以及成员使用它的能力。

总之，在本章开篇，我们提出了关于人类沟通-关系行为的公理假设，它的一些组成部分，以及一个基本信念，即原则上同一地点的工作和虚拟的工作之间没有区别。然而，在实践中，虚拟工作必然放大了人际虚拟空间中动力的复杂性、缺陷、不完整的知识、不确定性或缺乏共享意义的后果。沟通和信息技术在虚拟组织工作中是重要的推动者，但矛盾的是，它也可能导致一些挑战。这意味着领导和工作人员都必须不断寻找并能够解决沟通和协调不足的问题，换句话说，能够进行元对话。我们已经阐述了关于一些重要的视频会议和领导风格选择的反思点。我们坚信，视频会议将继续存在，如果使用得当，即保持对任何隐患的觉察并进行有效的处理，可以在许多不同的情境中为虚拟工作做出显著而有价值的贡献。在本章附录中，我们列出了一份检查表，可以用来激发有意义的问题、反思和差距分析，供想要深入研究或寻求改进现有视频会议使用方法的领导和员工使用。

附录

虚拟工作检查表与差距分析

请思考以下虚拟团队有效沟通与协调的指标。这不是关于对与错的问题，只是关于是什么的问题。检查表的价值来自团队对我们什么地方做得很好以及我们什么地方可以做得更好的共同理解。当虚拟工作进行时，准备好再次使用检查表（表 20.1）。

使用以下分数来评估领导和团队在虚拟团队的每个维度上的有效性：

4 代表强烈同意；3 代表同意；2 代表不同意；1 代表强烈不同意

你还可以使用此检查表进行差距分析，通过指出你和团队现在所处的位置（A），和你希望或需要取得的位置（B），例如，从 1 到 5 的范围内……

表 20.1　虚拟工作检查表

领导	团队	A	B	
				技术
				我们拥有我们所需要的信息和沟通技术
				我们接受过培训，完全有能力使用我们的信息和沟通技术
				目标
				我们知道我们的个人目标如何与团队 / 组织的目标保持一致
				我们带着能量、动力和完成目标的需求来追求个人和团队目标
				我们拥有对团队的共同愿景

续表

领导	团队	A	B
沟通			
我们彼此开诚布公地沟通			
我们对他人的观点表现出真诚的好奇和兴趣			
我们在专注任务的会议之间有虚拟的“饮水机”或“早安咖啡”会面			
我们的会议有很高的参与度			
我们以开放的心态听取不同的意见			
我们在这个团队里很开心			
协调			
我们彼此合作协调			
我们尊重不同的文化			
我们灵活并适应时区的挑战			
亚团体			
我们的团队中没有核心圈子或其他亚团体			
因为我们的个人胜任力，我们都在这个团队中			
虚拟工作的输出和结果			
我们按时、按质、按预算交付			
我们通过分析成功和失败来寻找改进的线索			
领导风格			
我们在专业自主和领导指导之间取得了良好的平衡			

注：经允许使用，©2018，Donna Dennis, Ph.D. and Ivan Jensen, MD., Gestalt International Study Centre.

注释

1. “Plus ça change, plus c’est la même chose（万变不离其宗）”；这句话来自法国作家让－巴蒂斯特·阿方斯·卡尔（Jean-Baptiste Alphonse Karr），他是《费加罗报》（*Le Figaro*）的前编辑。
2. “格式塔”是一个德语单词，在英语中没有直接对应的词；它可以作为名词和动词使用，意思大致为“形式或形状”或“给予形式或形状”。现在“格式塔”可以指格式塔心理学、格式塔治疗和基于格式塔的（组织）工作。

参考文献

Agazarian, Y.M. (2004). *Systems-Centered Therapy for Groups*. London: Karnac Books.

Berreby, D. (2005). *Us and Them: Understanding Your Tribal Mind*. New York: Little, Brown and Company.

Bjørn, P., & Ngwenyama, O. (2009). Virtual team collaboration: Building shared meaning, resolving breakdowns and creating translucence. *Information Systems Journal*, *19*: 227–253.

Blom, S. (2013). *"Identy Work" in the Context of Organizational Change: A Gestalt Perspective*. Derby: University of Derby.

Caulat, G. (2012). *Virtual Leadership: Learning to Lead Differently*. Faringdon: Libri Publishing.

Chabris, C., & Simons, D. (2011). *The Invisible Gorilla: How our Intuitions Deceive Us*. New York: HarperCollins Publishers.

Couldry, N., & Hepp, A. (2016). *The Mediated Construction of Reality*. Cambridge: Polity.

Crisp, C., & Jarvenpaa, S. (2013). Swift trust in global virtual teams: Trusting beliefs and normative actions. *Journal of Personnel Psychology*, *23*: 45–56.

Cummings, J., & Haas, M. (2012). So many teams, so little time: Time allocation matters in geographically dispersed teams. *Journal of Organizational Behavior*, *33*: 316–341.

Daft, R., & Lengel, R. (1984). Information richness: a new approach to managerial behavior and organizational design. In L. Cummings, & B. Staw (Eds), *Research in Organizational Behavior*. Homewood, IL: JAI Press.

Devine, D.H., Martin, K., Bott, J., & Grayson, A. (2004). Tinsel Town: A top management simulation involving distributed expertise. *Simulation and Gaming*, *35*: 94–134.

Ellis, W.E. (1997). *Gestalt Psychology*. Gouldsboro, ME: The Gestalt Journal Press.

Foulkes, S.H. (1964). *Therapeutic Group Analysis*. London: George Allen & Unwin Ltd.

Gazzaniga, M.S., Ivry, R.B., & Mangun, G.R. (Eds). (2009). *Cognitive Neuroscience: The Biology of the Mind*. New York, NY: W.W. Norton.

Gilson, L., Maynard, M., & Bergiel, E. (2013). Virtual team effectiveness: An experiential activity. *Small Group Research*, *44*: 412–427.

Haselager, P., Dijk, J. v., & Rooij, I. v. (2008). A Lazy brain? Embodied embedded cognition and cognitive neuroscience. I. P. Calvo, & T. Gomila (Eds), *Handbook of Cognitive Science: An Embodied Approach*. Oxford: Elsevier.

HBR Guide to Making Every Meeting Matter. (2016). Boston: Harvard Business Review.

Hoffman, D. (2000). *Visual Intelligence: How We Create What We See*. New York: W.W.Norton.

Hofstede, G.H. (2016). *Culture's Consequences: Comparing Values, Behaviors, Instiitutions and Organizations Across Nations*. Thousand Oaks, CA: SAGE Publications.

House, R.J., Hanges, P.J., Javidan, M., Dorfman, P.W., & Gupta, V. (Eds). (2004). *Culture, Leadership, and Organizations*. Thousand Oaks, CA: Sage Publications.

Husserl, E. (2014). *Ideas for a Pure Phenomenology and Phenomenological Philosophy I*. Cambridge MA: Hackett Publishing Company, Inc.

Jensen, I., & Jackson, P. (2007). Social Uncertainty in virtual organizations: A preliminary ontology of the constituent elements. In J.J. Klobas, *Becoming Virtual: Knowledge Management and Transformation of the Distributed Organization*. Heidelberg: Physica-Verlag.

Johnson, B. (2014). *Polarity Management*, 2nd edition. Amherst, MA: HRD Press.

Klitmøller, A., & Lauring, J. (2013). When global virtual teams share knowledge: Media richness, cultural difference and language commonality. *Journal of World Business*, *48*(3): 398–406.

Kock, N. (2005). Media richness or media naturalness? The evolution of our biological communication apparatus and its influence on our behaviour toward e-communication tools. *IEEE Transactions on Professional Communication*, *48*(2): 117–130.

Lim, B., & Klein, K.J. (2006). Team mental models and team performance: A field study of the effects of team mentalk model similarity and accuracy. *Journal of Organizational Behaviour*, *27*: 403–4018.

Lojeski, K.S. (2010). *Leading the Virtual Workforce: How Great Leaders Transform Organizations in the 21st Century*. Hoboken, NJ: John Wiley & Sons.

Lojeski, K.S., Reilly, R.R. (2010). *Leading the Virtual Workforce: How Great Leaders Transform Organiz ations in the 21st Century*. Hoboken, NJ: John Wiley & Sons.

Malhotra, Y. (2000). *Knowledge Management and Virtual Organizations*. London: IDEA Group Publishing.

Mosco, V. (2017). *Becoming Digital: Toward a Post-Internet Society*. Bingley: Emerald Publishing, Ltd.

Nemiro J., Beyerlein M., Bradley L., & Beyerlein S. (2008). *The Handbook of High-Performance Teams: A Toolkit for Collaborating Across Boundaries*. San Francisco: Jossey Bass.

Rock, D. (2006). *Quiet Leadership: Six Steps to Transforming Performance at Work*. New York: Harper-Collins.

Sansone C., Morf, C.C., & Panter, A.T. (Eds) (2004). *The Sage Handbook of Methods in Social Psychology*. Thousand Oaks: SAGE Publications.

Sartre, J.-P. (2007). *Existentialism and Humanism*. Slingsby: Methuen Publishing Ltd.

Seibdrat, F., Hoegl, M., & Hogler, E. (2007). How to manage virtual teams. *Sloan Management Journal*.

Smith, R.S. (2014). Collaborative bandwidth: Creating better virtual meetings. *Organization Development Journal*, *32*(4): 15–38.

Stacey, R. (2010). *Complexity and Organizational Reality: Uncertainty and the Need to Rethink Management After the Collapse of Investment Capitalism*, 2nd edition. New York: Routledge.

Sternberg, R.J. (2016). *Cognitive Psychology*, 7th edition. Andover: Cengage Learning.

Weick, K. (1995). *Sensemaking in Organizations*.Thousand Oaks, CA: Wiley.

Weisboard, M., & Janoff, S. (2010). Keeping difficult situations from becoming difficult groups. In S. Schuman, *The Handbook for Working with Difficult Groups: How The Are Difficult, Why They are Difficult and What You Can Do about It* (s. 1– 16). New York: Jossey-Bass.

Zahavi, D. (2014). *Self and Other: Exploring Subjectivity, Empathy, and Shame*. Oxford: Oxford University Publishing.

Zemlianski, P., & Amant, K.S. (Red.). (2008). *Virtual Workplaces and the New Nature of Business Practice*. Hershey, PA: Information Science Reference.

第二十一章

一种反身性叙述

通过视频会议的团体咨询

努阿拉·登特

利用我自己作为一个反身性主体，本章探讨了我使用视频会议平台为三个团体提供咨询的经验。这些研究包括：为一个全球性的大学生团体就任务和过程提供咨询；在沙特阿拉伯指导一组女性学术领袖；推动一个澳大利亚的治疗师团队进行反思性探寻。除了深入研究每个场景的细节外，本章还将更广泛地探讨各个场景的主题、模式、相似性和/或差异。

本章将思考技术如何影响任务、物理场所和线上场所的相互作用以及它们对团体成员和作为一个整体的团体被内化和一起工作的方式的影响。我的核心观点是，团体需要一个用于思考的心理空间，而通过视频会议会面的团体面临的挑战是，去发现如何创造和维持这样的一个空间。

“面对面”一词的意思是“在彼此的视线中或面前”。传统上用来指人们相聚在同一物理地点，它也可以用来描述在视频会议平台上见面。这个词在用法上的模糊令人不安，这可能反映了科技对我们见面、交流和工作方式以及存在的意义的影响的深层次的不确定性。通过数字技术平台这一媒介，在彼此的面前意味着什么？

我搜寻词语来区分这些不同的面对面的会面。我可以将它们称为“物理的”和“虚拟的”，但这暗含着一个是“真实的”，另一个是“不真实的”的意思。将视频会面描述为“线上的”，会使人联想到所有成员都在同一个房间的会面是“离线的”，这颠覆了传统的对于彼此在场和参与任务而言什么是必需的概念。在没有忽视这种矛盾的情况下，出于本章的目的，我将使用“面对面”来表示在同一物理场所举行的团体会议，使用“线上的”来表示通过计算机 / 电子设备等技术和媒介进行的团体会议。

我对线上团体的第一次研究经验是对一个大型学习团体的动力进行分析，该团体通过一个基于文本的线上讨论论坛，进行了为期 4 周的讨论。来自这个分析的一个关键假设是线上体验可能会“放大成员遵守团体规范的压力，不去质疑团体思维，以避免被消灭（Dent, 2010: 30）”。这让我有了另一个机会去研究一个组织的线上工作空间的动力。在这个情境下，一个拥有全球成员的新组织试图通过其线上平台探索成员的参与，旨在促进协作性的工作安排。（不）可见性和（失去）连接的主题出现了。

> 作为远程参与者，我们只能看到呈现在我们面前的系统的一部分……类似于感官剥夺。我们能看到屏幕上的东西，但友情、背景噪声、眼神交流、肢体语言、休息时间的对话都不见了。我们在计算机屏幕前经常处于隔离状态，在各种各样的环境、时区、气候中，然后以不同程度的精力投入任务。我们很容易“隐藏”在团体中，并投射到我们的计算机上。如果没有任何外部反馈，这些因素表现得就像镜子一样，我们可能会因此内射我们的投射和感受（如失去连接、孤立、脱离、冷漠、无力），而且这些感觉可能会加剧。
>
> （Jennings & Dent, 2012, p. 4）

本章旨在深入了解在使用视频会议进行团体咨询时产生的动力，以及各种干扰是如何影响心理空间的创建和/或发现的。它是根据系统精神动力学的视角撰写的（Coplin, 1967），这是一种跨学科方法，将来自适用于团体功能的客体关系理论的精神动力学原则与不断增长的“团体动力学”研究与实践领域中产生的原则和技术相结合。

> 一个团体的每一位成员都生活在现实的三个领域中。首先，他生活在个人的思想和梦想的私人世界里，不与人交流，而且在很大程度上无法交流。其次，他生活在一个与他人共享的根据时间和空间而构想出来的世界，在这个世界里，不用太费力就能取得许多一致意见。这是平常的被客观感知的常识世界。最后，他生活在一个由心智、幻想、态度、价值、假设和疑虑共同创造的世界，它们没有什么结论性的东西可以客观地表明自己，但由于被“共同拥有”，它们对团体成员的生活具有非常大的影响，因此在这个意义上它们是极其真实的。
>
> （Gosling, 1977, p. 868）

简而言之，它是对分组和现象的研究（Long, 2013）。它透过表面想象深入到潜在的动力，并思考这些动力是如何联系在一起的。

三个场景

为一组大学生做咨询：用最佳的时间和空间资源发现心理空间

2012 年，我签约与一组参加了一个关于组织分析的、新的混合型高等教育研究项目的大学生一起工作。课程由各种形式的组合组成，包括线下的 5 天工作坊和线上研讨会、角色分析形式的个体督导、小型学习团体、讨论论坛，以及为期 3 年的线上图书馆。

在线上工作开始之前，我有机会参加了第一次面对面的研讨会。我早期的研究和经验表明，线下会议对于在线上空间的持续工作非常重要。我花了 5 天时间和学生们在同一个物理空间里，了解他们，让他们“了解我”。我的具身体验建立了与学生之间的联结，这对我在线上与他们一起工作很有帮助，并让我对于我的角色可能对他们正在开始的学习之旅有多大的帮助，有了更深刻的认识。

作为一个小型线上学习小组的顾问，我肩负着团体过程咨询和学生的学习任务的双重任务。该小组由七名成年学生组成，分布在欧洲、亚洲和澳大利亚。我们每 4 周在一所“虚拟”学校的“虚拟教室”里举行一次 2 小时的会议。教室提供视频和 / 或音频会议、教室中每个人的视觉呈现、共享的白板 / 演示空间，以及公共和私人的聊天。

体验

这是一个新项目，对项目中的所有人来说都是一种新的工作方式。在与团体一起工作时，我们决定两人一组进行协商。这在一定程度上缓解了我对这种新的工作方式的焦虑。我不需要无所不知。我可以信任我的合作顾问，让他发现我在线上环境中看不到、听不到、想不到或感受不到的东西。

我的合作顾问和我旨在创建一个有意的“工作团体”（Bion, 1961b），利用反思性过程来促进对可能会损害或支持工作的幻想和隐蔽的行为的觉察。我们发展了一种工作方式，在与学生的会议的间期，我们会见面进行反思并提出工作假设。我所说的工作假设是指“最适合的那个能够理解现实的复杂性，并随时准备好被另一个更接近真相的所取代（Lawrence, 2006: 39）”。我提出的在我们两个顾问中所做的这项工作为与团体的工作提供了一种涵容功能；它起到了“容器”的作用（Bion, 1984），吸收和保持在团体会议中产生的破坏性情绪。当我们逐渐了解了一些在起作用的动力时，我们与同学们分享并测试我们的工作假设，特别是与学习相关的焦虑，它助长了对老师的过度依赖，这就是一种“基本假设依赖”的心态（Bion, 1961a），以及在线上环境中连接和失去连接之间的摆荡。学生们谈到他们在课程中感到是有联结的，但在课程间期没有联结。他们常常带着矛盾的感受来上课，离开时又感到再次精力充沛。这让我想知道在上课间期所需的最佳时间量，以保持与他人的联结感以及作为团体的一部分的连续性。用温尼科特的话来说，什么才是“足够好的”（Winnicott, 1971），也就是说，为了满足学生的需要，我们需要做出什么样的主动适应。在教师员工团体中，对联结的挑战是有共识的，但项目成本意味着当时的设计不能改变。尽管如此，我们还是能够有意识地完成从经验中学习的任务。

地理分布和多个时区给我们带来了持续的挑战，即找到跨地区工作和适应人们的工作日程的合适时间。现实是，对某些人来说是上午，对另一些人来说是晚上；某些人准备睡觉，而另一些人则在为那一天做准备。从多个国家和不同设备参加会议，意味着互联网连接往往不稳定，会打扰我们的思考能力。我们创建了“变通方案”。一种方法是关闭视频以减少这种不稳定性，并依靠音频和聊天来完成工作。幸运的是，我们仍然可以“看到”谁在房间里，这个人通过麦克风旁边的名字来呈现。我们把这些当作提示。当一个人要说话时，麦克风会捕捉到他的吸气，并将其直观地显现出来。有时，当网络连接特别差并有很多回声时，如果这个人没有在说话，我们会让他静音。不过，如果没有呼吸声和背景噪声，我们就不知道谁在房间里。在不同的时段，有些人能听见别人说话但不能被别人听见，反之亦然。团体（或团体中的某个人）将使用教室的聊天功能通过文本叙述对话。当人们用不同的颜色作为视觉标识时，这变得相当有创新性。

对我来说，一个特别的学习收获与我们连接到线上团体的物理地点有关。我记得有一次在晚上，当时我在家工作，我让我的家人不要打扰我。他们在房子的另一边，而我的狗在门外哀号，它想进来。我试着不去理会它，因为我觉得理会它会让我从我的工作角色进入家庭角色。当这只狗持续不断地号叫时，我的焦虑增加了。我们在这次会议上没有使用视频，而且为了不打扰大家，我把麦克风调成了静音。我发现自己被夹在两个角色、两个世界之间。我同时处在工作和家庭环境之间，既是一名顾问，又是一个宠物的主人。无视那只狗，感觉像是一种伪装，一个幻想。当我意识到这一点时，我向团体解释了我的情况，我把狗带进了房间。这个披露可以被描述为一种"未加思考的已知"的显现，一种我知道的体验，但我之前无法去思考（Bollas, 1987）。我的行动改变了团体中的某些东西，他们也把他们在物理环境中的一些体验带入了共享空间。在我承认在这一状况发生之前，线上没有人"知道"这只狗，然而，我相信它是在潜意识水平上"被知道的"。对我来说，这强调了当我们在线上时，我们需要接受我们（物理上）所处的现实，并思考这可能会如何影响我们的参与。

我在这个系统中工作了 2 年，随着时间的推移，保持参与的挑战越来越大，开始超过参与这项工作的益处。每 4 周和学生们一起工作 2 小时，不足以维持我们刚开始时的那种联结感。在第一次工作坊之后，我没有在同一个物理地点和他们会面，尽管在整个项目期间，他们相当规律地和其他工作人员聚在一起。为了保持联结，例如通过参加线上研讨会或在论坛上阅读和评论，我需要投入更多的时间和精力，超过了我承诺或签约要投入的资源。最后，这种情况无法维持下去，我辞去了这个职位。这表明，与面对面的环境相比，线上环境可能需要投入更多的时间和精力来创建和维护一个支持通过体验来学习的心理空间。

指导一组学术领导者：跨越文化差异，发现心理空间

在 2014—2015 年，我在沙特阿拉伯指导了一组女性。这是沙特阿拉伯一所女子大学为高级领导者设计的行政领导力项目的一部分。该项目包含面对面模块、在线研讨会以及个人和团体指导，为期 12 个月。

我签约与一个由五名领导者组成的团体工作，在线上提供个体和团体指导，并在沙特阿拉伯的一个面对面模块中与她们合作。我和每名参与者的第一次互动是在项目开始大约 2 个月的时候。到那时候，她们已经完成了第一个模块和全面的领导力评估。我和她们的第一次接触是个体的线上会议，我与她们每个人见面并了解她们的领导力情况。紧接着，在接下来的 8 个月里，我们进行了为期 5 天的面对面强化课程，然后是六次线上个体指导会议和两次团体指导会议。

对参加第一次会议我感到很焦虑，因为我对这些人、她们的文化或期待知之甚少。有人建议我们“慢慢来”。我对移情想了很多，我预计她们会戴上面纱，我想知道有什么视觉线索可以利用。我的督导提醒我，我会有我自己的体验——在我内心唤起的感受——作为材料。这很有帮助，虽然在技术方面不可避免地会有挫折（尤其是在沙特阿拉伯，因为当时许多数字平台都被封锁了），但最初的会议还是相当令人满意的。她们没有戴头巾，只有在男性在场时才需要。其中一名女性需要翻译，但其他四人已经在海外完成了博士学位，英语都很流利。她们很感

兴趣且渴望了解自己，更想了解我。我感受到一种接触西方文化的强烈愿望。

体验

我们发现“谷歌环聊（Google Hangouts）”对我们的线上会议来说是最稳定的平台。我鼓励她们找一个安静的地方，这样她们就不会被打扰。她们选择周五和我会面，对她们来说这不是工作日，大多数人都从家里上线。那些有孩子的人经常被家庭事务干扰，就像我曾经被那条狗干扰一样，我们围绕着这种情况开展工作。我会听到有人在后面大声喊叫，孩子们想要得到关注。当某个成员和我谈论她在工作中的挑战和抱负时，有时会有婴儿或蹒跚学步的孩子加入我们，依偎在妈妈身边。

这个团体正在进行一项共同的学习任务，并将在项目结束时展示她们的发现。团体会议的目的是和她们一起思考她们是如何一起工作的，但我感觉几乎不可能完成任务。互联网连接不稳定，因此我们在没有视频的情况下工作。有一个人不会说英语，所以有时大家都说阿拉伯语，能量似乎发生了变化。她们听上去很放松，我很喜欢她们讨论时的那种抒情的性质。团体希望把重点放在我和彼此作为女性知己的联系上，而我希望她们以角色中的人的概念来工作，并考虑与任务相关的角色相关性。我在想，她们不愿意加入我是不是在攻击我作为团体顾问的角色。或者，它可能与沙特阿拉伯文化有关，我们需要用间接的方式来完成任务。

在这里，将角色定义为“一个人根据特定情况组织其行为的想法模式”是有帮助的（Reed, 2000）。里德（Reed）认为角色具有心理和社会两个方面。

心理方面：人们“建构”了一套行为模式，这样他们就可以在某种情况下采取行动来实现预期的目标。

社会方面：系统中其他人对人们应该如何表现的期望和意图。

这两个方面会影响一个承担角色的人在他当前的情境中如何管理自己。我认为，在这种情况下，将西方范式引入中东文化可能引起了深刻、无法承受的焦虑，并激活了“基本假设”心态（Bion, 1961a），由此成员们潜意识地采取行动，以避免与任务相关的想法或感受。

该项目旨在教授女性如何像西方所认为的那样担任领导，但在沙特阿拉伯，女性这样做的机会很少。这是一个父权社会，女性屈从于男性，往往没有自己的能动性。除了性别，还有与权力相关的竞争问题。在潜意识层面，这个团体可能一直在将基本假设“小我（me-ness）”的心态付诸行动，在一个默认的团体将会是非团体的假设上工作。

尽管我能够在一对一的会议上就西方领导方式的悖论以及她们对团体动力学的体验与个体工作，但这些议题无法在团体会议中进行工作。也就是说，在顾问和团体成员之间，我们无法创造一个心理空间，把我们对她们的现实世界中女性领导者的恐惧和幻想一起带进来。

在最初的能量爆发之后，随着时间的推移，对参与者来说，似乎更难与一些人保持联系，她们没有出现在最后的个体指导课程上。这可能是我们面对面见面之后间隔的时间太长的结果，也可能与整个项目有关，它似乎在接近尾声的时候失败了，汇报仪式（她们将在那时分享她们的发现）推迟了两次，最终延迟了 2 个月。这可能与一种在机构层面的斗争有关，来安放一个心理空间，去思考与该项目有关的跨文化问题。这表明，有必要思考在线上环境中随着时间的推移进行跨文化工作的影响，以及为团队指导发现和创造最佳的空间可能需要什么。

与一个治疗师团队的反思性探询：用正确的技术发现心理空间

在2015—2016年，作为行动研究项目的一部分，我与澳大利亚维多利亚地区一个由八名治疗师组成的团队进行了反思性探询。该组织为经历过创伤并受儿童保护系统照料的儿童提供临床服务。该研究聚焦于在部分分散的团队中工作的体验，部分分散的团队是指这个团队分散在不同的地理位置，并且至少有两个或更多的人在一个地点。研究的目的是了解面对面和线上工作方式的交汇，以及这对团体功能的影响。作为本章主题的这些会议并非完全以计算机为媒介，而是通过该组织的内部视频会议系统进行的实体和线上的混合会议。

在这些会议之前，我与每一位工作人员进行了访谈，并观察了团队会议。我带领了两次面对面的反思性探询：第一次，团队成员分享了他们作为一个团队是如何看待自己的；第二次，我分享了我对团队的体验。

在第一次以计算机为媒介的会议中，我和管理者在总部，而团队从其他两个地点上线。随后是另外的面对面的和以计算机为媒介的反思性探询会议，然后是两次以计算机为媒介的回顾会议。这些会议是由一个管理者在场的区域办公室促成的，来自另一个办公室的成员通过视频会议参加。

团队成员都愿意参加这项研究，并在探询中配合我。然而，我发现自己不断地因为技术的原因感到挫败。这与团队对其局限性的接纳形成了鲜明的对比。

体验

在准备第一次以计算机为媒介的会议时，我邀请参与者分享他们办公室的照片，以在社交照片矩阵中使用。社交照片矩阵方法通过团体对参与者的工作场所的照片进行自由联想来促进对组织中的潜意识的理解（Sievers, 2008）。我随机挑选了来自每个地点的照片，汇总为一个报告进行数字化分享。我带着笔记本式计算机和记忆棒上的报告来到办公室。我过来准备了一根连接视频会议显示器的计算机连接线，却发现似乎没有地方可以连接那根连接线。管理者尝试在内部共享驱动器上共享该文件，这样人们可以在每个地点进行本地观看，但团队无法访问该文件。最后，我自己托着笔记本式计算机，靠近网络摄像头，这样其他地点的人就可以看到这些照片，并对它们进行联想。这感觉很荒唐；这让我很难抱持我的角色和团队完成自由联想的任务。除了暴露我的一些假设外，这个系统似乎还在告诉我一些关于对那个工作场所中的技术的体验，或施加于技术有用性的价值。约瑟夫（Joseph）在使用反移情作为一种在精神分析环境中理解来访者个人防御机制的方法时写道：

> 如果精神分析师努力……对个人联想的意义给出详细的解释，那么她就活在来访者自己的防御系统外面，假装理解无法理解的东西，而不是努力去触及来访者生活在一个无法理解的世界中的体验。
>
> （Joseph, 1989, p. 446）

在系统精神动力学研究中，反移情现象为研究人员提供了对抗焦虑的团体和系统防御的理解。我认为我的体验是一种活在团队对技术的体验外面、无法感受或表达的体验。他们需要技术来支持他们作为一个团队的工作，但组织提供的技术系统在能力上是有限的，因此会影响团队一起工作的能力。

根据从这里学到的经验，在第一次回顾会议中，我决定让讲授简单一些，并要求他们提供绘画和触觉材料，供会议期间使用。我们使用视频会议，因为团队通常会在团队会议期间使用它。我分享了我的发现，然后邀请成员与他们在他们自己地点的同事合作，以个人或作为一个团体的形式，创造一些反映他们参与研究的体验。大多数人都参与了这项活动，尽管有些人发现很难放松地加入进来。我设定了一个时间界限，当我们回来时，我带着他们进行了反思，在反思中，他们带着幽默在网络摄像头前分享了他们的创作，并/或用他们的手机拍摄了他们分享的照片。这感觉像是一个对技术如何在组织中使用以及他们更像两个团队（基于地点）而不是一个团队的现实的“真实的”反思。我们，团队和我，作为一个系统，已经找到了一种有效工作的方法，以实现共同的对体验进行反思的任务。

然而，在反思某些参与者的不情愿参与上，我想知道这和他们的工作有什么联系。在我所处的地点，管理者和团队领导在场，参与者似乎不太能“玩”。这种活动可能会引发一种与他们和受创伤儿童工作相关的潜意识焦虑。在某种程度上，玩可能意味着放弃“成人”的角色，并与“儿童”体验保持接触。当人们和其他人一起排队做报告时，这似乎更难做到。或者这可能与研究人员在同一地点有关。我在其中扮演了什么角色？我想我是否对他们要求太多了，所以在下一次会议中，我决定提供图片让他们选择，而不是让他们画画/创作。

我准备了一套可以在计算机上观看的电子视觉图像（就像一副纸牌，只有图像）。人们将被邀请在回答“你对这个研究的体验是什么？”这个问题时选择一个他们感兴趣的图像。然后，团体一起自由联想，并更深入地探索体验。

我提前把数字文件的链接发给了管理者，解释说我想把它作为会议的一部分使用。她以为每个人都收到了，所以没有想过为了会议要把它准备好。再一次，我无法像我预想的那样来使用技术。我随身携带了复印件，这样就可以方便地与房间里的人进行面对面的活动，但别的地方的人却无法参与。我再次被管理者在这个项目中的角色所打击，也好奇管理者的角色是什么。我之前提到一个基本假设——“依赖”，即团队对管理者的“依赖”（Bion, 1961b）心态，我好奇我的体验是否与此类似；想要她使项目运行起来，而现实是她对技术不是特别地感兴趣？还是团体对我抱有一种“依赖”心态，希望通过我的研究，我能发现并解决跨地点工作的相关问题？尽管这在当时是令人抓狂的，但经过反思，这似乎是可以预见的。我本可以通过提前向每个地点的成员寄送实体副本。这反映了我之前在这个工作场所注意到的一些东西，一种对信息的双重处理，同时以数字和电子形式来存储文件；我是说对技术缺乏信任或信心。在詹宁斯和登特（Jennings & Dent，2012）对虚拟平台用户体验的调查中，这种信任的缺乏被理解为与存在问题的边界有关。

> 在信任虚拟空间上固有的焦虑，因为它在许多方面是无边界的——没有时间边界，也没有领土边界（无处不在和哪都没有）……我们认为，虚拟平台作为一种媒介，缺乏信任是远程参与的一个持续挑战，直到我们对技术感到更舒服……未知的人类因素与技术因素的结合，造就了无穷无尽的体验可能性。
>
> （Jennings & Dent, 2012, p.5）

这与我对这个团队的体验产生了共鸣；他们对与他们工作相关的技术有着固有的不舒服，这表现在他们使用技术与他人互动的方式上。这提出了一个问题，即如何最佳地利用技术来创造团体反思和意义建构所需的心理空间。

寻找模式

和我一起工作的每个团体都有不同的目标，人数、性别、地点、时区和技术平台都有差异。正如本章前面所探讨的，我的经验是，地点、技术和文化可以对团体心态和在共同任务中合作工作的能力产生重大影响。我想提出的一个有趣的共同点是，在非常小的面对面团体中，与身体接近有关的心理空间的特征。

> 心理学领域的一个突出特征是与成员彼此之间的物理接近度有关，即与所有其他成员，而不仅仅是某个人身边的人。这一特征表现在成员的自我意识上，他们的手离旁边的人的手有多近，他们的脚是否有可能碰到对面成员的脚，他们能把椅子向后挪多远而不表现出明显的敌意。你旁边的人的呼吸成为你的觉察的一个突出特征；如果你想咳嗽，你必定对着别人的脸咳，除非你刻意地不去咳嗽。当目光接触存在时，它是生动有力的，当它缺乏时是尴尬的，而且在强度和持续时间上总是处于密切的监视之下。如此看来，非常小的团体以这种方式不断地面对亲密的问题，尤其是作为一种需要回避的危险的亲密。
>
> （Gosling, 1983, p.868）

在所有三种场景中，当使用视频时，无论团体规模的大小，这些“非常小的团体”特征似乎都被放大了。尽管在地理上缺乏物理上的接近，但在线上团体中有一些亲密的东西可以加强一个人的自我意识。似乎在线上团体中没有地方可以躲藏或消失。如果你坐在计算机前，摄像头会显示你的面部特写。你的麦克风可以捕捉到细微的（以及不是很细微的）声音和背景噪声。你看到的不是作为一个整体的团体，而是由小的、像素化的、个别的视频所代表的片段，与同时发生的多个二元关系没有什么不同。我认为，与高斯林（Gosling）对非常小的团体的描述类似，这种体验可能会让人不知所措，让人难以思考。线上团体视频互动的特征是一个值得进一步研究的现象。

相比之下，当没有视频时，我发现我的注意力不那么分散，我可以更多地关注作为一个整体的团体，觉察并与移情和反移情进行工作。韦斯特（Western）写道，我们需要一个用于思考的心理内部空间，而这“最初是由创造和管理一个物理外部空间形成的（ Western, 2017, p.208)”。作为线上团体的顾问，尽管我们无法管理每个参与者的物理空间，但我们可以鼓励他们管理自己的物理边界，例如，找一个安静的不会被打扰的地方，使用耳机，关闭设备上的其他应用程序。如果我们认为线上空间类似于某个地方，我们可以考虑如何管理与之相关的边界，例如平台的选择，如何在这个空间中工作的协议，角色的分配，例如主持人、记录者、计时员，并关注和处理那些你无法控制的因素，而不是对抗这些因素，比如互联网的连接质量。

这与所有场景中普遍存在的一个主题有关，即对技术的挫败感，以及随后识别和处理当时的移情的困难。我好奇我们与技术的关系已经很长一段时间了，以及在某种意义上，我们如何将它具象化，或如何将它视为一种具有同质的、无差别特征的单独的材料。这让我们更容易把它想象成可以完全控制的自体的延伸（Wynn & Katz, 1997），或者，换一种方式，将它分裂为“他者”。在社会层面上，我们可能对技术 / 互联网有一种“基本假设”配对的心态，希望我们与它的互动能产生与不同地理位置的人联结的魔力。然而，这种联结往往不令人满意，而且是短暂的，我们又回到了仇恨（战斗 / 逃跑）、绝望（依赖）的状态，我们又找到了重新配对的理由。这与比昂（Bion）描述的“基本假设”配对的循环模式相似（Bion，1961b: 152）。

从“基本假设”转移到“工作团体”的心态，系统心理动力学方法强调关注物理和心理的边界的重要性。时间、边界、角色获得严格的维护（Hayden & Molenkamp, 2004），为工作提供足够安全的心理空间或“容器”。温尼科特（Winnicott，1971）将其称为过渡空间，它存在于感受、恐惧、愿望和幻想的内心世界与角色、关系、权威的“真实”世界之间的边界上，也在主观构想和客观感知之间的边界上。矛盾的是，它既是被创造出来的，也是等待被发现的。

为了发现和 / 或创造一个用于思考的心理空间，顾问需要与团队合作，思考他们如何在线上场所把自己带到工作中。团体发现共同身份的主要过程是通过一个共同的任务。我发现，邀请参与者分享他们对物理环境和当地情境的关注，有助于团队内化房间里的“他者”，以这种方式，它能让他们“认识到他们之间的某种‘同一性’，将他们联系在一起，并带来一些忠诚和团结的感受（Long, 2002: 3）”。创建线上场所的任务是一个反复的任务，也是团体每次会面时的工作的必要部分，因为团体和团体的心理空间是动态、活跃和不断变化的。

结束语

在写这一章的时候，为了探索这个新兴的空间，我不得不面对自己对线上团体的矛盾心理，冒着拆解我对实体团体的了解的风险。我欣慰地发现，系统心理动力学概念对于思考线上团体的动力是有帮助的，而不是过时的。比昂（Bion，1961a）提出“团体性”是个体的倾向，类似于其他群居动物，它是本能的，即使团体分散的时候也能被动员起来。我在线上团体的工作经验支持这一理论。

我的经验的一个局限是，它不是完全或绝对线上的，因为在每一个案例中，我在工作开始时都在同一个物理地点与参与者见过面。我发现，在工作的最初阶段，亲身的会面有助于锚定我的体验和联结感。然而，这种联结感并不能长期维持；这更多地取决于会面的频率。线上团体可能需要继续定期在实体空间见面，以支持互相的联系。或者，顾问或研究人员的角色可能需要更强的锚定和联结感，来促进与参与者的工作（对他们的经历的探讨超出了本章的范围）。

我认为，通过承认顾问和团体成员在当地环境中的关注点，我们可以将许多不同的物理场所聚集在一起，创建一个共享的在线场所。在这个共享的地方，我们可以找到弥合分歧的方法，并创造一个思考和学习的空间。在我写这些结束语时，我意识到了过度泛化的危险，因为事件是由社会情境定义、预测和 / 或决定的。我的结论是，这种反身性叙述对我来说，既是一个到达点，也是一个出发点。我希望它能为其他人加入进一步的探索创造空间。

参考文献

Bion, W.R. (1961a). Experiences In Groups. In Bion, W.R. (Ed.) *Experiences in Groups and Other Papers*. London: Tavistock Publications.

Bion, W.R. (1961b). Group Dynamics. *Experiences in Groups, and Other Papers*. New York: Basic Books.

Bion, W.R. (1984). *Attention and Interpretation*. London, Karnac Books.

Bollas, C. (1987). *The Shadow of the Object: Psychoanalysis of the Unthought Known*. London: Free Association Books.

Coplin, H.R. (1967). Introduction. In R. Gosling, D.H. Miller, D. Woodhouse, & P.M. Turquet (Eds) *The Use of Small Study Groups in Training*.

Dent, N. (2010). *Integrating Face-To-Face and Virtual in the Study of Group Relations*. Master Of Applied Science (Organisation Dynamics) Masters, RMIT.

Gosling, R. (1977). Another Source of Conservatism in Groups. *Group Analysis*, 10.

Gosling, R. (1983). A Study of Very Small Groups. In J.S. Grotstein (Ed.) *Do I Dare Disturb the Universe: A Memorial to W. R. Bion*. London: Karnac Books.

Hayden, C., & Molenkamp, R.J. (2004). Tavistock Primer II. In S. Cytrynbaum, & D. Noumair A. (Eds) *Group Dynamics, Organizational Irrationality, and Social Complexity: Group Relations Reader 3*. Jupiter, Florence: A. K. Rice Institute for the Study of Social Systems.

Jennings, C., & Dent, N. (2012). Grubb Guild – Report to Action Inquiry Task Group 31 January 2012. Unpublished.

Joseph, B. (1989). Transference: The Total Situation. In M. Feldman, & E. Bott Spillius (Eds) *Psychic Equilibrium and Psychic Change: Selected Papers of Betty Joseph*. London: Routledge.

Lawrence, W.G. (2006). Organisational Role Analysis: The Birth of Ideas. In J. Newton, S.Long, & B. Sievers (Eds) *Coaching in Depth: The Organisational Role Analysis Approach*. London: Karnak.

Lawrence, W.G., Bain, A., & Gould, L. (1996). The Fifth Basic Assumption. *Free Associations*, 6, Part 1.

Long, S. (2002). The Internal Team: A Discussion of the Socio-Emotional Dynamics of Team (Work). In R. Weisner, & B. Millet (Eds) *Himan Resource Management: Contemporary Challenges and Future Direction. An Interactive Digital Book On CD Rom*. Wiley.

Long, S. (2013). Socioanalytic Methodology. In S. Long (Ed.) *Socioanalytic Methods: Discovering the Hidden in Organisations and Social Systems*. London: Karnac Books Ltd.

Reed, B. (2000). An Exploration of Role: As Used In the Grubb Institute. In T. G. Institute (Ed.). London.

Sievers, B. (2008). Perhaps it is the Role of Pictures to Get in Contact with the Uncanny: The Social Photo Matrix as a Method to Promote the Understanding of the Unconcious in Organisations. *Organisational & Social Dynamics*, *8*(2): 234–254.

Western, S. (2017). Where's Daddy? Integrating the Paternal and Maternal Stance to Deliver Non-Authoritarian Leadership For The Networked Society. *Organisational & Social Dynamics*, *17*: 198–221.

Winnicott, D.W. (1971). *Playing And Reality*. London, Routledge Classics.

Wynn, E., & Katz, J.E. (1997). Hyperbole Over Cyberspace: Self-Presentation and Social Boundaries in Internet Home Pages and Discourse. *The Information Society*, *13*: 297–327.

第二十二章

线上组织咨询的实际操作注意事项

拉科菲特·柯莱特－卡拉瓦尼，阿尔农·罗尔尼克

在本章中，我们将针对以下关键问题向会议领导人提出建议：

如何管理线上会议以最佳地实现既定目标？

为此，本章分为两部分。

第一，会议规划原则。

- 决定什么时候应该通过视频会议开会，什么时候不应该。
- 考虑参与者连接到会议的空间：不同的选项及其组织意义。
- 为参与者做准备。

第二，会议管理原则。

- 设置。
- 保持注意力集中。
- 创造积极的参与。

讨论的主要部分与任何会议相关，无论是在同一地点的会议还是虚拟的会议。确实有一些管理原则适用于任何需要带领一个团队从 A 到 B 的情

况。但是，特别要注意以下两点。

1. 技术是影响会议体验并影响其结果的另一个因素。
2. 视频会议媒介改变了人们对同一地点会议的现象的感知，有时更突出，有时更微妙。

使用视频会议作为日常交流工具的读者，也可以在本章中发现价值。通常情况下，"退一步"审视我们做事的自动方式是值得的。

在本章的最后，我们将讨论目的为学习和发展的会议，如管理发展、团队发展等，然后提出这类内容和过程的建议。

规划原则

视频会议是正确的会议媒介吗？

当会议在处理需要互动和参与的复杂问题时，视频平台是一个很好的解决方案，因为在这种情况下，我们会尽可能多地获取对话者的信息。这些会议的目标通常包括：问题解决、决策、冲突解决方案、开发产品 / 战略、提出新想法等。

另外，不建议包含需要对数据进行长时间分析的问题。当一个人想要处理一份文件 / 报告 / 演示文稿时，屏幕共享必要信息提供了所有必要的沟通。添加参与者图像的选项是一种干扰，因为经常需要在查看人和查看文档之间进行切换。这些转换会分散注意力，浪费时间，造成挫败感。

空间

说到“空间”，我们指的是两个方面：坐在一起/独自一人，以及与会议相连接的地方。

以下是各种会议的形式，以及一些可能的影响。

- 所有参与者围坐在一个带有大屏幕的摄像头周围，会议领导（管理者/顾问）在另一个地方。在这种形式下只包含两个地点。
    - 这个选项直观地展示了管理者/顾问对团体的外在性。
    - 当在大屏幕上被观看时，它会增强领导者与团队的距离感，也可能增强权威。
- 有些参与者和会议负责人共用一块屏幕，而其他参与者则独自坐着。
    - 这直观地反映了通常被认为是总部（“大的地点”）与小的地点之间的权力关系。
    - 这会暴露管理者和员工之间的关系，不管他们是否亲密、紧张，等等。
- 有些参与者共用一块屏幕，有些参与者独自坐着，会议负责人也独自坐着。
    - 这直观地反映了通常被认为是“大的地点”与小的地点之间的权力关系，创造了亚团体。
- 每个参与者，包括会议负责人，都独自坐在屏幕前。
    - 这“扁平化”了组织结构的形象，模糊了权力关系和层级的可见性。
    - 为每个参与者提供空间，具体来说：看见和被看见，听见和被听见；象征性地来说：每个人在屏幕上都有自己的位置和呈现。

上述每一种形式都会影响参与者之间以及参与者与会议领导之间的动力。作为会议领导，在计划会议时你需要问自己以下问题。

- 团队分散在屏幕上的图像，在视觉上代表了你想强调的信息，还是你想改变的东西？例如：一个特定地点的“整体性”？另一个地点的重要性？也许是总部员工的文化间性（interculturality）？如果是这样，将参与者聚集在一个房间是一个有效的选择。另一方面，如果你想防止一些参与者感到孤立，则建议不要让有些参与者坐在一起，而让有些参与者单独连线。
- 是否存在这样一种文化，即坐在一起/独自一人会严重影响互动？例如，坐在一起会让他们的反应更积极？或者独自坐着能让他们更多地参与？
- 是否有计划好的安排，某种或另一种坐法更合适？例如：如果会议将处理两个地点之间的冲突，那么每个亚团队坐在一起可能会增强争斗动力：“我们和他们”的形象会很鲜明。在这种情况下，你可以考虑让参与者单独连线。另一个例子是，当我们想要开一个非正式会议，彼此相互了解时，可以邀请参与者从家里连线。

为参与者做准备

变革管理：从音频会议到视频会议。如果决定开始在会议上使用视频，而以前只使用音频（通过电话/使用软件而没有打开摄像头），这个变化可能会被参与者看作一种侵入性行为（“也许他们不信任我，想看看我在做什么？”），或只是感到讨厌（“现在我不能一边说话一边做我想做的事情了”）。

因此有必要解释一下，使用摄像头的理由是会议中进行互动、参与和集中注意力的需要。

变革管理：从坐在一起到各自单独坐着。如果决定从在房间里坐在一起到各自单独坐着，这是一个必须处理的重大变化。人们不会这么快就放弃坐在一起的体验。

正如上一段所讨论的，同一地点的参与者坐在一起通常会在独自坐着的其他人之间造成不适，并打开一扇通往“不平等”动力的大门。当参与者来自不同文化背景时，这一现象尤其显著。最常见的情况是，当对话用英语进行时，对于一些（如果不是全部）参与者来说，英语不是他们的母语，然后内部就开始用当地语言讨论发言者的话，而发言者不知道发生了什么。即使所有参与者都拥有相同的文化，但相对于独自坐着的人，通常感觉那些坐在一起的人创建了一个“联盟”。要想创造一种“内部”和“外部”的感觉，窃窃私语和交换眼神就足够了。

对于在办公室一起工作的参与者来说，从一个安静的地方连接到会议上通常是一个挑战，尤其是在那些在开放空间工作、缺乏安静交谈的会议室的组织中。人们通常会觉得坐在一起更容易、更舒服，而不会努力创造单独连线的条件。

一个很好的做法是在第一次共同会议之前与参与者单独交谈，使用将在会议中使用的相同软件。这个会议的目的是了解参与者是否有使用该软件的经验，他在多大程度上对该媒介感到舒服，等等。此外，建议与参与者讨论设置和规则，既在准备会议上，当然，也在第一次会议上。

以下是对不同形式选择的一些建议。

当有些参与者坐在一起，而有些独自一个人

- 对于那些坐在一起的人，强调只进行一场对话的重要性，要求避免交头接耳，并使用正在进行对话的语言。

- 对于那些独自坐着的人，承认参与讨论可能需要一些时间/努力，并强调他们表达意见的重要性。

当每个参与者单独坐着时

当参与者之前没有经验时。

- 使用所选择的软件邀请参加一次会议：对系统进行初步说明，确保有合适的设备，协调关于设置的预期。
- 虽然会议是虚拟的，原则上是可以“在路上”（字面意思……）进行的，但应该认真对待，在一个安静的私人空间里进行。
- 为了让团队参与，要求打开摄像头（除非另有约定），因为这非常重要。
- 要求使用笔记本式计算机或台式计算机，让所有参与者都能看到每个人的大而舒适的图像。
- 确保有良好的互联网连接、高质量的摄像头和麦克风。
- 强调遵守时间。

一种有用的做法是向参与者提供可能中断的例子，并询问什么可以增强他们的主动参与和注意力的集中。

当参与者有部分或日常经验时。

- 使用所选择的软件邀请他们参加一次会议，并询问他们这次体验有多积极。有什么抑制因素？（管理因素/技术因素/环境条件。）
- 确保有高质量的设备并协调有关设置的期望。

由于一个封闭安静的房间对于有效的会议是必不可少的，如果参与者从工作中连线，就必须评估这个组织在技术和物质上可以提供的条件。例如：是否有合适的空间（安静的办公室或会议室）？如果没有，从组织外部（可能从家里）连接到会议是否恰当？这些准备工作可以省去很多麻烦和不必要的挫折。它还向与会者表明，会议领导很重视这次会议。

会议管理的原则

一次有效的会议是一个参与者集中注意力并参与正在发生的事情的会议。考虑到我们在这一部分中所描述的各种特点，可以得出结论，视频会议媒介会挑战参与者集中注意力和参与的能力。如上所述，当人们坐在一块屏幕前时，会产生不同的社会动力，可能会分散注意力。当一个人独自坐着的时候，他可以选择在线上或线下做其他事情。与音频会议相比，视频会议允许更强的联结和参与，但与同一地点的会议相比，管理的挑战仍然很大。

设置

组织的虚拟会议对界限的挑战比同一地点的会议更大。设置对于任何成功的团体过程来说都是一个关键因素，但在这里则加倍重要，因为在虚拟环境中存在许多干扰。

设置提供了一个清晰和已知的目的、明确的时间和空间、一致的技术设备和商定好的文件编制方法和礼仪。

预先决定的设置使会议的进行取决于情境，而不是某个人，因此能减少模糊性，创造清晰和冷静。

在屏幕视图中，需要考虑以下两个特征。

第一，屏幕显示选项。各种视频会议软件有几种屏幕显示选项。例如：在 Zoom 中，包含演讲者视图：演讲者在屏幕上看起来很大，而团体的其他人则在小方块中（因此演讲者的图像看起来更大）；以及所有的图像都同等大小的画廊视图。大多数人都不知道这个特点，常见的情况是每个参与者都有不同的屏幕显示，这取决于其计算机的默认设置。

我们为什么要指出这一点？“画廊视图”创造了一种团体感，更平等，因为我们总是在同一时间以相同的尺寸看到每一个人。然而，这样的显示也可能是压倒性的，因为有来自许多面部表情、变化的肢体语言和不同的背景的大量“信息”。

“演讲者视图”让人更专注于演讲者和他所传达的内容。与此同时，一些在大屏幕上看到自己的参与者发现，这种视图是他们积极参与的抑制因素。

我们建议会议领导者考虑会议的目标，并决定互动和参与者的性质是否需要统一的屏幕显示。

第二，自我图像。通常，作为一种默认设置，参与者会看到自己的图像，并将一些注意力转移到它上面。

- 在专业/管理团队会议上，建议要求参与者“隐藏”自己的图像以避免分散注意力，并在屏幕上为其他图像留出更大的空间。
- 在学习和发展会议（见下文）中，建议参与者看到自己，因为观察自我形象可以提高自我意识，有助于反馈和反思过程。

保持注意力

当会议的目的是组织任务时（团队会议 / 项目会议等）

需要注意的是，这部分指的是不断重复的会议，但即使是一次性会议，有些原则也值得坚持。

清晰性

与期望相符的设置和定义：在实践层面减少误解，在情绪层面创造信任。我们创造清晰性来对抗由技术和频繁的干扰所产生的模糊性。

强烈建议第一次会议致力于提出会议领导者想要吸纳的规则，并与团体成员共同讨论他们决定共同制定的行为规则。

对一些会议领导者可能希望考虑的关键问题的建议

- 准时，适当的环境条件和技术设备。
- 介绍"静音"按钮以及何时使用该按钮。
- 由于媒介的性质，人们的注意力有限，请参与者简短发言。
- 帮助参与者做好准备，可以要求他们缩短演讲时间，以推进会议进程。
- 对遇到技术问题时如何做可以减少对会议的干扰给予指导。
- 关于文化差异：解释平台有不同的特点，因此作为会议的领导者，你将采取一些行动。明智的做法是，你知道这些行为对于具有特定文化背景的人来说可能不太容易接受 / 方便，但这样做是为了促进会议的进行。例如，直接提问的方式可能不是亚洲东部文化的首选。
- 解释他们需要时间来适应这种媒介和作为一个团队来协调一致。

对适合团体决策的主题的建议

- 我们想要如何管理这次会谈（通过举手 / 挨个 / 自发来轮流发言？）
- 为了保持注意力需要什么？（例如，在私信中要求会议领导者加快讨论进程是否恰当？等等。）
- 什么能让参与者参与到会议中？
- 假设参与者和 / 或会议领导者想要表明需要做一些改变：缩短演讲，在讨论转移后回到主题等。什么是可以接受的？
- 会议要录制？如果需要，目的是什么？保存在哪里？

对管理会议的一些推荐做法

一些在房间里可能被认为过于“控制性”的做法，在视频会议中可能非常有用，至少在最初的几次会议中，直到团队与媒介和彼此协调一致为止。

- 以一些“破冰的方法”开始。
- 使用直接询问让人们参与进来。
- 每隔一段时间就征求一轮意见。
- 做一些简短的总结来收集参与者的意见。
- 在适当的时候使用“调查”或其他工具来获取意见 / 评论 / 想法。

当会议的目的是学习和发展时

目的是个人发展、团队 / 组织发展的会议，会聚焦于探索管理和领导理念，培养人际交往能力，发展有效的团队关系等。

为了实现这些目标，参与者被要求进入一种与日常组织会议不同的心理状态。在一种被推动的过程中，他们在提高对自己的感知和实际行为的觉察，他们接受并给出个人反馈，并广泛地处理那些在角色中影响他们的行为和情绪的方面。参与者很少在组织环境中处理情绪过程，但这往往是随后所有沟通和业务行动的基础。

因此，重要的是要澄清在这些会议过程中，焦点是在调节关系上，以便使工作尽可能地有效。

带领这些会议需要高水平的团体促进技能，专业地引导团体过程以及个人过程。在大多数情况下，这些会议是由外部的带领者 / 顾问或训练有素的内部顾问带领的。常见的例子是，当团队开始一起工作时，团队的管理者通常会要求一名顾问来开展团队建设的过程，以构建作为团队工作基础的政策。

本节的这一部分是针对外部顾问 / 指导的，不过，希望与团队一起进行此类过程的管理者也能发现相关的内容。

如前所述，因为这些会议的内容集中在关系的行为和情绪方面（而不是业务任务），我们希望提高参与者对我们不断有意识和无意识地相互交流的细微信号的觉察。这将帮助他们注意自己传递给他人的信息，以及他人可能传递给他们的信息。这和面对面的会面没什么不同。然而，视频会议的媒介使情况看起来与面对面会议不一样，有时更突出，有时更微妙。

这就是为什么我们建议带领者使用两台独立的设备：一台有台式 / 笔记本式计算机的大屏幕的设备，显示画廊视图；另一台小设备（笔记本式计算机 / 平板计算机等）显示演讲者视图。这两种设备可以让带领者以大而不变的图像看到所有参与者，与此同时紧密地关注演讲者。它使带领者能够“更贴近”演讲者并关注视觉信息，同时仍然与作为一个整体的团体动力保持联系。

示范行为

通过“示范”这个术语，我们指的是带领者的行为，通过榜样来引导，为预期的团体行为设定基调。

尽可能多地用言语描述在视频中形成的影响关系的各个方面。参与者通常不知道他们的行为在屏幕上是如何显示的，以及可能的影响。例如：当一个人的注意力转移时，因为他们能看到这个人的头转向了别处（他的手机？）或眼睛在屏幕上移动（在上网），其他人对此有什么感受？带领者的示范可以是一种有帮助的做法，不加评判地关联参与者的在场状态，并询问他：“在视频交流中，我们不能总是确定我们是否彼此关注。请告诉我，你现在的注意力在哪里？”

另一个例子是参与者画面的质量。黑暗的环境、不恰当的摄像头位置、使用手机的小屏幕而不是笔记本式计算机/台式计算机等因素，不仅是影响一个人画面可见度的技术配件的问题，而且是真正“传递”一个人存在的关键辅助设施。此外，“技术细节”常常也会告诉我们一些未言明的问题，比如对参加会议持矛盾态度等。

视频会议会近距离地展示每个人的面部表情。带领者可以对面部表情表现出特别的兴趣，并询问它反映了什么？带领者以一种感兴趣、非评判性的方式提到参与者的动作、表情等时，这有助于让人们参与进来，同时让他们觉察自己的行为。

切实可行的实施要点

- 出于上述原因，强烈建议每个参与者独自坐着。
- 在会议前后发送阅读/观看/听力材料，使会议专注于讨论和对话的互动部分。

- 选择适合你想要营造的氛围和想要传达的信息的软件。例如，有一些教学－教育程序，在这些程序中，除了参与者的图像，各种学习辅助工具有规律地显示在屏幕上。还有一些程序，参与者的图像会显示在整个屏幕上。第一种类型的图像将传递更多课堂信息，而第二种屏幕图像将创造更多的研讨会氛围。
- 利用各种分享工具，通过这些工具，参与者可以将他们的个人和情感世界带进来以创造开放性。

后记

阿尔农·罗尔尼克，海姆·温伯格

线上治疗

罗尼·弗里绍夫

只有桌子知道

在解释下面

一双赤脚在相互抚摸

我们到达了旅程的终点，在这段旅程中我们和其他作者分享了我们对各种形式的线上治疗的经验，并努力将技术和治疗 / 咨询联系起来。我们处理了关于人际关系的问题，以及它们对于治疗和咨询的意义。这些问题不仅基于我们的经验，而且基于我们长期积累的知识，我们也试图在本书中总结这些知识。然而，技术，特别是互联网应用程序，变化的速度如此之快，以至于人们很难跟上所有的创新。在结束本书时，我们就意识到，很快，甚至在该书出版之前，新技术将会出现。比如，在写了这本书和提到线上身体缺失的障碍之后，以及在评论了相机固定的位置之后，我们就了解到了一种新技术，在这种技术中，相机可以移动，并展示更多的周围环境和参与者的身体。我们还发现了一种摄像头，它代表了观察者（例如治疗师）的眼睛，向来访者显示了治疗师正在看的方向。似乎很快，线上的存在将通过虚拟现实技术而被加强，所以我们谦虚地承认，我们无法预见所有的可能有助于并推进远程治疗的技术创新。即便如此，我们认为在这本书中，我们成功地触及了与“远距离的”人类相遇有关的主要的困境，并提出了可能的解决方案。

心理学家、咨询师、心理治疗师和心理健康专业人员的大部分工作都基于他们对人类行为和人际关系过程的理解。在所有这些职业中，亲密和信任都是至关重要的。将技术引入诊所，特别是进入网络空间，对这些重要的观点提出了挑战。

尤瓦尔·诺亚·赫拉利（Yuval Noah Harari）在他的畅销书《21 世纪的教训》（*Lessons for the 21 Century*；2018）中写道，代表 20 世纪的典型的“人文主义思潮”，促进了自由主义的繁荣和主观经验的重要性，它们关注的是自尊的问题。然而，21 世纪以一种新的“思潮”为代表：数据主义。它的追随者通过鼓励我们将信息视为唯一真正的价值来源，将他们的信仰寄托在信息上。也许，作为心理健康专业人员的我们，应该小心不要盲目地追随这种新思潮，要意识到技术及其创新的危险？

另外，放弃远程会议带来的无限可能性，避免尝试新方法和创造性的治疗和咨询形式，似乎也是同样极端的。这种矛盾让我们想到许多科学家在开发新的革命性技术时所面临的类似困境。例如居里夫人，她获得了两次诺贝尔奖，研究了不受控制的辐射。她的成就包括开创了放射性理论，并将辐射用于更好的医学诊断（例如使用 X 射线），但也导致了辐射疾病的危险（她自己在科学研究过程中死于辐射）。另一个例子是阿尔伯特·爱因斯坦，他在物理学领域的发现使几年后核裂变的成就成为可能。有趣的是，在 20 世纪 30 年代初，他与弗洛伊德通信，询问他如何防止战争。几年后，他向罗斯福总统提议，建立研究铀的实验室，为原子弹的发展做出了贡献。似乎任何科学的发展都会带来祝福和诅咒。

本书的编者们非常关注治疗师和咨询师对技术的矛盾心理。在我们的书中，我们选择了那些相信人际交往作为咨询过程核心部分的重要性的作者，也选择了那些敢于航行到新的领域并发现远程治疗的新世界的作者。我们的务实性结论是，进步主义不可阻挡。我们应该利用它来造福人类。就像我们可以利用核能获得积极结果一样，我们也可以利用互联网和远程治疗来扩大和改善我们的服务和治疗过程。事实上，在这本书的每一部分，我们都试图扩大线上治疗和咨询领域的可能性、风险和解决方案的范围。

在这本书中，我们提到了来自关系和主体间性的神经生物学领域的现代心理学理论。这些方法表明人类一诞生就在关系中，生来就为关系和另一个人的脸和声音做好了准备。这本书的写作和编辑是基于一种深刻的信念，即对他人的需要根植于我们的存在之中。作为心理健康专业人员，我们相信人类的精神，并坚信我们可以为了相遇的时刻而利用技术，哪怕是从遥远的地方。